ჩემი ცხოვრება, ჩემი რწმენა II

„აღდექ, განათდი, რადგან მოაწია შენმა ნათელმა და უფლის დიდება გაბრწყინდა შენზე."
(ესაია 60:1)

ჩემი ცხოვრება, ჩემი რწმენა II

დოქტორი ჯაეროკ ლი

URIM BOOKS

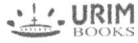

ჩემი ცხოვრება, ჩემი რწმენა II დოქტორი ჯაეროკ ლისგან
გამოქვეყნებულია ურიმ ბუქსის მიერ (წარმომადგენელი: Kyungtae Noh)
73, შინდაებანგ დონგშ, დონგჯაკ გუ, სეული, კორეა
www.urimbooks.com

ყველა უფლება დაცულია. ეს წიგნი ან მისი ნაწილები არ შეიძლება იქნას გამრავლებული, შენახული სამიებო სისტემაში, ან გადაცემული ნებისმიერი ფორმით, ელექტრონული, მექანიკური თუ ფოტო კოპირებით. მხოლოდ წინასწარი წერილობითი ნებართვით რედაქტორისაგან.

ყველა ციტატა ამოღებულია ბიბლიის თარგმნის ინსტიტუტის რუსეთი/CIS ქართული ბიბლიიდან (2002). გამოყენებულია ნებართვით.

საავტორო უფლება © 2017 დოქტორი ჯაეროკ ლისაგან

ISBN: 979-11-263-0214-7 04230
ISBN: 978-89-7557-819-9 (set)

თარგმნის საავტორო უფლება © 2011 დოქტორი ესთერ კ. ჩუნგისგან. გამოყენებულია ნებართვით.

პირველი გამოცემა 2017 წლის თებერვალი

რედაქტირებულია ეუნმი ლის მიერ
თარგმანი მარიამ მერაბიშვილის
ილუსტრირებულია ურიმ ბუქსის სარედაქციო ბიუროს მიერ
დაბეჭდილია იევონის ბეჭდვის კომპანიის მიერ
დამატებითი ინფორმაციისათვის დაგვიკავშირდით: urimbook@hotmail.com

რეკომენდაცია

სული წმიდის ძალისა და არსებობის მტკიცებულება

დრო არავის ელოდება. მაგრამ უფალს გააჩნია სულგრძელობა და იგი ბოლომდე ელოდება კაცობრიობას, რათა მათ მოინანიონ და მიიღონ ხსნა. დღეს, თანამედროვე სამყაროს ხალხმა არ იცის უფლის ღრმა სიყვარული. ქრისტიანები და პასტორები კი მიჰყვებიან მსოფლიოს ტენდენციას და ავიწყდებათ უფლის ნება და სიყვარული. რატომ არ შეუძლიათ მათ უფალთან უფრო ახლოს მისვლა და რატომ ებნევათ გზა ეკლესიამდე? ჩვენ მიზეზი შეგვიძლია ვიპოვნოთ მეცნიერებაში.

ხალხი ცდილობს თავიანთი პრობლემების მოგვარებას მეცნიერებით. მათ უფრო მეტად სჯერათ მეცნიერების დასკვნის ვიდრე რწმენის ძალის. ეს ქრისტიანებშიც ხდება. მიღებისა და რწმენის მაგივრად პასტორებსაც კი ურჩევნიათ დაიჯერონ მხოლოდ ის რასაც თვალებით ხედავენ და მიიღონ ის რისი ახსნაც შეუძლიათ და გაგება საკუთარი ფიქრებითა და აზრებით. ისინი ასევე აძალებენ თავიანთ მორწმუნეებს მეცნიერული გზების დაჯერებას. ისინი ცდილობენ დათესონ რწმენა ხალხში სექტანტური მოძღვრების თანახმად.

დღევანდელი თანამედროვე სამყაროს ქრისტიანები ცდილობენ ღმერთის გაგებას და ცდიან მის ძალას ასეთი რწმენით. მაგრამ რწმენა, რომელიც მიღწეულია ცრუ თეორიული რწმენით, იგი სული წმიდის არსებობას

რეკომენდაცია • V

მისტიკურად აღიქვამს. სხვა სიტყვებით, ეს არ არის ეკლესია რომელიც მსოფლიოს წინ უძღვება, მსოფლიო უძღვება ეკლესიას.

სული წმიდის სამუშაოები განხილულია როგორც მისტიციზმი. თუ უფლის მალა არ არის საიდუმლოდ ნაჩვენები, მაშინ რა არის მისი ფასეულობა? უფლის ყველა სამუშაო არის გასაოცრად იდუმალი და ასეც უნდა იყოს. მხოლოდ მაშინ არის ღმერთი ყოვლისშემძლე და ის ვინც კაცობრიობას არჩენს.

მქადაგებელი ჯაეროკ ლი ახლოს არ ეკარება ამ ნაწილობრივ საერისკაცო რწმენას, სამაგიეროდ იგი ახლოსაა სული წმინდასთან, იესოსთან და მამა ღმერთთან. იგი ყოველთვის გვაჩვენებს უფლის სამუშაოებს ლოცვითა და სული წმინდით.

მისი ავტობიოგრაფია *ჩემი ცხოვრება, ჩემი რწმენა I* და *II* არის ამაღელვებელი ისტორია, რომელიც გვანახებს ჭეშმარიტ რწმენას და ცხოვრებას ჭეშმარიტი რწმენით. ეს შეიძლება იყოს რომ ეს წიგნი აღნიშნავს სული წმიდის არსებობის მტკიცებულებას, არსებობა რომელიც თანამედროვე სამყაროს ხალხმა დაივიწყა.

სინამდვილეში, რწმენა და მეცნიერება არ არის განცალკევებული ერთმანეთისგან. უფალმა შექმნა ყველაფერი

მსოფლიოში და ყველაფერი რასაც იგი გვაჩვენებს მეცნიერებაა. ამიტომ, როდესაც მქადაგებელი ჯაეროკ ლი კურნავს ხალხს, აგვარებს პრობლემებს და აღავსებს ხალხს სული წმინდის შთაგონებით მისი ლოცვების მეშვეობით, არის მეცნიერება რადგან ეს ძალა მოდის ღმერთისგან. ამავდროულად ეს არის რწმენაც.

ეს მემუარები ჩნდება ქრისტიანულ პრესაში ყოველ კვირას და ეხება უამრავი მორწმუნის და პასტორის გულს. ახლა კი ეს ყველაფერი ერთად არის მოცემული წიგნში რომელიც აჩვენებს ცოცხალი რწმენის და სული წმიდის სამუშაოების მტკიცებულებას. ამ წიგნს აქვს თავისი პატიოსანი ცხოვრების ისტორიები რომელიც ჩვენს ადამიანურ გრძნობებს ეხება. ეს ასევე არის მისი სამღვდელოების ისტორია მანმინის ცენტრალური ეკლესიის დაარსების და გაზრდის ჩათვლით. ასევე ეს არის კარგი ხელმძღვანელი წიგნი რომელიც გვაჩვენებს რა არის ჭეშმარიტი სამღვდელოება მორწმუნეების და პასტორებისათვის.

გავიგე რომ ამ ავტობიოგრაფიამ ზეგავლენა მოახდინა მრავალ პასტორსა და მორწმუნეზე. პასტორები დაინტერესებულნი იყვნენ ეკლესიის ზრდასა და სული წმინდის ძალაზე. ერისკაცი მორწმუნეები აღელვებულნი

იყვნენ მისი განკურნებებით და სული წმიდის სამუშაოების ჩვენებებით. ეს იმიტომ არის ასე რომ დღეს კორეულ ეკლესიებს დაკარგული აქვთ სული წმინდის ძალა. უამრავი ეკლესია არ არის ნამდვილი ცოცხალი ეკლესია რადგან ისინი უსამართლოდ მოეპყრნენ სული წმინდის ძალას, როგორც მისტიციზმს. სული წმინდა არ არის „მისტიციზმი." სული წმინდა არის რეალობა და სინამდვილე.

მე უდავოდ შემიძლია ვთქვა რომ მქადაგებელი ჯაეროკ ლი არის ერთერთი ყველაზე მართალი პასტორი კორეაში. ბევრი ეთანხმება რომ უამრავ ხალხს შეუყვარდა უფალი იესო უფრო მგრძნებარედ და გაძლიერდნენ მათ სუსტ რწმენაში ამ ბიოგრაფიის მეშვეობით. უამრავ პასტორს შეეძლება იმის გაგება თუ რა ტიპის ეკლესიაა მართალი ეკლესია და რომელ ეკლესიაშია სული წმინდა.

გარდა ამისა, მინდა ვახსენო რომ სიმართლე და მართალი ისტორია MBC მაუწყებლობის ინციდენტის შესახებ გამოაშკარავებულია აქ. ის ნათლად გვეუბნება თუ რატომ განიდევნა ამდენჯერ კორეული ეკლესიებიდან მქადაგებელი ჯაეროკ ლი. ამ კორეულმა ეკლესიებმა უნდა შეწყვიტონ თავიანთი კრიტიკა და დევნა მის წინააღმდეგ. გარდა ამისა, მე

მოვითხოვ რომ MBC–მ (მუნჰვას მაუწყებლობის კორპორაცია) მოუხადოს ბოდიში მანმინის ცენტრალურ ეკლესიას.

ეს არის ჩემი იმედი მქადაგებელი ჯაეროკ ლის ავტობიოგრაფიის წაკითხვის შემდეგ; მე იმედი მაქვს რომ ყველა პასტორი და მორწმუნე წაიკითხავს ამ წიგნს და რომ ეს წიგნი მათ თვალებს აუხელს სული წმიდის წინაშე.

მქადაგებელი ჯონგმან ლი
(მეთოდისტი ეკლესია; მუდმივი პრეზიდენტი,
მსოფლიოს ქრისტიანული აღორძინების მისიის
ასოციაცია)

სარჩევი

რეკომენდაცია

სული წმინდის ძალისა და არსებობის მტკიცებულება

თავი 1

როგორც კი მიწა მაგრდება წვიმის შემდეგ

1. რწმენის თესლების მომკის შემდეგ 2
2. ეკლესია დაარსდა იაპონიაში კონცეფციის ლოცვა–კურთხევის მეშვეობით 5
3. საზღვარგარეთული მისიის გაფართოება 11
4. ცხოვრების მობრუნება სასოწარკვეთილებიდან იმედში 20
5. ქადაგება შეზღუდულ ბიუჯეტზე სსფ-ს წინაშე 30
6. ეკლესიის მეთხუთმეტე წლისთავი 33
7. უფალს სურს ხორბალი 38

თავი 2

ვის უნდა ვუსმინოთ?

1. ღმერთმა გვიჩვენა მომავალი 44
2. სულიერი სამყარო გაიღო 50
3. ვლოცულობ ცრემლებით მათთვის, ვინც გვიღალატა და ზიანი გამოიწვია 64
4. პირველი გამოცდის დასაწყისი 67
5. ბედისწერა განკურნების აღორძინებების ქონაში 72
6. უფალმა გაწვრთნა წევრები მათი მანტიების გასარეცხად 77

თავი 3

რაზე ფიქრობდა იესო როდესაც ჯვრით გოლგოთას მთაზე ადიოდა?

1. მესამე გამოცდის დასაწყისი 82
2. აქცენტი კანონის შენახვაზე 87
3. პატიოსანმა მოქალაქემ დაკარგა სამსახური 90
4. უფალის შრომა ცვლილების გარეშე 92
5. ისტორია ლას ვეგასზე 100
6. „მწყემსი“ არის ბიბლიური გამოთქმა 103
7. სამინისტროს სული წმინდასთან ერთიანობასთან დაკავშირებული გაუგებრობანი 105
8. ბიბლია არის გასაოცარი საიდუმლოებებით სავსე 111
9. არალეგალური ვიდეო ფარული კამერებით 116
10. განცხადება პროტესტის მოხსენებისათვის 119

თავი 4

თუ კი მხოლოდ უფლის ნებას შევასრულებ

1. ერთხელ მივიღე წყალობა 126
2. ძალა ძალაზე 129
3. ოთხი დონე ღმერთის ძალისა, რომელიც არის სინათლე 133
4. ისტორია გოგონაზე პაკისტანში, რომლის სახელიც არის სინთია 139
5. შემოქმედის ყველაზე დიდი ძალა 142
6. ახალი ათასი წლისთავი დაიწყო დიდი ნიშანით 144
7. მთის ლოცვა და ჩემი ცხოვრების გარისკვა 157
8. წინასწარმეტყველება კორეის შესახებ 164

სარჩევი

თავი 5
როგორც წყალი ფარავს ზღვას

1. საზღვარგარეთული მისიის დასაწყისი მთელი მასშტაბით 172
2. ათი ყრუ–მუნჯი იქნა განკურნებული ნაგოიას ლაშქრობაზე 182
3. გავემგზავრე პაკისტანში სულის მწვალებლობით 184
4. უფლის ძალა ადამიანის გაცოცხლებისა 192
5. ლექციები დაბადებასა და სასწაულებზე 196
6. ყელსახვევის ლაშქრობა ინდონეზიაში 199
7. სული წმინდის მოქმედებები უჭურუს პარკს არყევდა 202
8. თმის მკვდარი ძირების გაცოცხლება 207
9. წარმოქმნის ყველაზე ძლიერი ძალის დასაბამი 209
10. წინასწარმეტყველებები მსოფლიოს სიტუაციებზე 215

თავი 6
მხოლოდ იესო ქრისტეს სახელით

1. დაგლეჯილი ხელებითაც კი 224
2. მიზნის წინაშე 226
3. ცხვირის კიბოსგან განკურნება ხელების ქნევით 230
4. კიბოსგან განკურნვა თავსაფრის ლოცვით 233
5. ცრემლების საწინდარი 235
6. სწრაფი და ძლიერი ქარიშხალი სულის წმინდისა 238
7. სიძლიერის ახალი სივრცე 247
8. თომას მწვალებლობის სისხლის ნაყოფი 252

თავი 7

ხალხი მოვა შენს სინათლეზე და მეფეები შენი ამოსვლის სიკაშკაშეზე

1. რა მოხდა დუბაიში 268
2. რუსეთის ლაშქრობა, სანქტ–პეტერბურგის მესამასე წლისთავის ოფიციალური ღონისძიება 272
3. სულიერი სწავლების დასაწყისი 276
4. კურთხევა წინასწარმეტყველებაში დაშვებული სამი გამოცდის მეშვეობით 282
5. მლოცვარეობა 288
6. სული წმინდის ცეცხლი გერმანიაში 295
7. პერუში, ერთხელ ინკების იმპერია 300
8. გააფთრებული ბრძოლა სიღარიბესა და ავადმყოფობის წინააღმდეგ კონგოს დემოკრატიულ რესპუბლიკაში 311
9. ჯვარი გამოჩნდა პირველი საზოგადოებრივი საჰაერო მაუწყებლობის დროს 321
10. WCDN, მედიცინის დოქტორების გლობალური ქსელი 327
11. სული წმინდის ცეცხლი ამერიკის შეერთებული შტატების შუაგულში 332
12. მისიის დასაწყისი ისრაელში 337
13. მესამე მსოფლიო ომი 342
14. გრანდიოზული ტაძარი, სიმბოლო ადამიანის განვითარების გამარჯვებისა 349

ბოლოსიტყვაობა

პირადი და ეკლესიის ისტორია

თავი 1
როგორც კი მიწა მაგრდება წვიმის შემდეგ

1. რწმენის თესლების მომკის შემდეგ

მას შემდეგ რაც გურო დონგში ახალ ტაძარში გადავედით, მაშინათვე უამრავი ხალხი გვეწვია. ჩვენ ვერ ავუდიოდით ამდენ მანქანებს და ხალხს. სასწრაფოდ ტაძარი უნდა გაგვეფართოებინა. ჩვენთან ახლოს იყო უძრავი ქონების პატარა ნაკვეთი გასაყიდად. დაახლოებით 14,000 კვადრატული მეტრის სიდიდის იყო. მაგრამ რადგან ამ შენობაზე გირაო გვქონდა, ჩვენთვის რთული იყო მეორე შენობის შეძენა.

როდესაც ამის თაობაზე ვილოცე უფალმა მითხრა, რომ უნდა შემეძინა. ამ ნაკვეთის საყიდლად 20 ბილიონი ვონი ან დაახლოებით 20 მილიონი ამერიკული დოლარი გვჭირდებოდა. მაგრამ 1 ბილიონი ვონის შოვნაც კი ძნელი იყო, რომელიც მხოლოდ ხელშეკრულების დასადებად იყო საჭირო. მაგრამ ჩვენ უფლის მოქმედებები გამოცდილი გვქონდა ყოველთვის როდესაც ჩვენ მას ვემორჩილებოდით

შეუძლებელ სიტუაციებშიც კი. ახლაც მხოლოდ რწმენა გვჭირდებოდა.

გადავწყვიტე ამ ხელშეკრულების ერთი ბილიონი ვონიდან 100 მილიონი ვონი დამეთესა როგორც რწმენის თესლი. წინასწარი ხელშეკრულების ურთიერთშეთანხმების დასადებად 100 მილიონი ვონი გვჭირდებოდა. ღმერთი ყოველთვის უხვად მლოცავდა, მაგრამ ხელში არ მქონდა ბევრი ფული დიდი რაოდენობის შესაწირისათვის, მისიონერების და საქველმოქმედო საქმიანობებისათვის. მაგრამ რა არის შეუძლებელი თუ უფალი ჩვენს გვერდით არის?

როდესაც 100 მილიონი ვონის საშოვნელად ვილოცე, უფლის მოქმედებებმა დაიწყო მუშაობა მოულოდნელი ადგილებიდან. მათ ვინც ჩემი ლოცვით იყვნენ განკურნებულნი და მათ ვისაც ადრე დავეხმარე, ახლა მოდიოდნენ ჩემთან და მადლიერებას გამოხატავდნენ.

1995 წლის აგვისტოს 100 მილიონი ვონი შევაგროვე და ახლა ურთიერთშეთანხმების წინასწარი ხელშეკრულების დადება შეგვეძლო. როგორც კი მაგალითი ვაჩვენე ყველა ეკლესიის წევრმა დაიწყო მონაწილეობის მიღება. ჩვენ არ გამოგვიცხადებია არაფერი მშენებლობის შესაწირზე, მაგრამ უფალმა უბიძგა ყველას გულს. ეკლესიის წევრებმა ნებაყოფლობით და სიხარულით მიიღეს მონაწილეობა შესაწირების დახმარებაში.

შესაწირები იგზავნებოდა არა მხოლოდ ჩვენი ქვეყნიდან, არამედ სხვადსხვა ქვეყნებიდანაც. მალე შეგვეძლო ხელშეკრულების დადება. როდესაც ჩვენ უფლის სიტყვას

დავემორჩილეთ, ხელშეკრულების დადების შემდეგ შესაწირები გასამმაგდა.

გული ერთისთვის

1996 წლის მაისს, ფოლადის სტრუქტურები გაკეთდა და მშენებლობა აქტიურად მიდიოდა. ჩვენ დაგეგმილი გვქონდა ორკვირიანი განსაკუთრებული აღორძინების შეკრება 10 ივნისიდან. აღორძინების შეკრების ჩატარება ახალ ტაძარში გვინდოდა რათა მეტი ხალხი დატეულიყო, მაგრამ კიდევ რამოდენიმე თვე გვჭირდებოდა ყველაფრის დასამთავრებლად. ეკლესიის წევრები მოხალისედ მუშაობდნენ მშენებლობაზე.

ზოგმა წევრმა საკუთარი სამსახური მიატოვა და ზოგი კი სამუშაოდან პირდაპირ მშენებლობაზე მოდიოდა. ისინი ზიდავდნენ ცემენტს და ქვიშას, აგურებს და კაფელებს აწყობდნენ და კედლებს ღებავდნენ. ასობით ეკლესიის წევრი მუშაობდა ერთად და ტაძარი თითქმის მზად იყო აღორძინების შეკრებისათვის.

ჭერები არ იყო დამთავრებული, მაგრამ ჩვენ მაინც ჩავატარეთ მეოთხე განსაკუთრებული აღორძინების შეკრება ახალ ტაძარში. ეს იყო რწმენით მსვლელობის შედეგი! აღორძინების პირველი დღე ძალიან მგრძნობიარე იყო.

უფალმა მოგვცა 15 მოწოდება მთავარი ნაწყვეტით იოანე 3:6–დან. სერიების სათაური იყო „ხორცი და სული." უფალმა ეს სიტყვა მოგვცა იმისთვის რათა ეკლესიის წევრებს ხორცისა და სულის განსახვავება შეეძლოთ. ეს იყო ადამიანური ბუნების განდევნის და სულის ადამიანის შეცვლისათვის. უამრავი ხალხის განკურნებაც მოხდა რათა ღმერთისთვის ქება–დიდება მიგვეცა.

2. ეკლესია დაარსდა იაპონიაში კონცეფციის ლოცვა–კურთხევის მეშვეობით

როდესაც ავადმყოფ ხალხს ვხედავ, ხშირად ვლოცულობ „უფალო! მომეცი საშუალება ამ მორწმუნის ტკივილი წავიღო და განვკურნო იგი."

რადგან მე თვითონ გამოცდილი მაქვს უაღრესად დიდი ტკივილები, გულის სიღრმეში ვგრძნობ ავადმყოფი ადამიანების ტკივილს. თუკი შესაძლებელია ავადმყოფი ადამიანების ადგილას მე მინდა ვიყო. ეს იგივეა როდესაც ზოგი მორწმუნე ცოდვას იდენს. მე მართლაც ნებაყოფლობით გავწირავ ჩემს ცხოვრებას თუ უფალი დაასაჩუქრებს მათ სულით რათა მოინანიონ და ხსნა მიიღონ.

„ღმერთო! თუ ისინი შეწყვეტენ ცოდვების ჩადენას როდესაც ჩემს სიცოცხლეს წაიღებ, მაშინ გააკეთე ეს. მიეცი ყოველ მათგანს ხსნა."

მოსეს უნდოდა ისრაელის ხალხს ხსნა მიეღო, მაშინაც თუკი ეს მის სახელს ამოშლიდა სიცოცხლის წიგნიდან და ჯოჯოხეთში ჩავარდებოდა (გამოსვლა 32:32).

პავლე მოციქულმა გამოაცხადა თავისი სიყვარული, როდესაც სთქვა რომ მას უნდოდა თავისი ხალხის გადარჩენა მაშინაც კი თუ იგი დაიწყევლებოდა და იესო ქრისტეს ჩამოშორდებოდა. მეც მინდოდა მქონოდა ასეთი სულიერი სიყვარული. თუ ჩემი ეკლესიის წევრები მიიღებენ სიცოცხლეს ჩემი თავგანწირვით, მაშინ მე ამას გავაკეთებ.

ახალი ტაძრის მშენებლობის შემდეგ აღორძინების შეკრებაზე ათასობით ავადმყოფი დარეგისტრირდა ეკლესიაში. იქ ტარდებოდა განსაკუთრებული შეკრებები ავადმყოფი ადამიანებისათვის ყოველ დღე და მე ვლოცულობდი თითოეული მათგანისათვის. როდესაც მე მათთვის მთელი ძალით ვლოცულობდი 2 საათზე მეტი, უკვე თითქმის საღამოს სესია იყო ხოლმე.

მე მწამს რომ უფალმა უპასუხა ჩემს ლოცვებს და ყოველდღე სული წმინდის ცეცხლოვანი მოქმედებები ხდებოდა.

ორი კვირის განმავლობაში რთული სამუშაო იყო, მაგრამ მე ვილოცე ყოველივე ავადმყოფის განსაკურნად, ღმერთის წყალობის იმედი მქონდა რომ ისინი განუკურნებელი სენისაგან განიკურნებოდნენ. კიბოს უჯრედები დამწვარიყო და ფილტვის და საშვილოსნოს კიბო განკურნებულიყო. ცერებრული დამბლის გამო გამაგრებული სხეულები მოშვებულიყო.

ჯუ

ამ შეკრებაზე იყვნენ ჯეკიო ჯუ, კორეელი მცხოვრების ფედერაციის გენერალური მდივანი იაპონიაში, იამაგატა პრეფექტურა და მისი ცოლი. მათ კიდევ ერთხელ გამოცადეს უფლის სასწაული როგორც წინა წელს. სანამ ეს წყვილი აქ მოვიდოდა მათ ისტორია ჰქონდათ სათქმელი.

1995 წლის მაისს დიაკონი ჯუს მეუღლეს ჰქონდა მაღალი სიცხე და ძლიერი თავის ტკივილი შუა ღამეს. მეორე დღეს დიაკონი ჯუ კორეაში უნდა ჩამოსულიყო ბიზნესის საკითხზე. მან თავისი მეუღლე წამოიყვანა და სეულში დიაგნოზი დაუსვეს. ეს იყო „ქოლესტერული შიდა ყურის ანთება." ექიმმა ურჩია მათ სასწრაფო ოპერაცია გაეკეთებინათ.

მას შეეძლო მთლიანად დაეკარგა სმენა და ეს შეიძლება განვითარებულიყო მენინგიტში. იგი ანთებით პატარა ასაკიდან იტანჯებოდა, როდესაც სკოლაში დადიოდა. მას ყურიდან გამონადენი ჰქონდა და ყოველთვის წამლებს იღებდა.

დედამისის დაჟინებით იგი კვირის დილის წირვა–ლოცვას დაესწრო ჩვენს ეკლესიაში და მოვიდა ჩემი ლოცვის მისაღებად. ლოცვის მიღების შემდეგ მან სთქვა რომ მთელი სხეული გაუცივდა და ტკივილი გაუქრა. მას შემდეგ მას ყურიდან გამონადენი აღარ ჰქონდა. იგი ასევე განთავისუფლდა თავის ტკივილებისა და სხვა გართულებებისგან.

მეორე დღის დასაწყისში იგი თავის ქმართან ერთად დაესწრო აღორძინების შეკრებას. მათ ცოდვები ცრემლებით მოინანიეს. აგრეთვე მიიღეს სულიერი ენების ნიჭი. 1995 წლის იანვარს იგი დაბრუნდა იაპონიაში უფლის წყალობით სრულიად განკურნებული. ისინი აღივსნენ სული წმინდით და ღმერთის წყალობისათვის მადლობას წირავდნენ.

როდესაც იგი უკან დაბრუნდა, მან უცნაური რამ იგრძნო სხეულში. დაახლოებით სამი კვირის შემდეგ საავადმყოფოში წავიდა გასასინჯად და აღმოჩნდა რომ ფეხმძიმედ იყო. მას შემდეგ რაც 1991 წელს იგი დაქორწინდა, ჰქონდა გაკეთებული გულის ოპერაცია და ექიმმა სთქვა რომ ძნელი იქნებოდა მისი დაფეხმძიმება და თუ იგი დაფეხმძიმდებოდა ეს სახიფათო იქნებოდა.

ეს იყო მათი ქორწინების მეხუთე წელი და მხოლოდ 8 თვე გასული გულის ოპერაციიდან. მაგრამ ისინი დარწმუნებულები იყვნენ რომ ეს უფლის დალოცვა იყო, რომელმაც მისი განუკურნებელი სენიც კი განკურნა. 1996

წლის მარტს მათი პირველი ვაჟიშვილი შიოუნგი დაიბადა. მაგრამ მათი სიხარული მოკლე იყო, რადგან ბავშვი იყო გონებაჩლუნგი.

ეს იყო დეფორმაციული დაავადება რომელმაც ჰორმონების ფორმირება მწყობრიდან გამოიყვანა და მას გაზრდა მხოლოდ ჰორმონების წამლებით შეეძლო. თუ იგი ამ წამლებს არ მიიღებდა, მისი სხეულის ქვედა ნაწილი საერთოდ აღარ გაიზრდებოდა და თავი გაუდიდდებოდა. ამ ავადმყოფობას მისი სიცოცხლის წაღებაც შეეძლო.

1996 წელს წყვილმა აღთქმული ლოცვა შესთავაზა თავიანთი ვაჟის შიოუნგის გასაკურნად. ისინი მომავალ წელსაც ჩამოვიდნენ კორეაში რათა აღორძინების შეკრებას დასწრებულიყვნენ. მათ გული აუჩუყდათ მოწოდებების მოსმენისას და აგრეთვე დარწმუნებულები იყვნენ რომ მათი ვაჟიშვილი განიკურნებოდა. მათ შეწყვიტეს შიოუნგისთვის წამლების მიცემა და ყველაფერი უფლის ხელში დატოვეს. როდესაც ისინი იაპონიაში დაბრუნდნენ შიოუნგი იყო ჯანმრთელი და ნორმალურად იზრდებოდა. რამოდენიმე თვის შემდეგ მან მიიღო ანალიზების პასუხი საავადმყოფოდან და მისი ჰორმონალური დონეები ნორმალურ მდგომარეობაში იყო.

ეს წყვილი აღივსო უფლის წყალობით. მათ არასოდეს შეუწყვეტიათ სახარების ქადაგება და ლოცვა. 1997 წლის ივლისს ექვსი ადამიანი შეიკრიბა მათ სახლში და პირველი ღონისძიება ჰქონდათ. მას შემდეგ ხალხის რაოდენობა გაიზარდა და მათ მოითხოვეს მისიონერის მათთან გაგზავნა. 1999 წლის სექტემბერს პასტორი კანგსუპ ჯანგი გავაგზავნეთ ჩვენი ეკლესიიდან. ამ წუთას მათ აქვთ დიდი ეკლესია იამაგატაში და ლამაზ სამღვდელოებას განაგრძობენ. მათ

ჰყავდათ მეორე ვაჟიშვილი და ქალიშვილი. მათ აქვთ ჯანმრთელი და ბედნიერი ოჯახი.

3. საზღვარგარეთული მისიის გაფართოება

ჩემი სახელი გახდა ცნობილი ვაშინგტონის ქალაქში და ყოველ წელს მიწვევდნენ ამერიკის შეერთებულ შტატებში. 1996 წლის თებერვალს ვქადაგებდი მოწოდებას კორეის გაერთიანებული ლაშქრობასა და პასტორების კონფერენციაზე, რომელიც ჩატარდა ჰავაის კორეული ქრისტიანული ეკლესიების ასოციაციის მიერ. ეს იყო ჰონოლულუს კორეულ ბაპტისტურ ეკლესიაში და სახელწოდება იყო „განგვანახლე."

რადგან კორეის პირველმა პრეზიდენტმა, სინგმან რეიმ დააარსა ეკლესია ჰავაიში, ვიფიქრე რომ მათ ჰქონდათ მგზნებარე რწმენა. მაგრამ, როდესაც იქ ჩავედი ვნახე რომ იქ არ იყო ბევრი ეკლესია და მრავალი გართულებები იყო. პასტორების თანახმად იქ იყო ბევრი ეკლესია რომლებიც დაიხურა რადგან უაზრო ჩხუბი გაიმართა პასტორებსა და ეკლესიის წევრებს შორის.

ჰავაის კორეული ქრისტიანული ეკლესიების ასოციაციას ხელმძღვანელობდა ანგლიკანური ეკლესიის ეპისკოპოსი ჯონ პარკი. იგი პოეტი იყო და ჩანდა რომ მშვიდი ადამიანი იყო. პირველი სხდომის შემდეგ იგი იღებდა უამრავ წყალობას.

ეკლესია შეიცვალა პაექრობაში

სამი დღის განმავლობაში ვქადაგებდი მოწოდებებს „რატომ არის იესო ჩვენი მხსნელი“, „ხორციელი და სულიერი რწმენა“ და „საუკუნო სიცოცხლე ხორცის ჭამით და იესო ქრისტეს სისხლის დალევა.“

გავიგე რომ თავდაპირველად ეკლესიის წევრებმა უარი თქვეს ეკლესიის გამოყენებაზე ამ შეკრებისათვის. მაგრამ

ჰავაის გაერთიანებული ლაშქრობა

როგორც კი პირველი სესია დამთავრდა ბევრ მორწმუნეს აუჩუყდა გული და ძირითადი დამოკიდებულება შეიცვალა. მათ ჩვენთვის მოჰქონდათ საჭმელი და სხვა ძვირფასი რაღაცეები.

მთელი სესიის დასრულების შემდეგ ეკლესიის ერთერთი პასტორი გამოტყდა ცრემლებით „ეკლესიას ეს პრობლემა იმიტომ აქვს რადგან მე ამპარტავანი ვარ. ეს ყველაფერი ჩემი დანაშაულია.“ როგორც კი პასტორმა თავის თავზე დაიბრალა და შეიცვალა, ეკლესიის წევრებიც მაშინვე შეიცვალნენ. მე მწამდა რომ უფალი მოაგვარებდა ამ ეკლესიის ყველა პრობლემას და მას მადლობა გადავუხადე.

ამ პერიოდში ორი პასტორის კონფერენციის სესია ტარდებოდა. მე ვცადე მტკიცე რწმენა ჩამენერგა მათში რათა ეს გაეკეთებინათ. კონფერენციის შემდეგ მოხუცმა პასტორმა ცრემლებით აღიარა „ეს ჩემი მრევლის ბრალი არ არის. ეს ჩემი ბრალია. იმიტომ რომ ბოროტი ვიყავი.“

ერთმა პასტორმა სთქვა „არსად მქონდა წასასვლელი და ვიფიქრე მოვკვდებოდი. მაგრამ მივიღე წყალობა და სიძლიერე და ახლა მტკიცე რწმენა მაქვს. ახლა მე ამის გაკეთება შემიძლია.“ სხვა პასტორმა სთქვა, „მე მქონდა მტკიცე რწმენა ჩემს თავში როგორც სულიერ მასწავლებელს, მაგრამ ახლა თავიდან დავიწყებ შესწავლას.“ ეს იყო გულში ჩამწვდომი აღიარება რომელიც თავმდაბლობიდან მოდიოდა.

როდესაც ყველა შეხვედრა დასრულდა, მე დავემშვიდობე პასტორებს. ეპისკოპოსმა ჯონ პარკმა სთქვა „მე გაგებული მაქვს 2000 წლის წინათ მოციქულების შესახებ, მაგრამ ახლა ვხედავ მოციქულს შენში.“ უამრავი პასტორი მოვიდა აეროპორტში ჩემი წასვლის მწუხარების ცრემლებით გამოსახატავად. ამანაც ამიჩუყა გული.

ის, რომელიც სიზმარში განიკურნა

1997 წლის 26 სექტემბრიდან 28 სექტემბრამდე „დიდი ევანგელისტური კამპანია" ჩატარდა ვაშინგტონის ქრისტიანული რადიო სისტემის მიერ ვირჯინიის შტატის ეკლესიაში, ძირითადი სახელწოდებით „უფალო, აღადგინე ვაშინგტონი და ბალტიმორი."

უამრავი კორეელი დაესწრო ამ შეკრებას ვაშინგტონის ქალაქიდან, მერილენდიდან, ვირჯინიიდან, ნიუ–იორკიდან და ასევე ტორონტოდან, კანადა. მე ვიქადაგე მოწოდებები სახელწოდებით „რატომ არის იესო ჩვენი მხსნელი", „ხორციელი და სულიერი რწმენა" და „საუკუნო სიცოცხლე ხორცის ჭამით და იესო ქრისტეს სისხლის დალევა."

ვაშინგტონის დიდი მისიონერული კამპანია

პასტორების კონფერენციაზე რომელიც აღორძინებისას ჩატარდა ვიქადაგე მოწოდება სახელწოდებით „ეკლესიის გაზრდის საიდუმლოება." უამრავი პასტორი მოვიდა სხვადასხვა სარწმუნოებით.

მეორე დღეს, 29 სექტემბერს კორეა–ამერიკის გაერთიანებული ლაშქრობა ჩატარდა მერილენდის კორეული ეკლესიის ასოციაციის მიერ ბალტიმორის კორეული გაერთიანებული პრესვიტარიანულ ეკლესიაში. აღორძინების შეკრებას არა მხოლოდ კორეელები ესწრებოდნენ, არამედ დაახლოებით 1500 ადგილობრივი არა კორეელი ესწრებოდა და ჩატარდა როგორც ფესტივალი სხვადასხვა ერის გასაერთიანებლად.

მაგრამ იქ ადგილი ჰქონდა რამოდენიმე შემაშფოთებელ ინციდენტს ეშმაკისგან რათა შეეჩერებინა ჩემი ქადაგება ამ შეკრებაზე. შეკრება უნდა ჩატარებულიყო ერთერთი პასტორის ეკლესიაში. გაუგებრობა მოხდა მას შემდეგ რაც მან გაიგო ცილისმწამებლური რაღაცეები ჩემზე. შედეგად მან უარი სთქვა ჩემს ქადაგებაზე. მას ასევე არ სურდა მისი ეკლესიის გამოყენება შეკრებისათვის.

მაგრამ ღმერთმა განდევნდა სატანის არეულობები ამ პასტორის სიზმარში. მას ქრონიკული დაავადება ჰქონდა ხერხემალში და ათზე მეტი მეტალის ჩხირი ჰქონდა ჩამაგრებული. მას ძლიერი ტკივილი ჰქონდა ზურგში.

მაგრამ შეკრებამდე მე გამოვჩნდი მის სიზმარში და ასპირინი მივეცი. როდესაც მან გაიღვიძა, ტკივილი გამქრალიყო. სასწაულებრივად იგი განიკურნა და ძალიან გაოცებული იყო. მოგვიანებით მან სთქვა „უფლის ნებაა რომ ეს შეკრება ჩატარდეს. მქადაგებელი ჯაეროკ ლი არ არის

არგენტინის პასტორების კონფერენცია (1996)

ეკლესიის მიძღვნა ქალაქის მერ ბარელასთან ერთად

არგენტინის ლაშქრობა

ჩვეულებრივი ადამიანი. იგი არის უფლის მსახური.“

მან დაარწმუნა სხვა პასტორებიც და აღორძინების შეკრებამ წარმატებულად ჩაიარა.

ღონისძიება ჩატარდა როგორც დაგეგმილი იყო პასტორის ლამაზ ეკლესიაში, რომელიც აშენებული იყო კედრით. იგი გაოცებული იყო ჩემი დანახვისას რადგან ზუსტად იგივე ადამიანი ვიყავი რომელიც მან სიზმარში ნახა. იგი თბილად მოგვესალმა.

იმ დღეს მე გავაგზავნე წერილი სახელწოდებით „გავერთიანდეთ უფალში.“ კორეელებსა და აფრიკელ ამერიკელებს შორის იყო კონფლიქტი, რომელიც მხოლოდ უფლის წყალობით თუ მოგვარდებოდა. ამიტომ მოვუწოდე მათ დაეძლიათ ბარიერი უფლის სიყვარულით.

ეს აქტი ადგილობრივი განვითარებისთვის და რასებს შორის დაძაბულობის შემცირებისთვის აღნიშნული იყო

მერილენდის შტატის მიერ. მერილენდის გუბერნატორმა მომცა მადლიერების საინი და ასევე მივიღე საპატიო მოქალაქეობის სერთიფიკატი ბალტიმორის ქალაქის მერისგან. ყოველივე ეს იყო უფლის წყალობა.

სულიერად მწყურვალი არგენტინელი პასტორები

1996 წელს 21 ივლისიდან 23 ივლისამდე ვიქადაგე სახელწოდებით „ეკლესიის გაზრდის საიდუმლოება" პასტორების კონფერენციაზე და აღორძინების შეკრებაზე კორეელებისათვის ბუენოს აირესში. არგენტინის მრავალი ქრისტიანული ორგანიზაციების მხარდაჭერით ჩატარდა შეკრება.

ათასზე მეტი პასტორი დაესწრო ამ კონფერენციას და ზოგიერთი მათგანისთვის ეს გულში ჩამწვდომი იყო და ასეთივე კონფერენცია ჩატარდა მეორე წელს მათი თხოვნით.

მატანზას ეროვნულ უნივერსიტეტში, ბუენოს აირესში 15 ოქტომბრიდან 16 ოქტომბრამდე ტარდებოდა მეორე პასტორების კონფერენცია და აღორძინების შეკრება. ორგანიზატორები ელოდებოდნენ დაახლოებით 300 პასტორს, მაგრამ ათასზე მეტი პასტორი მოვიდა და ადგილი უნდა შეგვეცვალა და უფრო დიდ ეკლესიაში გადავსულიყავით.

პასტორების სურვილი და მწყურვალება ისეთი ძლიერი იყო რომ ჩვენ გავაგრძელეთ კონფერენცია სამ საათამდე და საუზმე გამოვტოვეთ. პასტორებს ძალიან უნდოდათ ქადაგების მოსმენა და მხოლოდ მაშინ დავამთავრეთ როდესაც მათ შევპირდი რომ მეორედაც გვექნებოდა კონფერენცია. მეორე პასტორების კონფერენციას და აღორძინების შეკრებას

დაესწრო ზუსტად 8000 ადამიანი.

იმ დროინდელი არგენტინის კორეელი ელჩი დაესწრო შეკრებას და სთქვა „მქადაგებელ ჯაეროკ ლის მადლობას ვუხდი იმისათვის რომ მოუტანა არგენტინას კორეული ეკლესიების მგზნებარე რწმენა რომელიც საზღვარგარეთ სახარებას ქადაგებს." მან აღორძინების შეკრება დადებითად შეაფასა და სთქვა რომ ეს იყო დიდი დიპლომატიური დახმარება სამოქალაქო სექტორიდან.

ასევე განიკურნა უამრავი ხალხი სული წმინდის ცეცხლოვანი სამუშაოებით. ეს სიმართლეა განსაკუთრებით პასტორი ედუადორ ლეციოსათვის, რომელიც არის არგენტინული ქრისტიანული ეკლესიების ასოციაციის პრეზიდენტი. იგი განიკურნა კანის კიბოსა და ქრონიკული კუჭის პრობლემებისაგან და უფალს ქება–დიდება შეასხა.

4. ცხოვრების მობრუნება სასოწარკვეთილებიდან იმედში

ყველას აქვს ცხოვრებაში ცუდი და კარგი მომენტები. მაგრამ თუ მათ აქვთ განუკურნებელი დაავადებები ან გაიგეს რომ მათი ავადმყოფობის განკურნება გვიანია, მაშინ ისინი სასოწარკვეთილებაში ვარდებიან. მაგრამ უფლის სიყვარული არ ამტვრევს დაშველებულ ლერწამს და არ აქრობს აღვივებულ ფთილას. და მის სიყვარულში იგი ყოველთვის აჩვენებს სასწაულებს მათ, ვინც რწმენით ცოცხლობს.

სამი კილოგრამის წონის სიმსივნე გაქრა

დიაკონმა სუნშინ კანგმა დაიწყო იესუს მანმინის ეკლესიაში სიარული. 1997 წლის ივნისს იგი გრძნობდა კვერცხისოდენა სიმსივნეს. როდესაც მან დილას გაიღვიძა, სხეული მთლიანად შეშუპებული ჰქონდა. იგი გრძნობდა სიმძიმეს დაბლა მუცლის ღრუში. ასევე სიარული და

ნორმალურად სუნთქვა უჭირდა.

14 ივნისს მას დაუსვეს დიაგნოზი ჯეონამის საავადმყოფოში. მას 3 კილოგრამის სიმძიმის სიმსივნე ჰქონდა და ეს იყო სიმსივნე სახელად საშვილოსნოს მიომა. ეს იყო საშვილოსნოს კიბოს ბოლო სტადია. ექიმმა სთქვა რომ თუ სიმსივნეს ამოიღებდნენ მას მაინც ჰქონდა ათზე მეტი ფესვი გარშემო ამიტომ ეს იყო განუკურნებელი და საბოლოო პუნქტი.

იგი მხოლოდ სხვისი დახმარებით დადიოდა. როდესაც წვებოდა მისი მუცელი დაბლა არ იწეოდა მაგრამ ზემოთ იზნიქებოდა სიმსივნის გამო. უშედეგო ოპერაციის მაგივრად მან უფალს წყალობა სთხოვა და მიიღო ლოცვა ავადმყოფებისა, რომელიც ჩაწერილი იყო ტელეფონის ავტომატური მოპასუხის სისტემაში.

რადგან მას ნანახი და გაგონილი ჰქონდა ღმერთის სასწაულების შესახებ როდესაც იეოსუ მანმინის ეკლესიაში დადიოდა, მას სწამდა რომ განიკურნებოდა თუ კი მხოლოდ უფალს მიენდობოდა.

2 წლით ადრე, 1995 წლის მაისს დიაკონ სუნშიმ კანგმა გააქრისტიანა თავისი დეიდა ეუმჯეონ კიმი და მესამე აღორძინების დღეს ერთად დაესწრნენ. ამ მოხუცებულ ქალბატონს ზურგიდან ამოღებული ჰქონდა ორი ხრტილი. მისი ზურგი მოხრილი იყო 90 გრადუსით და ათი წლის განმავლობაში ნორმალურად სიარული არ შეეძლო.

იმისდა მიუხედავად რომ მისი ზურგის განკურნებისათვის მედიცინური საშუალება არ იყო, მისი ზურგი გასწორდა ერთხელ ლოცვის მიღების შემდეგ აღორძინების შეკრებაზე. მას შემდეგ ეუმჯეონ კიმი დადიოდა კომფორტულად და

გამართულად სწორი ზურგით.

1997 წლის 25 ივნისს დიაკონ კანგმა გაიგო რომ მე ვუხელმძღვანელებდი აღორძინების დღეს ახალი ტაძრის ინაუგურაციისათვის ულსანის მანიმინის ეკლესიაში. იგი მოვიდა აღორძინების შეკრებაზე. მას სწამდა რომ თუ ჩემგან ლოცვას მიიღებდა განიკურნებოდა და უფალმა იგი განკურნა.

როდესაც მან ლოცვა მიიღო სული წმიდის ცეცხლმა იმოქმედა მასზე. მას შემდეგ აღარ უგრძვნია სიმსივნე მუცლის არეში და ყველა სიმპტომი გამქრალიყო. ერთი თვის შემდეგ იგი წავიდა საავადმყოფოში და ექიმი გაოცებული დარჩა.

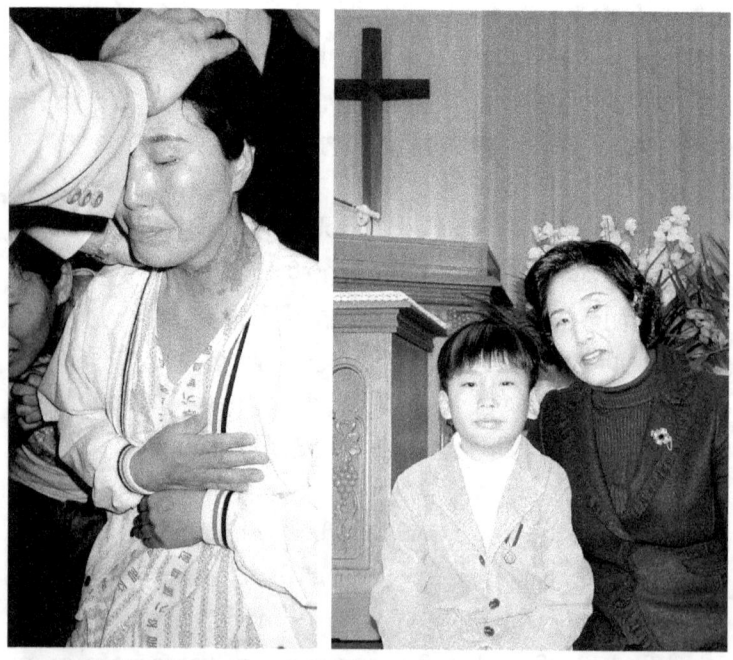

ოკჯა კიმი განიკურნა მოწამვლისაგან და 21 წლის ქორწინების განმავლობაში პირველი შვილის გაჩენა

„როდის გაიკეთე ოპერაცია და როდის ამოიკვეთე სიმსივნე?“

„არ გამიკეთებია ოპერაცია. მე პასტორის ლოცვის მიღებით განვიკურნე. ღმერთმა განმკურნა.“

იგი მთლიანად გამოჯანმრთელდა და გახდა უფლის ერთგული მსახური.

აგროქიმიური მოწამლულის განკურნება

ულსანის მანმინის ეკლესიის ახალი ტაძრის ინაუგურაციის ღონისძიებაზე ოკია კიმი იმყოფებოდა ექიმის ფორმაში. მას ისტორიის მოყოლა უნდოდა.

იგი დაქორწინდა 18 წლის ასაკში და ფერმაში მუშაობდა პურის ფულის გასაკეთებლად. უბედური შემთხვევის შემდეგ მას ბავშვის ყოლა აღარ შეეძლო და მას შემდეგ ცხოვრობდა დამნაშავის შეგრძნებით.

მას უამრავი ოჯახური პრობლემები ჰქონდა და 1997 წლის 17 ივნისს ოჯახის წევრებთან კამათი ჰქონდა. მისი ოჯახის წევრების გასაკვირად მან დალია მთელი ბოთლი აგროქიმიური „გრამოქსონი.“ მათ წაიყვანეს იგი საავადმყოფოში.

ექიმმა სთქვა რომ ეს იყო ძალიან ძლიერი საწამლავი, რომელსაც სიკვდილის გამოწვევა შეეძლო მხოლოდ პირზე შეხებითაც. არ იყო არანაირი შხამსაწინააღმდეგო საშუალება და იგი ვერ იცოცხლებდა თხუთმეტ დღეზე მეტი. ექიმმა უთხრა ოჯახის წევრებს დასაფლავებისათვის მომზადებულიყვნენ. მაგრამ მისმა უმცროსმა ძმამ, რომელიც ეკლესიაში დადიოდა სახარება წაუკითხა მას და მოასმენინა

„ჯვრის მოწოდების“ ქადაგებების კასეტა. ასევე მოახერხა რომ მას მიეღო „ავადმყოფების ლოცვა“ ტელეფონის ავტომატური მოპასუხის სისტემით.

გვანგჯუს მანმინის ეკლესიის წევრებმა და პასტორებმა მოუარეს მას სიყვარულით და ჩაუნერგეს რწმენა. მას სიცოცხლის დიდი სურვილი გაუჩნდა და 25 ივნისს იგი მოვიდა ულსანის მანმინის ეკლესიაში. როდესაც მან ჩემგან ლოცვა მიიღო ოფლად იღვრებოდა. და როდესაც უკან მიდიოდა გვანჯუში აღორძინების შეკრების დამთავრების შემდეგ ისე მოსდიოდა ოფლი, რომ ტანსაცმელი სულ დაუსველდა. სხეულში სიმხურვალეს გრძნობდა და ტკივილები ისევ ჰქონდა. მოგვიანებით მან გაიგო რომ ეს იმიტომ ხდებოდა რომ შხამი სხეულიდან გამოდიოდა. ეს იყო ის მომენტი, როდესაც სული წმინდის ცეცხლი შხამს წვავდა.

მეორე დილას საოცრება მოხდა. ტკივილები გამქრალიყო. იგი გულში სიმშვიდეს გრძნობდა. ექიმები გაოცებულები იყვნენ და სრული გამოკვლევა ჩაუტარეს. მისი დაზიანებული საყლაპავი მილი, დამპალი ღვიძლი და ფილტვები და სხეულის სხვა ადგილები განკურნებულიყო.

აგრეთვე, როდესაც იგი სვამდა აგროქიმიურ საწამლავს, ერთი წვეთი დაესხა მარცხენა თვალზე და მისი მარცხენა თვალის კაკალი თითქმის გამქრალიყო. მას მხედველობა უნდა დაეკარგა ან რაიმე სერიოზული მხედველობის პრობლემა უნდა ჰქონოდა, მაგრამ ლოცვის მიღებიდან რამოდენიმე დღეში მისი თვალი შესანიშნავად იყო და ნორმალური მხედველობაც ჰქონდა.

1997 წლის ნოემბერს იგი ჩამოვიდა სეულში გვანგჯუს მანმინის ეკლესიის წევრებთან ერთად პარასკევის მთელი ღამის წირვა–ლოცვაზე დასასწრებად და კიდევ ერთხელ

მიიღო ჩემი ლოცვა. ერთი თვის შემდეგ იგი გრძნობდა რომ მის სხეულში უცნაური რამ ხდებოდა. წავიდა საავადმყოფოში გასასინჯად. იგი ორსულად იყო! ადრე სხეულის გამო ბავშვის ყოლა არ შეეძლო. მაგრამ, უფლის კურთხევით იგი დაფეხმძიმდა 21 წლის ქორწინების შემდეგ.

მას გული ჰქონდა დაწყვეტილი ამდენი მძიმე სიტუაციებისგან რადგან ბავშვის ყოლა არ შეეძლო. მაგრამ როდესაც უფალი შეეხო მას, იგი მაშინათვე განიკურნა. მან გააჩინა ვაჟი და ახლა ცხოვრობს ბედნიერი ცხოვრებით.

სული წმინდას შრომა ლოცვით ARS ტელეფონზე

ყოვლისშემძლე ღმერთის საოცრებებმა უსიცოცხლო მანქანებზეც კი იმოქმედა. ილგონ ჩომ შესთავაზა ეკლესიას ტელეფონური ავტომატური მოპასუხის სისტემა, რომელშიც ჩაწერილი იყო ავადმყოფების ლოცვა.

როგორც კი მან დაიწყო ჩვენს ეკლესიაში სიარული მისი ქალიშვილი განიკურნა შუა ყურის ანთებისაგან და თვითონ კი ქრონიკული კანის დაავადებისაგან. ღმერთმა აჩვენა სული წმინდის უამრავი საოცრება ტელეფონური ავტომატური მოპასუხის სისტემაში ჩაწერილი ლოცვით.

ეს არის რაც მოხდა დალიონგ ლის ოჯახში 1996 წელს. მისი და ბოკსონ ლი უვლიდა თავის ორი თვის დისწულ ჯუნგტაეკს. ბავშვს ყელში გაეჭედა დიდი ყურძნის მარცვალი. სახე გაულურჯდა და უჰაერობის გამო გონებას კარგავდა.

ყურძნის მარცვალმა საჰაერო მილი გადაუკეტა. ბოკსონ ლიმ და მისმა დედამ ბავშვი ადგილობრივ საავადმყოფოში წაიყვანეს. ყურძენი გაიჭედა მარჯვენა ფილტვში და სისხლით

ივსებოდა. მარცხენა ფილტვი გადიდდა და ეს ტვინისათვის სასიკვდილო იყო.

ბავშვი კარგავდა ფოკუსს და თვალის ბადისებრმა გარსმა დაიწყო შრობა. ჟანგბადის ნიღაბი არ შველოდა სუნთქვისათვის. ელექტრო შოკის გამოყენებით მისი გული ოდნავ ცემდა. მაგრამ ყოველ 30 წუთში ჩერდებოდა.

როდესაც მამამ ექიმს უთხრა რომ ბავშვს სხვა საავადმყოფოში გადაიყვანდა, ექიმი თავიდან არ დაეთანხმა. ექიმმა აუხსნა რომ თუ კი ბავშვი გადარჩებოდა იგი გონებრივად სუსტი ან დასახიჩრებული იქნებოდა, რადგან მისი ტვინი უკვე დაზიანებული იყო. ექიმმა უთხრა ბავშვის მამას არ მიეყენებინა ბავშვისთვის კიდევ უფრო მეტი ტანჯვა და სირთულეები.

დალიონგ ლი და მისი ვაჟი ჯუნგტაეკი, უფლის წყალობით გაცოცხლებული (1996)

ჯუნგტაეკი ახლა კანმრთელი ბიჭია.

ბავშვი იმყოფებოდა სამსუნგის მედიცინურ ცენტრში იმ პირობით, რომ საავადმყოფო არ იქნებოდა მის სიცოცხლეზე პასუხისმგებელი. გაუწყლოების გამო მათ უნდა დაეწყოთ I.V, მაგრამ ვენა ვერ უპოვნეს. ექიმმა სთქვა რომ ბავშვი ძალიან პატარა იყო ოპერაციისათვის და გადარჩენის მცირე იმედი იყო.

იმ დროს დალიონგ ლი და მისი ცოლი არ იყვნენ მორწმუნეები. მაგრამ მისი დის ბოკსონ ლის რჩევით მათ მიიღეს ლოცვა ტელეფონით. ბოკსონ ლიმ ილოცა ბავშვისათვის სამდღიანი მარხვით. დალიონგ ლიმაც დაიცვა სამდღიანი მარხვა და ტელეფონით ყოველდღე იღებდა ლოცვას. შემდეგ ბავშვმა დაიწყო გამოკეთება.

დაახლოებით როდესაც სამდღიანი მარხვა დამთავრდა ბავშვი ძირითად პალატაში გადაიყვანეს. ერთ კვირაში, ბავშვი რომელიც კვდებოდა, სრულიად გამოჯანმრთელდა. მას უნდა ჰქონოდა ტვინის პრობლემები თუ იცოცხლებდა, მაგრამ მისი ტვინი კარგ მდგომარეობაში იყო. ყურძნის თესლებიც კი გამქრალიყო მისი ფილტვიდან. უფალმა სული წმინდის ცეცხლით დაადნო ისინი. ექიმები გაოცებულები დარჩნენ.

ამით დალიონგ ლი და მისი მეუღლე გახდნენ მორწმუნეები ყოვლისშემძლე ღმერთისა. მათ მიიღეს უფალი და გახდნენ ქრისტიანები. მათი ვაჟი ჯუნგტაეკი იზრდება კარგი ბავშვი და ეკლესიიდან და მისი სკოლიდან სიყვარულს იღებს.

სატელიტის წირვა–ლოცვით

ჩვენი ეკლესიის წირვა–ლოცვები გადაიცემა მთელს კორეაში სატელიტის მეშვეობით. სატელიტის მეშვეობით

სული წმინდის სასწაულები მოხდა ჩვენი ეკლესიის ფილიალებში. 1998 წლის ივლისს ეუნკიეონგ შინი განიკურნა, როდესაც იგი პირველად მოვიდა მასანის მანმინის ეკლესიაში.

ეუნკიეონგს დედამ ჰკითხა „ეუნკიეონგ, მე დავესწარი ქება–დიდების წირვა–ლოცვას მასანის მანმინის ეკლესიაში და სიმშვიდე ვიგრძენი. არ გინდა ჩემთან ერთად წამოხვიდე?"

ეუნკიეონგი მაშინ მერვე კლასში იყო. იგი გაოცებული დარჩა როდესაც მისი ურწმუნო დედა სთხოვდა ეკლესიაში გაყოლას. მან დაიწყო მასანის მანმინის ეკლესიაში სიარული. მესამე კლასიდან ეუნკიეონგი იტანჯებოდა ნევროზით, ძალის უკმარისობით, უმადობით, გასტრიტით და თავის ტკივილებით. მას უჭირდა სწავლა.

როდესაც იგი მეოთხე კლასში იყო მოულოდნელად სუნთქვის პრობლემები შეექმნა. როდესაც იგი მკერდზე ხელს ირტყამდა, გული წაუვიდა და საავადმყოფოში წაიყვანეს. საშუალო სკოლაში შესვლისას მწვავე ჰერპესები ჰქონდა. მთელი ტანი ექავებოდა. ძლიერი თავის ტკივილების გამო ვერ იძინებდა. ისეთი შეგრძნება ჰქონდა რომ თითქოს თავი უნდა გამსკდარიყო.

იგი ისეთი გამხდარი იყო, რომ მხოლოდ ძვალი და ტყავი იყო დარჩენილი. წამლებს სვამდა, მაგრამ ადვილად ვერ გამოჯანმრთელდა. მისი ოჯახის წევრებიც იტანჯებოდნენ. იგი ეკლესიაში დადიოდა პატარაობიდანვე, მაგრამ მას არ ჰქონდა ჭეშმარიტი რწმენა. მას ყოველთვის ჰქონდა ტკივილები და ამიტომ ცხოვრების იმედიც კი აღარ ჰქონდა.

1998 წლის 12 ივლისს იგი დაესწრო სატელიტის კვირის წირვა–ლოცვას მასანის მანმინის ეკლესიაში. ქადაგების შემდეგ იყო ავადმყოფების ლოცვა და მან დაიდო ხელები დაავადებულ ადგილას და მიიღო ლოცვა. იმ დროს უფალმა

იგი განკურნა ყველანაირი დაავადებებისაგან სული წმინდის ცეცხლით.

დაუყოვნებლივ ყველა ტკივილი გამქრალიყო. მას შემდეგ მას არასოდეს მიუღია წამალი. იგი ცხოვრობს ჯანმრთელი ცხოვრებით და ჩვენი ეკლესიის სოლისტია.

5. ქადაგება შეზღუდულ ბიუჯეტზე სსფ-ს წინაშე

1997 წლის 2 ნოემბერს კვირის დილის წირვა–ლოცვაზე გამოვაცხადე რომ ავტობუსის ჟეტონები მწყობრში მოვიყვანე და მათი აღება ეკლესიის მიმღების ოფისში შეიძლებოდა. ყველას შეეძლო მათი გამოყენება ეკლესიაში მოსასვლელად.

ამ დროისთვის ბევრ კორეელს არ სმენია აბრევიატურა სსფ (IMF), რომელიც ნიშნავს „საერთაშორისო სავალუტო ფონდს" ეს არც მე ვიცოდი, მაგრამ რადგან უფალმა გამაგებინა რომ კორეული ეკონომია რთულ სიტუაციაში იქნებოდა, მოვამზადე ტრანსპორტირების მგზავრობის საფასურები იმ ეკლესიის წევრებისათვის ვინც რთულ ფინანსურ მდგომარეობაში იყო.

სანამ ერთი თვე გავიდა პრესა ლაპარაკობდა „ინტერნაციონალური ფულის ფონდის" ხანაზე კორეაში. 1997 წლის 21 ნოემბერს ქვეყანა ფინანსურ კრიზისში იმყოფებოდა. მთავრობამ „ინტერნაციონალურ ფულის ფონდს" სთხოვა

სესხი და კორეული ეკონომია უწესრიგობაში ჩავარდა. უამრავი კომპანია გაკოტრდა და უამრავმა ხალხმა დაკარგა სამუშაოები და ქუჩაში დარჩნენ.

მეც ვცადე ჩემი ბიუჯეტის სწორად დახარჯვა. ვთხოვე ჩემს ოჯახის წევრებს არ ჰქონოდათ სამნაირი საჭმელი, მხოლოდ ბრინჯი. ასევე ვთხოვე მათ შეემცირებინათ ბაზარში სიარული. აშკარა იყო რომ უნდა შემემცირებინა ფულის ხარჯვა რადგან ეკლესიის წევრებს მძიმე ფინანსური პრობლემები ჰქონდათ.

ეს იყო დიდი ხნით ადრე, ვიდრე მე შევიტყობდი მოახლოებული ეკონომიკური კრიზისის შესახებ. 1995 წლის დეკემბერს ღმერთმა გამაგებინა რომ კორეაში ეკონომიური კრიზისი იქნებოდა და მითხრა რომ ფულის ხარჯვა უნდა შემემცირებინა.

მას ასე, 1996 წლის 28 იანვარს მე ვიქადაგე „კურთხება სიმკაცრიდან." ეკლესიას ვურჩიე შეემცირებინათ ბიუჯეტი ყველა რაიონში. მე არ დამიხარჯავს პასტორალური მოღვაწეობის ხელფასი და ბიუჯეტი ეკლესიიდან. მე ღმერთს უკან შევთავაზე ეს ფული.

როდესაც მათ, ვინც ჩემი ლოცვით განიკურნენ მადლიერება გამოხატეს, მე შევაგროვე შესაწირები და ეს ფული წარვუდგინე უფალს საქველმოქმედო და მისიონერული სამუშაოებისათვის.

ღმერთმა მომცა უხვი ფინანსური წყალობა, მაგრამ მე ჩვეულება მაქვს რომ ყოველი პენი უნდა შემენახა. ეს იმისათვის რომ კიდევ ერთ გაჭირვებულ ადამიანს დავეხმარო და უფრო მეტი მისიონერული სამუშაოები გაკეთდეს.

ჩვენი ეკლესიაც არ იყო კარგ ფინანსურ მდგომარეობაში, მაგრამ ჩვენ მაინც ვეხმარებოდით სხვა ეკლესიებს რომლებსაც

უჭირდათ, განსაკუთრებით სოფლის მიდამოებში მყოფ ეკლესიებს მიუხედავად სარწმუნოებისა. ეკლესიამ დიდი წვლილი შეიტანა ქველმოქმედებაში და სტიპენდიებში, იმისთვის, რომ არც ერთ წევრს არ ეშიმშილა და რომ არ დარჩენილიყო არც ერთი სტუდენტი განათლების გარეშე გადასახადების გამო.

6. ეკლესიის მეთხუთმეტე წლისთავი

1997 წლის 12 ოქტომბერს უამრავი სტუმარი მოვიდა ჩვენი ეკლესიის მეთხუთმეტე წლისთავის აღსანიშნავად. იმ დროს განსაკუთრებული სტუმარი გვყავდა. მოხუცი ჰეჰო ლი, კიმ დაეჯუნგის ცოლი, ახალი პოლიტიკოსი ადამიანების ასამბლეის პარტიის პრეზიდენტი და წყნარი აზიის მშვიდობის ფონდის გამგეობის წევრი გვეწვია, რომ ჩვენი ეკლესიის წლისთავი აღენიშნა.

როგორც წელი გავიდა, ჩვენ მონაწილეობა უნდა მიგვეღო უფრო მეტ მისიონერულ სამუშაოებში, რომელიც კორეული ეკლესიების სხვადასხვა გაერთიანებების მიერ იყო გამართული და უფრო მეტი მოთხოვნა იყო ჩვენს მხარდაჭერისათვის. ამიტომ ჩვენი ეკლესიის ხელოვნების გუნდები ძალიან დაკავებულები იყვნენ. 1998 წლის 5 თებერვალს მიმიწვიეს ოსან–რის მარხვის ლოცვების მთაში მქადაგებლად. 19 მაისს მივიღე მონაწილეობა „არა ძალადობა

მოხუცი ჰეჰო ლი, კორეის ყოფილი პირველი ლედი, ეკლესიის მეთხუთმეტე წლისთავი

სკოლაში მოძრაობა"-ში როგორც ევანგელიზაციის კომიტეტის პროკურორის ადმინისტრაციული პრეზიდენტი.

ჩვენი ეკლესიის ნისი ორკესტრი ხდებოდა ცნობილი ქრისტიანულ საზოგადოებაში და ისინი უკრავდნენ უამრავ ღონისძიებაზე.

მათ დაუკრეს ჯამსილის ოლიმპიურ სტადიონზე გამართული კონფერენციისთვის „ეროვნული კრიზისის დაძლევა ლოცვის საშუალებით", „საქველმოქმედო კონცერტი ხელმომჭირნეებისთვის", „სათაყვანებელი კონცერტი", რომელიც ჩატარდა ევანგელიზაციის კომიტეტის მიერ, აღდგომის აღნიშვნის მეთხუთმეტე მუსიკალურ ფესტივალზე, რომელიც ჩაატარა CBS-მა, CBS-ის ორმოცდამეოთხე წლისთავი

და მათი ხედვა ოცდამეერთე საუკუნის მოძრაობაზე. ისინი ასევე გამოვიდნენ უამრავ სხვა ადგილობრივ წარმოდგენებში ქვეყნის მასშტაბით.

ჩემს ქადაგებას FEBC-ზე (შორეული აღმოსავლეთის სამაუწყებლო ცენტრი) და CBS-ზე (ქრისტიანული მაუწყებლობის სისტემა) ეთმობოდა კვირაში 980 წუთი. ქადაგებები ასევე მიეწოდებოდა სხვადსხვა ქვეყნებს ამერიკის შეერთებული შტატების, რუსეთის, კანადის და ავსტრალიის ჩათვლით.

1998 წლის აგვისტოს ინტერნეტის ცოცხალი გადაცემა დაიწყო ჩვენი ეკლესიიდან. გადაცემის მეშვეობით უამრავი განკურნებები მოხდა. კორეის წმინდა საკურთხეველებში იღებდნენ სატელიტურ წირვას 1996 წლის დეკემბრიდან.

„მომრაობა არა ძალადობა სკოლებში"

2002 წლის მსოფლიო თასის მისიის ინაუგურაციის ღონისძიება

ნისი ორკესტრი სხვადასხვა ქრისტიანულ ღონისძიებებზე

7. უფალს სურს ხორბალი

ჩვენი მისიის სივრცის გადიდება ასევე მნიშვნელოვანია, მაგრამ პასტორალური სამღვდელოების დედაარსი არის ის რომ მორწმუნეები გახდნენ ხორბლები, როგორც ეს მათე 3:12–შია. *„მას ხელთ უპყრია თვისი არნადი და გაწმენდს თავის კალოს, და შეინახავს ხორბალს ბეღელში, ხოლო ბზეს მისცემს უშრეტ ცეცხლს.“*

ღმერთს სურს მისი შვილები გახდნენ ჭეშმარიტი ხორბლები და ამიტომ აცოცხლებს იგი ადამიანის განვითარებას დღემდე. ქრისტიანები უნდა არჩევდნენ არიან ისინი ჭეშმარიტი ხორბალი, რომელსაც უყვარს უფალი და მისი სიტყვა, თუ ბზე, რომელსაც უყვარს სამყარო და ცხოვრობენ თავიანთი სხეულის, ზერის თუ სიამაყის დასატკბობად.

ხორბალს შეუძლია მიიღოს საუკუნო სიცოცხლე და წავიდეს სამოთხეში, მაგრამ ჩალა ჩავარდება ჯოჯოხეთის

ცეცხლში და სამუდამოდ დაიტანჯება. თუ ჩვენ სამოთხეში წავალთ ასევე ჩვენც გვექნება განსხვავებული საცხოვრებელი ადგილები და ქება–დიდება ჩვენი რწმენისა და მოქმედებების თანახმად. ბიბლიის უამრავი ნაწილი გვეუბნება ამ ფაქტს.

პავლე მოციქულმა სთქვა 1 კორინთელთა 15 თავში მკვდრეთით აღდგომის შესახებ „*სხვაა დიდება მზისა, სხვაა დიდება მთვარისა, სხვა – ვარსკვლავებისა; და თვით ვარსკვლავიც ვარსკვლავისგან განსხვავდება დიდებით*" (1 კორინთელთა 15:41). იმისდა მიხედვით თუ რა ვუქენით დედამიწას, მივიღებთ მზის, მთვარის და ვარსკვლავების მშვენიერებას.

რათა უფალი გიყვარდეს

იოანე 14:15–ში ჩაწერილია იესოს ნათქვამი „*თუ გიყვარვართ, დაიცავით ჩემი მცნებანი.*" უფლის ბრძანებების შესასრულებლად უნდა გავაკეთოთ რასაც ის გვეუბნება და არა ის რასაც იგი არ გვეუბნება, უნდა მოვინანიოთ რასაც იგი გვეუბნება და შევასრულოთ მისი კანონი.

იგავნი 8:13 ამბობს, რომ თუ გვინდა რომ ღმერთის შიში გვქონდეს ბოროტება უნდა ავიცილოთ თავიდან და თესალონიკელთა 5:22 ამბობს, რომ მათ ვისაც ჭეშმარიტად უყვარს ღმერთი ყველა ბოროტების სახეობას განდევნის.

თუ ჩვენ ნათელში და უფლის სიტყვის თანახმად ვიცხოვრებთ, ჩვენ შეგვიძლია ღმერთის გული გვქონდეს და სულის ადამიანები გავხდეთ. გარდა ამისა ჩვენ შეგვიძლია მივიღოთ ახალ იერუსალემში შესვლის კვალიფიკაცია, თუ ღმერთის ყველა სახლის ერთგულები ვიქნებით და გავიზრდებით სულიერ ადამიანებად.

როდესაც პატარა ვიყავი დედაჩემი ბაზარში წავიდა თავზე მძიმე ტვირთით. ყველაზე ახლო მანძილიც კი 12 კილომეტრი იყო და 24 კილომეტრი იქ წასასვლელად და სახლში დასაბრუნებლად. როდესაც მე დაახლოებით 5 ან 6 წლის ვიყავი ყოველთვის დავყვებოდი მას ბაზარში.

დილით ადრიდან გვიანობამდე უნდა მევლო, მაგრამ არ შემიმჩნევია რომ ფეხების ტკივილი მკლავდა, რადგან მირჩევნოდა დედაჩემთან ყოფნა სახლში მარტო ყოფნას. ბაზარში ბევრი რამ იყო სანახავი და ტკბილეულის გამყიდველებმა მიიპყრეს მთელი ჩემი ყურადღება.

ტკბილეულის ყურებისას პირი მისველდებოდა. ჩვენ საჭმელად მხოლოდ ტკბილი კარტოფილი და სიმინდი გვქონდა. მაგრამ ეს საკმარისი არ იყო. შანსი არ იყო დედაჩემს არ შეემჩნია ჩემი ტკბილეულისადმი დიდი სურვილი.

შემდეგ გავიგებდი როგორ იძახდა „ჯაეროკ, გინდა ცოტა ტკბილეული?"

იგი იღებდა ერთ ვონს რომელიც ჯიბეში ჰქონდა შენახული. იმ მომენტში მის ხელს გავწევდი და ვეტყოდი ხოლმე „დედა, არ მინდა. წამოდი სწრაფად წავიდეთ."

ერთი ვონით ბევრი ტკბილეულის ყიდვა შეგვეძლო. მაგრამ დედაჩემი ამხელა გზაზე დადიოდა რათა ავტობუსის ფული დაეზოგა. ერთი ვონი მისთვის დიდი თანხა იყო. რადგან მე ეს ვიცოდი, ვცდილობდი დამეფარა ჩემი ტკბილეულისადმი სურვილი.

ვცდილობდი თავი ამერიდებინა მშობლების დარდის გამოწვევისადმი და მესიამოვნებინა მათთვის. მას შემდეგ რაც ღმერთს შევხვდი, ჩემი სულის მამას, ჩემი ერთადერთი სურვილი იყო მისთვის მესიამოვნებინა.

თუ ჩემში ბოროტება მექნებოდა, რომელიც უფალს

სძულს, როგორი დამწუხრებული იქნებოდა იგი! არ შემეძლო ბოროტების მიღება. დავიწყე გულიდან ბოროტების განდევნა მარხვითა და ლოცვით.

თავი 2

ვის უნდა ვუსმინოთ?
- მესამე გამოცდის დასაწყისი

1. ღმერთმა გვიჩვენა მომავალი

1998 წლის ახალი წლის წირვა–ლოცვის შემდეგ ცრემლების დაღვრა განვაგრძე. ხშირად ვტიროდი მაშინ როდესაც მქადაგებლის კათედრაზე ვიდექი და ვქადაგებდი. ეს გრძელდებოდა ერთი წლის განმავლობაში. რადგან უფალმა შემატყობინა რომ ეკლესიაში გამოცდები იქნებოდა და იქნებოდა ვიღაც ვინც მიღალატებდა თავისი ეგოისტური მოტივებით, უნდა მელოცა გლოვაში.

ღმერთმა მითხრა რომ მესამე გამოცდის მეშვეობით იგი მოგლეჯდა სარეველა ბალახს და ხორბალი და ჩალა იქნებოდა დაყოფილი. უფლის განგება იყო რომ სამყაროს მისიის შესრულება და გრანდიოზული ტაძრის აშენება მისი ნაკურთხი შვილების მიერ.

1998 წლის მაისს, აღორძინების შეკრების დასრულების შემდეგ, ღმერთმა მაჩვენა გრანდიოზული ტაძარი რომელიც

44 • ჩემი ცხოვრება, ჩემი რწმენა II

აშენებული იქნება სამყაროს დასასრულს უფლის ნებით. მან ასევე მაჩვენა აღტაცების სცენა. ვნახე ძალიან ბევრი ადამიანი ესწრებოდა წირვა–ლოცვას გრანდიოზულ ტაძარში. ერთ მომენტში ჭერი გახსნილი იყო ჯვრის ფორმით და უამრავი მორწმუნე იყო გამოკიდებული ჰაერში. ისინი ვინც ჰაერში იყვნენ შეიცვალნენ სულიერ სხეულებად თეთრ ტილოში.

მაგრამ იმათაც ვხედავდი რომლებიც არა ჰაერში, არამედ დედამიწაზე იყვნენ დარჩენილები. როდესაც მათ გაიგეს რომ ჰაერში არ იყვნენ დიდ სასოწარკვეთილებაში ჩავარდნენ. ზოგ მათგანს გულიც წაუვიდა იმედგაცრუების გამო. ზოგი გლოვობდა და იატაკს ხელს ურტყამდა.

დარჩენილებს შორის წამყვანი პასტორები და მუშები იყვნენ რომლებიც ჩემთან ერთად მუშაობდნენ. რათქმაუნდა ვიცოდი ეს რატომ მოხდა ასე. მათ ეგონათ მორწმუნეები იყვნენ, მაგრამ უფლის მხედველობაში ისინი არა ხორბალი, არამედ ჩალა იყვნენ.

ისინი ვინც დედამიწაზე იყვნენ დარჩენილები გულს იგლეჯდნენ და მოინანიეს, მაგრამ გადარჩენის კარები უკვე დახურული იყო. ისინი შეიკრიბნენ გრანდიოზულ ტაძარში უფლის ქება–დიდების და ლოცვისათვის. მაგრამ სული წმიდა უკვე წასულიყო და მათ აღარ შეეძლოთ უფლის წყალობის მიღება. ეს იყო ეშმაკის მიერ გაკონტროლებული ბოროტი სამყარო და მათ არ შეეძლოთ სული წმიდის დახმარების მიღება.

ქორწინების წვეულება სამოთხეში, მწუხარება დედამიწაზე

მორწმუნეები რომლებიც არიან ხორბლისავით ჰაერში

ავლენ, უფალს შეხვდებიან და მიიღებენ მონაწილეობას შვიდი წლის ქორწინების წვეულებაში. ისინი დროს ისე გაატარებენ როგორც სიზმარში. ამავე დროს იქნება შვიდი წლის დიდი მწუხარება დედამიწაზე. ამ დროის განმავლობაში როგორც აპოკალიფსში წერია მესამე მსოფლიო ომი დაიწყება. უფრო ძლიერი ერები გამოიყენებენ თავიანთ მასის გამანადგურებელ და ატომურ იარაღებს. დედამიწა შეხვდება დიდ მწუხარებას რომელიც არასოდეს გამოუცდია.

ჩვენი ეკლესიის აშენებულ გრანდიოზულ ტაძარს ბოროტების ჯგუფი შეიპყრობს და წამების ადგილად გამოიყენებენ. ზოგი შეიძლება გადაურჩეს მესამე მსოფლიო ომის უბედურებას, მაგრამ როგორც კი ანტი ქრისტე გამოჩნდება ისინი ვეღარ გააგრძელებენ ცხოვრებას 666 ნიშნის მიღების გარეშე. რადგან ისინი აკრძალავენ ყიდვა–გაყიდვას შუბლზე ან მარჯვენა ხელზე ამ ნიშნის ქონის გარეშე (აპოკალიფსი 13:16–18).

666 ნიშანი არის იგივე რაც ჯოჯოხეთის ბილეთი და ისინი ვინც ამაზე იციან გაიქცევიან მთებში რათა თავი აარიდონ ამ ნიშნის მიღებას. მაგრამ მათ გამოეკიდებიან და დაიჭერენ. თუ ისინი უარს იტყვიან 666 ნიშნის მიღებას, აწამებენ.

ღმერთმა მაჩვენა წამების სცენები. წამების მოწყობილობა იყო მეტად საზარელი და დამახინჯებული ტექნოლოგიით იყო შექმნილი. ზოგმა უარყო უფალი იესო წამებისას და მიიღო 666 ნიშანი. მათ იციან რომ ვერ გადარჩებიან თუ უფალ იესოს უარყოფენ და 666 ნიშანს მიიღებენ, მაგრამ მათ არ შეუძლიათ წამების დაძლევა.

უბრალოდ წარმოიდგინე როგორ შემაძრწუნებლად აწამებენ შენს შვილებს ან მშობლებს. უკიდურესად ძნელია გაუძლო ტკივილს და გახდე წამებული. ისინი ვინც ამ წამებას

დამლევენ და გახდებიან წამებულნი, მიიღებენ სამარცხვინო „შეგროვებულ ხსნას.“

გლოვით და ტირილით ღმერთს მოჭიდებული

ქალიშვილი „ჰ“ იყო პასტორი ჩემს ეკლესიაში. ღმერთმა ბევრჯერ მისცა მას შანსი მონანიებისა და უკან მობრუნების, მაგრამ მან არა. ღმერთმა მას მისცა ძალიან ძვირფასი საჩუქარი და მისი წყალობა, მაგრამ იგი ამპარტავანი გახდა. იგი იდენდა ცოდვებს და სირთულეებს უქმნიდა ეკლესიას. ბოლომდე იგი არ ანებებდა თავს ეგოისტურ მოტივაციებს. საბოლოოდ ღმერთმა სახე შეაბრუნა მისგან.

ამ ეტაპზე იგი სატანისგან იღებდა მოქმედებებს. იგი ფიქრობდა რომ მთელი ეკლესიის გაკონტროლება შეეძლო თუ მე გამანადგურებდა. მან წამოიწყო გეგმა სხვა ხალხთან ერთად ეკლესიაში. მან მისცა ცრუ მოხსენებები ჩამწერ სტუდიას და მოატყუა უამრავი ხალხი.

საბოლოოდ მან ცილი დამწამა და წავიდა ეკლესიიდან. მე მქონდა ხედვა თუ როგორ იყო იგი დატოვებული შვიდი წლის დიდ მწუხარებაში და როგორ აწამებდნენ. მე შოკისგან დავიწყე გლოვა რადგან ნანახი მყავდა ის ხალხი ვინც არ იყვნენ ჰაერში.

მე ვილოცე „მამა ღმერთო, არავინ არ უნდა დარჩეს დედამიწაზე. განსაკუთრებით ისინი ვინც სხვებს ასწავლიან და წამყვანი პასტორები და მუშები არ უნდა დარჩნენ დედამიწაზე შვიდი წლის დიდ მწუხარებაში. გთხოვ მიეცი მათ საშუალება მოინანიონ, უკან დაბრუნდნენ და მიიღო ხსნა.“

უმნიშვნელო რაღაცეებზე არ ვტიროდი ხოლმე, მაგრამ ამ სცენის დანახვის შემდეგ ხშირად ვტიროდი. როდესაც მთის ლოცვაზე წავედი მხოლოდ უფალს მივენდე ცრემლებით და ვთხოვდი არ დაეტოვებინა ისინი.

2. სულიერი სამყარო გაიღო

1998 წლის 4 მაისიდან 14 მაისამდე მეექვსე ორკვირიანი განსაკუთრებული აღორძინების შეკრება ჩატარდა თემის სახელწოდებით „უფალი არის სინათლე." ეკლესიის წევრების უმრავლესობა ამისათვის ლოცვითა და მარხვით მოემზადა. აღორძინების დასრულების შემდეგ ბევრ მათგანს სულიერი თვალები ჰქონდათ გახელილი და უფლის წყალობით სავსეები იყვნენ.

თუ ჩვენ ღმერთი გვიყვარს, მაშინ შეუჩერებლად ვლოცულობთ. ჩვენ მოგვინდება მისი ხმის გაგონება და სულიერი სამეფოს დანახვა. სახელდობრ, როგორც ყოველდღე ჩვენს საყვარელ ადამიანებთან გვსურს შეხვედრა და საუბარი, თუ მამა ღმერთი გვიყვარს ყოველთვის მოგვინდება მისი ნახვა და მისი ხმის გაგონება.

უფალმა დაინახა როგორ ცდილობდნენ ჩვენი ეკლესიის

წევრები ეცხოვრათ მისი სიტყვით და ეცხოვრათ ნათელში. მან გადმოღვარა წყალობა მათზე და ბევრმა მათგანმა დაინახა სულიერი სამეფო. გარდა ამისა, მრავალი რამ მოხდა რითაც მათ შეეძლოთ ეგრძნოთ უფლის პირველი ხელი. იაკობი 1:17–ში წერია *„ყოველი კეთილი საბოძვარი და ყოველი კეთილი ნიჭი ზეგარდმნო გადმოდის ნათელთა მამისაგან, ვისთვისაც უცხოა ცვალებადობა და ცვლილების ჩრდილი.“*

საქმის მესამე თავში პეტრე ფეხზე აყენებს კოჭლ კაცს. როდესაც პეტრემ და იოანემ იქადაგეს უფალი იესოს აღდგომაზე 5000 ადამიანმა მიიღო უფალი იესო ერთ დღეში. ოპიციალურმა პირებმა, მოხუცებმა და მწერლებმა, რომლებსაც აღდგომის ახალი ამბავი არ მოეწონათ, დაუძახეს მოციქულებს და დაემუქრნენ მათ, რათა სახარების გავრცელება შეეწყვიტათ. საქმე 4:18–20–ში წერია *„მოუხმეს და უბრძანეს მათ, ამიერიდან აღარ ელაპარაკათ და აღარც ესწავლებინათ იესოს სახელით. ხოლო პეტრემ და იოანემ მიუგეს მათ და უთხრეს: თავად განსაჯეთ, რამდენად მართებულია ღვთის წინაშე, რომ უფრო მეტად თქვენ გისმინოთ, ვიდრე ღმერთს.“*

ვინაიდან ვიცი, რომ ეს არის უფლის ნება, მოციქულებს რომ შეშინებოდათ ღვთის სიტყვის ქადაგება განდევნისა და ტანჯვის გამო, მაშინ ქრისტიანობა საერთოდ არ გავრცელდებოდა.

მოციქულების ძალისხმევით, რომლებსაც მგზნებარედ უყვარდათ ღმერთი და არ ეშინოდათ სიკვდილის, დღეს ქრისტიანობა აყვავებულია.

ჩვენ არ შეგვეძლო იმის უარყოფა რაც იყო დანახული და მოსმენილი

მათ ვისაც სულიერი თვალები გაეხსნათ, დაინახეს უფალი, წინასწარმეტყველებები და ანგელოზები. მათ სულიერი ხმებიც კი გაიგონეს. როგორც კი ისინი ღმერთის წყალობით აღივსნენ სულიერი სამეფოს დანახვისას, მაშინვე სხვებს მოუყვნენ ამის შესახებ. მაგრამ იმისდამიუხედავად რომ მათ ახსნეს რაც დაინახეს, ეს იყო რაღაც ბუნებრივი რომ სხვადასხვა რაღაცეები ემატებოდა და აკლდებოდა ამ ისტორიას, როდესაც ადამიანიდან ადამიანში გადადიოდა.

ამის შესახებ ლაპარაკი ნორმალურია, მაგრამ როდესაც მათ თავიანთი ფიქრები დაამატეს იმას რაც დაინახეს, ამან პრობლემები გამოიწვია. მაგრამ მე არ შემეძლო ეკლესიის წევრების გაჩერება ასეთი შიშის გვერდითი მოვლენებისაგან. სადავეები ხელში უნდა ამეღო და მეცნობებინა მათთვის, რათა მათი იმედი განმტკიცებულიყო და მათი მიზანი ახალი იერუსალიმი გამხდარიყო.

1998 წლის ივნისს ვუთხარი ჩემი ეკლესიის მუშებს: „რადგან ეკლესიის წევრები ხედავენ სულიერ სამეფოს, მე ერეტიკოსად გამკიცხავენ. იქნება დიდი გამოცდა. მაგრამ რადგან ეს უფლის ნებაა რომ სულიერი სამეფო დავინახოთ, არ მაქვს სხვა გზა და ამ გზას უნდა გავყვეთ."

ვიცოდი რომ ეს რაღაც მომენტში დიდ ტალღას გამოიწვევდა ჩვენთვის, მაგრამ არ შემიწყვეტია მათთვის სულიერი სამეფოს ჩვენება. ეს იყო ღმერთი, რომელმაც გაახილა მათი სულიერი თვალები რათა დაენახებინა სულიერი რაღაცეები, ამიტომ მე არ გავბედავდი ამის

შეჩერებას.

რაც უფრო მეტი ვიცით სულიერ სამეფოზე, მით უფრო მეტს შევძლებთ ზეციური სამეფოსთვის და ჩამოვიფერთხავთ ამქვეყნიურ ბნელ ძალებს. ჩვენ გვექნება ზეციური სამეფოს დიდი იმედი და გავიზრდებით სულიერი რწმენით და გავიხედავთ ახალი იერუსალიმის მიმართულებით.

ეშმაკი ყოველთვის ეძებდა მესიას, მაშინაც კი როდესაც იესო დაბადებულიც კი არ იყო. როგორც კი იესო დაიბადა ჰეროდეს მეშვეობით ეშმაკმა სცადა მისი მოკვლა. ეს იყო იგივე მისი საზოგადოებრივი სამღვდელოების დროს და როდესაც დრო მოვიდა ეშმაკმა წააქეზა ხალხი და ჯვარს აცვა იესო ქრისტე.

ღმერთის სამეფო დამთავრებულია სულიერი ომით. უფლის პასტორებმა და მსახურებმა უნდა იცოდნენ სულიერი სამეფოს შესახებ. ამის ცოდნის გარეშე ჩვენ არ შეგვიძლია ეშმაკის გაკონტროლება. მას შემდეგ, რაც ჩვენ სათანადოდ შევიცნობთ მათ პიროვნებას, მხოლოდ მერე შეგვეძლება მათზე უფლის სიტყვის გატარება და მათი მართვა.

საქმე 16:15–18–ში ჩვენ ვხედავთ, რომ ბევრჯერ იყო ქალი მსახური, რომელიც გაჰყვა პავლე მოციქულს და რთული დღე დააყენა. იგი იყო ეშმაკით შეპყრობილი და მკითხავი. მაგრამ პავლემ არ განდევნა ეშმაკი.

მას უბრალოდ შეეძლო ეთქვა „განიდევნე ეშმაკო, იესო ქრისტეს სახელით წადი!“ და ეშმაკი წავიდოდა და რატომ დატოვა მან? მან მოიცადა რადგან იცოდა რომ არ უნდა გაეკეთებინა ეს.

თუ იგი ამ ქალიდან ეშმაკს განდევნიდა, ადამიანები, რომლებიც ფულს იღებდნენ ამ მკითხავის მეშვეობით, ვეღარ

აიღებდნენ და გამოეკიდებოდნენ მას. მაგრამ როდესაც მან ამას ვეღარ გაუძლო და განდევნა ეშმაკი, რა მოხდა? იგი საზოგადოების წინაშე წარადგინეს. გააშიშვლეს, სისხლის ღვრამდე სცემეს და შემდეგ ციხეში ჩააგდეს.

ბიბლია არის ჩანაწერი სულიერი სამეფოს შესახებ. დემონს და ეშმაკს ეზიზღებათ როდესაც ხალხი სულიერ სამეფოს ხედავს. ეს იმიტომ, რომ სახარებას იქადაგებენ და უფლის სამეფო მტკიცედ დასრულდება. 2 მეფეთა 6:17–ში წერია *„ილოცა ელისემ და თქვა: უფალო! აუხილე თვალი, რომ დაინახოს. აუხილა უფალმა თვალი მსახურ ბიჭს და მანაც დაინახა: აჰა, სავსეა მთა ელისეს გარშემო ცხენებითა და ცეცხლოვანი ეტლებით.“*

ელისემ დაინახა ცეცხლის ცხენები და ეტლები მთის გარშემო თავისი სულიერი თვალებით. ასევე სტეფანე სახარების ქადაგების შემდეგ აღივსო სულით და სთქვა *„აჰა, ვხედავ გახსნილ ცას და კაცის ძეს, ღვთის მარჯვნივ მდგომს“* (საქმე 7:56). შემდეგ ბოროტმა ხალხმა ხმამაღალი ხმით იტირა და მოიცვა მათი ყურები და გაიქროლა მისკენ ერთი განზრახვით. მათ იგი ჩაქოლეს სიკვდილამდე. საქმეს 7 თავში, როდესაც სტეფანე სახარებას ქადაგებდა და ხალხის ცოდვებს ხაზი გაუსვა, ბოროტები მასზე გაბრაზებულები იყვნენ. (საქმე 7:54).

მაგრამ თუ სტეფანე არ იტყოდა, რომ სამოთხის კარები ღია იყო და რომ იესოს ხედავდა, იგი არ ჩაიქოლებოდა სიკვდილამდე. რადგან მისი სულიერი თვალები ღია იყო და ლაპარაკობდა სულიერი სამეფოს შესახებ, მათ შეიზიზღეს ის ფაქტი, რომ მას შეეძლო იმის დანახვა, რისიც მათ არ შეეძლოთ.

ისინი ამბობდნენ ასეთ რაღაცეებს „ანგელოზები? ეგ ილუზიაა! ეგენი შეცდომებია. ეს ყველაფერი ტყუილია!" ისინი აკეთებდნენ უამრავ ასეთ ცრუ განცხადებებს.

გამოსახულებები ტაძრის სვეტებზე გამოჩნდა

1998 წლის 21 ივნისს საღამოს წირვა–ლოცვის შემდეგ ჩვენ ვხედავდით ადამიანების გამოსახულებებს მთავარი ტაძრის საკურთხევლის ოთხ სვეტზე. მე მწამს, რომ ღმერთი ნასიამოვნები იყო რომ მე მივდიოდი მთის ლოცვის სესიაზე საღამოს წირვა–ლოცვის შემდეგ. მან გარკვეულად აჩვენა გამოსახულებები ტაძრის ოთხ სვეტზე მისი ანგელოზების მეშვეობით. ნათელი გამოსახულებების დანახვა ფიზიკური მხედველობითაც შეიძლებოდა სხვა ხალხისგანაც.

ესენი იყო იესოს ჯვარზე განგმირული და პავლეს, იოანეს და პეტრეს გამოსახულებები. ეს ამბავი გავრცელდა და 7000–ზე მეტი ადამიანი მოვიდა ჩვენს ეკლესიაში გამოსახულებების სანახავად.

პათმოსის კუნძულზე ჩვენ შეგვიძლია ვნახოთ იოანეს მოხატულობა. მისი შუბლი შეშუპებულია, რადგან ლოცვისას მან ძლიერად დაარტყა თავი ქვის კედელს. იოანეს გამოსახულებასაც რომელიც ტაძრის სვეტზე გამოჩნდა ჰქონდა შეშუპებული შუბლი. პეტრეს ჰქონდა დიდი წვერი.

ეკლესიის წევრები ხედავდნენ იესოს სისხლდენას მისი თავიდან და ემოციებით აღივსნენ. ეს გამოსახულებები დარჩა მრავალი კვირის განმავლობაში დღე და ღამ. ხალხმა სურათები და ვიდეოები გადაიღეს. ერთმა დიაკონმა, რომელიც იყო მხატვარი ჩანახატიც კი გააკეთა.

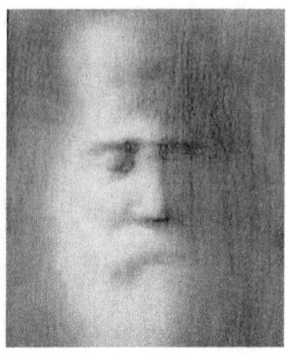

პეტრე მოციქული

იესო ჯვარზე

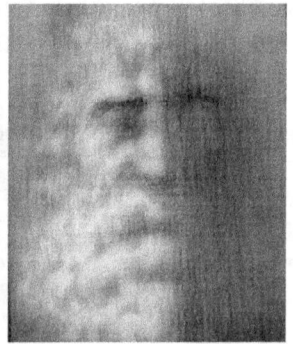

იოანე მოციქული

გამოსახულებები სვეტებზე, რომლებიც საღებავით ფურცელზე დაიხატა

ღმერთმა აჩვენა სულიერი სხეულის სინათლე

ადამიანს აქვს სხეული, მაგრამ რეალური არსებობა სულია. როდესაც უფალმა გამოსახა კაცი, მან შთაბერა

მის ნესტოებს სიცოცხლის სუნთქვა და ცოცხალ არსებად გადააქცია იგი (დაბადება 2:7). როდესაც ჩვენ აქ ჩვენს ცხოვრებას დავასრულებთ და სამოთხეში წავალთ, სულიერი სხეულებივით ვიცხოვრებთ. იმ შემთხვევაში, როდესაც ჩვენ ვემსგავსებით იესოს გულს და ვანსახიერებთ უფლის სახეს, თითოეულ ჩვენთაგანს ექნება განსხვავებული სახის ბრწყინვალება.

როდესაც მოსე სინას მთიდან ჩამოვიდა უფლის ათი მცნებით, მისი სახე ისე კაშკაშებდა, რომ ხალხს ეშინოდა მასთან მიახლოება. მოსემ თვითონ არ იცოდა ეს და მოგვიანებით როდესაც ხალხს მისი ეშინოდა სახე პირბადით დაიფარა. (გამოსვლა 34: 29–33).

შემდეგი ღონისძიება გამოჩნდა 1998 წლის 25 ივლისს პარასკევის მთელი ღამის წირვა–ლოცვის მეორე სესიის დროს. სიყვარულის ღმერთს, რომელსაც სურდა მორწმუნეებს ზეციური სამეფოს იმედი ჰქონოდათ, აჩვენა მათ სულიერი სხეულის სინათლე. არა მხოლოდ მათ, ვისაც სულიერი თვალები ჰქონდათ გახელილი, არამედ ყველას შეეძლო ამის დანახვა.

ერთ მომენტში სინათლე ჩემი სულიერი სხეულიდან ამოდიოდა და გარშემო ეფინებოდა. ქება–დიდების ხელმძღვანელს ვერ ხედავდნენ კაშკაშა სინათლის გამო. ყვავილების დაწნული თავსაფარი, რომელიც ქება–დიდების ხელმძღვანელს ეხურა გადაიქცა გვირგვინად. როდესაც საკურთხევლის ცენტრში დავდექი, ტანსაცმელი გრძელი მანტიასავით გამოიყურებოდა და გრძელი ჩანდა.

ეს სცენა გადიოდა დიდ ეკრანზე და ისინი ვინც ესწრებოდნენ ამას ნათლად უყურეს. სინათლემ არემარე მოიცვა და ისინი ვინც წინა ადგილებში იჯდნენ

გამოსცადეს გასაოცარი რამ, მათი დაღლილობა ქრებოდა და განკურნებებიც კი მოხდა.

ერთერთი მათგანი იყო კიეონგ–ოკ კიმი. 1996 წელს იგი ავარიაში მოყვა. მას ძალიან სერიოზული მეხუთე ხარისხის ორივე ფეხში უუნარობის დიაგნოზი დაუსვეს. ძლივს დადიოდა ყავარჯნებით. ავარიამდე ცოტა ხნით ადრე მან დაიწყო ჩვენს ეკლესიაში სიარული.

როდესაც მან დაინახა სინათლე პარასკევის მთელი ღამის წირვა–ლოცვაზე, თავიდან იფიქრა რომ ეს რაიმე სინათლის ანარეკლი იყო. მაგრამ როდესაც კარგად დააკვირდა, დაინახა რომ ისინი ვინც ამ სინათლეში შევიდნენ გაქრნენ. მან სთქვა რომ მე უფრო მაღალი ვჩანდი თეთრ ტილოში.

შემდეგ მან დაიჯერა რომ ეს არ იყო უბრალო დამთხვევა ან რაიმე ტყუილი და რომ ეს იყო თვით უფალი. სინათლე გამოჩნდა მის თვალებში. იგი კვნესოდა იმ გრძნობით რომ დაბრმავდებოდა.

მაგრამ წირვა–ლოცვის შემდეგ იგი თავისუფლად დადიოდა ყავარჯნების გარეშე. მას უნდა ეცოცხლა მთელი მისი ცხოვრება უუნარობით, მაგრამ უფლის წყალობით იგი სრულიად განიკურნა. მაგრამ რადგან ეს არის სულიერი გამოცდილება რომელსაც მეცნიერება ვერ ახსნის, მაუწყებლობის კომპანიამ სთქვა, რომ ეს იყო არაბუნებრივი და გამოგონილი ამბავი.

ღმერთმა დაიცვა ეკლესიის წევრები

მისი მცხუნვარე თვალებით სიყვარულის ღმერთმა დაიცვა არა მხოლოდ სეულის ცენტრალური ეკლესიის, არამედ სხვა

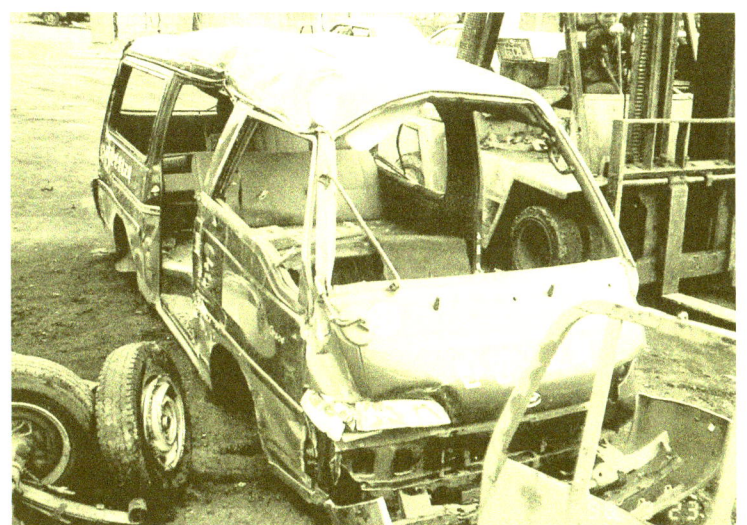
ავტობუსი უბედური შემთხვევის შემდეგ

ქვეყნის გარშემო ფილიალი ეკლესიის წევრებიც.

1998 წლის 15 მარტს, როდესაც დაეგუს მანმინის ეკლესიის წევრები მიდიოდნენ მასანის მანმინის ეკლესიის წლისთავის წირვა–ლოცვაზე, მათი ავტობუსი გადაყირავდა კუმას გზატკეცილზე.

ისინი მოძრაობდნენ 120 კილომეტრ საათში. მარჯვენა უკანა საბურავი გახვრეტილი იყო და მანქანა მთლიანად შემოტრიალდა და დაეჯახა შუა ზოლს. ავტობუსში 12 ახალგაზრდა და 5 ბავშვი იმყოფებოდა. ავტობუსი მთლიანად დანგრეული იყო.

ეს იმხელა ავარია იყო, რომ ყველა ვინც ავტობუსში იმყოფებოდა უნდა მომკვდარიყვნენ. მაგრამ ღმერთმა დაიცვა ყოველი ჩვიდმეტი წევრი. ერთერთი მათგანი იყო ფეხმძიმედ,

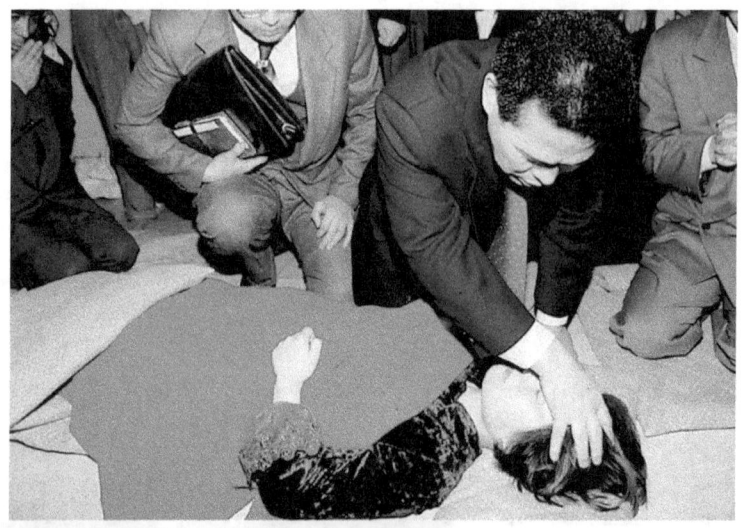

სუნჰი ლი განიკურნა ლოცვით უბედური შემთხვევის შემდეგ

მაგრამ საერთოდ არ დაშავებულა. მან სთქვა, რომ როდესაც იგი ფანჯრიდან გარეთ გადავარდა და მიწაზე დავარდა, ანგელოზი ფარავდა მის სხეულს.

იმ დროს სუნჰი ლიმ დაიზიანა ხერხემალი და ყელის მალები. სასწრაფო მოვიდა და ექიმებს იგი საავადმყოფოში

მიყავდათ. მაგრამ მას და მის ოჯახს ერჩივნათ მასანის მანმინის ეკლესიაში წასვლა საავადმყოფოში წასვლას.

ქება–დიდების წირვა–ლოცვის დამთავრების შემდეგ გავიგე ეს ამბავი. როდესაც საექთნო ოთახში შევედი სუნჰი ლი ლოგინზე იწვა. დავადე მას ხელი კისერზე, მხარზე და ზურგზე და ვილოცე მისთვის.

მან სთქვა, რომ როდესაც ლოცვა მიიღო, იგრძნო რაღაც ცეცხლივით მხურვალე და იგრძნო როგორ განახლდა მისი ძალა. ლოცვის შემდეგ იგი უკვე დადიოდა. მან ასევე განაცხადა, რომ ზუსტად იმ მომენტში იგი განიკურნა ჰემოროისგან, რომელიც მას 2 წელი ტანჯავდა.

ხელის შეშველება 15 მეტრიანი თავისუფალი ვარდნის მომენტში

1998 წლის 23 დეკემბერს დიაკონი ჯონგ–იკ ჩუნი იყო სეულის სპეციალური პოლიციის ძალის ანტიტერორისტული ჯგუფის ხელმძღვანელი. ბუდისტი ბერების დემონსტრაცია იყო ბუდისტური ფილიალის მთავარი სამმართველოს არალეგალურ ოკუპაციასთან ერთად, ჩო გიე ჯონგში. მისი ჯგუფი გაგზავნილი იქნა ადგილზე ჩო გიე სას ტაძარში.

როდესაც მათ მიაღწიეს 15 მეტრიანი შენობის სახურავს კიბით აღჭურვილი სატვირთო მანქანის მეშვეობით, უცბად საყრდენი გაფუჭდა და სატვირთო გადატრიალდა. ხუთი პოლიციის საგანგებო ძალის წევრი კიბიდან მაშინვე ჩამოვარდნენ.

ეს გაავრცელა ადგილობრივმა პრესამ. მაგრამ იმ მომენტში დიაკონი ჯონგ–იკ ჩუნი ვარდებოდა, იმის ნაცვლად ეფიქრა

დაცემის ფოტოსურათი დაბეჭდილი გაზეთში (ჯონგ–იკ ჩუნი წრეში)

რომ სერიოზულად დაიზიანებდა რაიმეს, მას რწმენა ჰქონდა რომ უფალი დაიცავდა.

თუ იგი ფეხებით დაეცემოდა ხერხემალი გადაუტყდებოდა და მთელი სხეული დაემტვრეოდა. მაგრამ იგი ჩაფხუტის მხარეს დაეცა. აგრეთვე მან იგრძნო რომ დიდი ხელი იცავდა მის სხეულს და იგრძნო თითქოს მიწაზე ბამბის ფენები იყო დაგებული.

იგი ასფალტზე დიდი ხმით დაეცა. თავიდან შოკის გამო ცოტათი დაბნეული იყო, მაგრამ როდესაც გარშემო მიმოიხედა ჩო გიე სას ტაძარს ცეცხლი ეკიდა.

დანარჩენი ხუთი წევრი სერიოზულად იყო დაშავებული. დაზიანების შედეგად ისინი შეზღუდული შესაძლებლობის მქონეები დარჩნენ, მაგრამ დიაკონი ჯონგ–იკ ჩუნი საერთოდ არ დაშავებულა.

ჯონგ-იკ ჩუნი პოლიციის მოვალეობაზე

როდესაც სასწრაფომ იგი საავადმყოფოში წაიყვანა სხვა წევრებთან ერთად დიაგნოზის დასასმელად, განცვიფრებულმა ექიმებმა რამდენიმეჯერ კითხეს მას იყო თუ არა იმათთაგანი, რომლებიც მეხუთე სართულიდან ჩამოვარდნენ!

3. ვლოცულობ ცრემლებით მათთვის, ვინც გვიღალატა და ზიანი გამოიწვია

მაშინაც კი როდესაც ეკლესიის მუშები ან პასტორები მღალატობენ ან არ მემორჩილებიან, არასოდეს დამისჯია არავინ. უბრალოდ ბოლომდე ვპატიობ მათ იმის იმედით რომ შეიცვლებიან.

1987 წელს ერთ პასტორს სურდა ჩვენს ეკლესიაში მუშაობა. მან სთქვა, რომ დაეჯეონში ეკლესიის გახსნას აპირებდა და ამიტომ დავეხმარე მას ფინანსურად. გახსნის დღეს რამდენიმე ეკლესიის მუშაკი წავიდა დაეჯეონში. მაგრამ იქ არ იყო ეკლესია. მან მოიტყუა და გაიქცა ფულიანად.

რამდენიმე წლის შემდეგ ის პასტორი მოვიდა ჩემთან, დაიჩოქა და მოინანია. მე ვაპატიე მას და წარსულის შესახებ არაფერი მიკითხავს. უბრალოდ მივეცი უფლება ემუშავა ეკლესიაში. მან სთქვა რომ ისევ აპირებდა ეკლესიის გახსნას დაეჯეონში. მე მას ფინანსურად დავეხმარე. მან გახსნა ეკლესია, მაგრამ ალბათ რადგან ფინანსური სირთულეები ჰქონდა, უბრალოდ წავიდა ისე

რომ არაფერი უთქვამს ჩემთვის ამის შესახებ.

იესო ბოლომდე ასწავლიდა იუდა ისკარიოტელს

იუდა ისკარიოტელმა ნახა ნიშნები და სასწაულები იესოს მეშვეობით, რომლების მოხდენაც მხოლოდ უფლის ძალითაა შესაძლებელი. მაგრამ მაინც მას არ სჯეროდა იესოსი.

რეალური სიცხადის ნახვის შემდეგაც კი მისი გული სავსე იყო ხორციელი რაღაცეებით. ამიტომ მას არ შეეძლო უფლის ნების ან მისი მიღების გაგება. იუდა ისკარიოტელი საჭირო იყო იესოს მოვალეობისთვის და ხსნის სამუშაოსათვის. ბიბლია ამბობს რომ ის იყო რომელმაც იესო გაყიდა (იოანე 6:71).

„მაგრამ ზოგიერთ თქვენგანს არა სწამს, ვინაიდან იესომ იმთავითვე იცოდა, ვინ არიან ურწმუნონი და ვინ არიან მისი გამცემი" (იოანე 6:64).

იესო ცდილობდა მიეცა უფლება იუდასთვის რომ გაეგო და მოენანიებინა, მაგრამ მოწაფეებმა ვერ გაიგეს რა იგულისხმა იესომ. იესომ იცოდა, რომ იუდა უღალატებდა მას და სიყვარულით ბოლომდე გულში ჩაიკრა. მას იგი არ დაუდანაშაულებია სხვა მოწაფეების პირისპირ. მან იგი არ მიატოვა.

ისინიც კი ვინც ღალატობენ

არ ჰქონდა მნიშვნელობა როგორი გულის პატრონი იყო ადამიანი, მე მინდოდა ყველას გულის შეცვლა

გულკეთილობისკენ. არასოდეს მიფიქრია „ფრთხილად უნდა ვიყო მასთან მისი გულის გამო.“ არავის დავშორებივარ. უბრალოდ ყველას ვენდობოდი.

ყველას ვენდობოდი იმისდა მიუხედავად, რომ ნათლად ვხედავდი მათ მოღალატე ფიქრებს. უბრალოდ მწამდა, რომ მომავალში ისინი შეიცვლებოდნენ და არ დაიტოვებდნენ ახლანდელი დროის ვითარებას. მათთვის ეს არის გზა, რომ გაიზარდონ პასტორებად და უფლის მსახურებად.

იმისდა მიუხედავად რომ მე მათ ვენდობოდი, რამდენიმე მათგანმა მოგვიანებით შემომიტია კიდეც და ეკლესია დატოვა. მათი ბოროტების გამო ბევრჯერ ვიტირე, წონაში საგრძნობლად დავიკელი და ენერგიაც მომაკლდა.

1991 წელს ერთმა პასტორმა მოხალისედ იმუშავა, რათა პასუხისმგებლობა აეღო „სინათლისა და მარილის“ მისიაზე, რომელიც იყო მათი მისიონერული ჯგუფი, ვინც მუშაობდა ბიზნესის დისტრიბუციის სექციაში. იმ დროს ღმერთმა მითხრა, რომ იგი შეუტევდა ეკლესიას რამდენიმე წლის შემდეგ. მე მის მეუღლეს ვურჩიე ელოცა მისთვის რათა იგი არ შეცვლილიყო.

რადგან ვიცოდი, რომ იგი შეიცვლებოდა „სინათლისა და მარილის“ მისიის მუშებზე მე თვითონ ვიზრუნე. საბოლოოდ 1997 წელს იგი წავიდა ეკლესიიდან დაახლოებით 30 წევრთან ერთად. მან სთქვა, რომ ჩვენს ეკლესიას გარედან დაეხმარებოდა, მაგრამ მან მხოლოდ მეტი ეკლესიის წევრის წაყვანა სცადა თავისი საკუთარი ეკლესიისათვის. მან გაავრცელა ცრუ ჭორები, გამკიცხა როგორც ბოროტი, შეცდომაში შეიყვანა ხალხი და შეაწუხა ეკლესიის სამღვდელოება.

4. პირველი გამოცდის დასაწყისი

1998 წლის ივნისს ღმერთმა სთქვა *„მე ამოვგლეჯ სარეველა ბალახს შენი ეკლესიიდან. მაგრამ ცოტას დავტოვებ."* მე ღრმა მწუხარებაში ჩავარდი. ივლისში ეკლესია გამოცდის წინაშე წარსდგა.

შეიძლება ჩემი გული არ არის ძლიერი და ყოველთვის ვპატიობდი ხალხს მაშინაც კი, როდესაც დიდ შეცდომებს ჩადიოდნენ. წარმოუდგენელი ბოროტებაც რომ ჩაედინათ, მე მხოლოდ ვლოცულობდი მათთვის, რადგან მინდოდა მოენანიებინათ და უკან მობრუნებულიყვნენ. ღმერთმა ბევრჯერ მითხრა ამომეშალა ისინი ჩემი გულიდან.

„მამა ღმერთო, არ შეიძლება მათი პატიება? როგორ შეიძლება მათი გადარჩენა? გთხოვ აპატიე მათ!" 1998 წელს ვმარხულობდი და ვლოცულობდი მათთვის მრავალი თვის განმავლობაში. მე მივიღე პასუხი *„თუ ისინი საფუძვლიანად*

მოინანიებენ, მე მათ ვაპატიებ.“

ამ პასუხის მიღების შემდეგ ვეცადე გამეგებინებინა მათთვის და მიმეცა რჩევა, მაგრამ მათ არ მომისმინეს. ეკლესიის წევრებს ვერ გაეგოთ რატომ ვტიროდი ამდენს ქადაგებებისას.

ეკლესიის გახსნის შემდეგ ყოველ წელს პასტორების კონფერენციას ვატარებდი პასტორების სულიერი ზრდისათვის. 1998 წლის ივლისს პასტორების კონფერენციამდე ერთი კვირით ადრე უნდა მიმეღო გადაწყვეტილება.

ისევ მივიღე პასუხი *„ჩემო მსახურო, რადგან შენ არ შეგიძლია ამის გაკეთება მე გავაკეთებ. შენი ხასიათით არ შეგიძლია მათ შეეხო და მე თვითონ გავაკეთებ ამას.“*

მე არ შემეძლო იმ ხალხის მიღება ვისაც უფალი არ იღებდა. ეშმაკი მიაწყდა მათ როგორც შმაგი ლომი (1 პეტრე 5:8). მე ვიცოდი რომ სატანა აღძრავდა ხალხში ბოროტებას და შეეცდებოდა მათ განადგურებას, მაგრამ მე ეს მხოლოდ ღმერთისთვის უნდა მიმენდო, რადგან მან სთქვა რომ თვითონ იზრუნებდა ამაზე. მრავალი დემონმა დაიბუდა თითოეულ მათგანში. მე ვხედავდი სხვა ადამიანს რომელიც გახვეული იყო დიდ გველში.

რამდენიმე ეკლესიის წევრმა ლუციფერის გამოსახულება დაინახა, ბოროტი სულების თავები და ციური არმიის მეთაური მიქაელ მთავარანგელოზი, რომელიც მძვინვარედ ებრძოდა მათ ვინც მოღალატეთა შორის იყვნენ.

ეს იმიტომ მოხდა რომ მე არ მივეცი მათ ჩემს გულში შემოსვლის ნება, მაგრამ მე ისინი მეჭირა რათა

შეცვლილიყვნენ და უკან დაბრუნებულიყვნენ. შემდეგ გავიგე უფლის ხმა. *„ჩემო მსახურო. დაანებე თავი მათ. იქამდე სანამ შენ ისინი შენს გულში გეყოლება, მაშინ მიქაელ მთავარანგელოზი უნდა დაგეხმაროს. შენ ისინი შენი გულიდან უნდა ამოშალო რათა მე ვიმოქმედო.“*

„უფლება მიეცი შენი ნება ასრულდეს“

აღარ შემეძლო ამის გაგრძელება და შევწყვიტე მათთვის ლოცვა. როდესაც მათ შევეშვი დაიწყო გამოცდა სრული მასშტაბით. იყო ბევრი ადამიანი რომლებმაც ცოდვა ჩაიდინეს და ღმერთმა გადაწყვიტა მათი მიტოვება. ამ ძალიან ადამიანებს აქვთ კონტაქტი ზუსტად თავის ნაირებთან.

„ამ ლუკმის შემდეგ შევიდა მასში სატანა. და უთხრა მას იესომ: რასაც აკეთებ, მალე გააკეთე. მაგრამ ინახად მსხდომთაგან ვერავინ მიხვდა რად უთხრა ეს“ (იოანე 13:27–28).

1998 წლის ივლისს მათ ვინც გადაწყვიტეს ჩემი ღალატი პასტორების კონფერენციის შემდეგ გეგმა შეიმუშავეს. ერთერთმა პასტორმა სთქვა, რომ ერთი თვე ილოცებდა მოსანანიებლად სანამ ღმერთი არ აპატიებდა მას.

უფალმა მას სული წმიდის უამრავი ნიჭი მისცა ეკლესიის გახსნის შემდეგ. მაგრამ მე მას იშვიათად ვხედავდი ლოცვით დაკავებულს. მრავალი წლის განმავლობაში იგი ღმერთს არ ემორჩილებოდა და აღარ შეეძლო მასთან კომუნიკაცია. მას სული წმიდის სამუშაოებიც აღარ უჩვენებია.

ღმერთს უკვე წაერთმია მისი ნიჭი. გარდა ამისა, რადგან გვყავდა ქება–დიდების ხელმძღვანელები რომლებიც

იზრდებოდნენ, იგი გრძნობდა თითქოს მის ადგილს საფრთხე ემუქრებოდა და მისი შური და ეჭვიანობა გამოაშკარავდა. მე მას ვურჩიე უფლის წინაშე მოენანიებინა. „როდესაც მთის ლოცვაზე წახვალ, გთხოვ მოინანიე და მოანგრიე ყოველი კედელი ცოდვებისა."

მაგრამ მან მოულოდნელი რამ მიპასუხა. მან სთქვა „17 წელი გიყურებდი და არასოდეს დაგირღვევია სიმართლე. შენ შენი უნაკლო ცხოვრებით ცოცხლობ და ღმერთს ძალიან უყვარხარ."

მაგრამ ამის თქმის შემდეგ იგი არ წასულა მთაში სალოცავად. აღმოჩნდა, რომ იგი იყო მუხანათობის ძირითად მოქმედი პირი. რადგან მისი ცოდვები ეკლესიაში გამოეფინა მას აღარ შეეძლო მათი დამალვა, იგი შეხვდა მათ ვინც ეკლესია დატოვა და შეთქმულება დაგეგმეს.

მან გაავრცელა უამრავი სიცრუე და აწარმოა ამობეჭდილი მასალები. მან გადაანაწილა ისინი სხვადასხვა ეკლესიის ასოციაციებში, პრესაში და სხვადასხვა რჯულის პასტორებში. მან ესენი ინტერნეტშიც კი გამოაქვეყნა. მათ გამოიგონეს ბევრი რამ რათა ერეტიკოსად გავესაღებინე და მალე მიზეზების რიცხვი გაიზარდა. ისინი აჩვენებდნენ ყალბ დოკუმენტებს რადიო მაუწყებლობებს რომლებიც ჩემს ქადაგებებს იწერდნენ რათა ჩაწერები შეეჩერებინათ.

მას ჩემი განადგურების დიდი სურვილი ჰქონდა. მას უნდოდა თვითონ გამხდარიყო ეკლესიის ხელმძღვანელი და ებატონა მთელს ეკლესიაში. მან გახსნა ეკლესია ჩემს ეკლესიასთან ახლოს და მოიგონა და გაავრცელა უცნაური ამბები.

თავის ცრუ მოწმეებთან ერთად გააკეთა წერილები და ჩანაწერები და გაავრცელა. მისი მიზანი იყო რომ თავგზა

აეზნია ჩვენი ეკლესიის წევრებისათვის და გადაებირებინა თავისი ეკლესიისკენ. მე ეს უნდა შემეტყობინებინა ეკლესიის წევრებისათვის და მომეგვარებინა სიტუაცია.

ვგრძნობდი, რომ გაბატონებული სიცრუე მალე ჭეშმარიტებას დასძლევდა.

როდესაც პოტიფარის ცოლმა იოსების შეცდენა სცადა მაგრამ მან კატეგორიულად უარი სთქვა. დაბადება 39:12–*ში ჩვენ ვხედავთ რომ „ჩაებღაუჭა ქალი სამოსელში და უთხრა: დაწექი ჩემთან! იოსებმა ხელში შეატოვა სამოსელი და გარეთ გავიდა.“*

პოტიფარის ცოლმა მოიტყუა რომ იოსები მის გასაუპატიურებლად მივიდა, მაგრამ როდესაც მან დაიყვირა იოსებმა თავისი ტანსაცმელი დატოვა და გაიქცა. პოტიფარი გაბრაზებული იყო როდესაც ეს გაიგო მეუღლისგან. მას არაფერი უკითხავს იოსებისთვის. მან იგი ციხეში ჩააგდო სადაც მეფის პატიმრები იმყოფებოდნენ. თუ განკიცხავ, მხოლოდ ერთი ადამიანის სიტყვებით შესაძლოა ცრუ განაჩენი გამოიტანო.

იოსები არაკანონიერი ბრალდებული იყო და ციხეში გაუშვეს. მაგრამ იგი მაინც ჩუმად იყო რადგან მის ოჯახს გული ეტკინებოდა სიმართლე რომ გაეგო. პატიმრობაში მყოფი იოსები მაინც არ გაისვარა უამრავი უსამართლოების შემხედვარე.

იოსებმა ისწავლა მართვა, პოტიფარის ოჯახის მართვა. ციხეში ყოფნისას მან ისწავლა პოლიტიკა. თუმცაღა იგი ციხეში იყო, ღმერთი მის გვერდით იყო და საბოლოოდ იგი გახდა ეგვიპტის მინისტრი. ეს იმას ნიშნავს, რომ ღმერთმა დაამტკიცა მისი უდანაშაულობა.

5. ბედისწერა განკურნების აღორძინებების ქონაში

1998 წლის ნოემბერს დაიწყო მეორე გამოცდა. ჩვენს ეკლესიაში პასტორებს შორის ხორბალიც და ჩალაც იყო. იყო ერთერთი ოჯახი რომელმაც განსაკუთრებული წყალობა მიიღო ღმერთისგან.

1989 წელს ამ ოჯახის 3 წევრი, პასტორის დედის ჩათვლით სიკვდილის ზღურბლზე იდგა გაზის მოწამვლის გამო, მაგრამ ჩემი ლოცვის მიღების შემდეგ ისინი სრულიად განიკურნენ. მათ დიდი ოჯახი ჰქონდათ და ოჯახის წევრების დიდმა ნაწილმა გამოცადა განუკურნებელი დაავადების განკურნება ჩემი ლოცვით.

მათ მიიღეს ღმერთის დიდი წყალობა და სიყვარული, მაგრამ როდესაც ისინი შესამჩნევები გახდნენ ეკლესიაში და მათი პოზიცია გაიზარდა, ისინი გახდნენ ამპარტავნები. მე მას ზევრჯერ მივეცი შანსი მონანიებისა მაგრამ იგი არ ბრუნდებოდა უკან. როგორც აღმოჩნდა, მას თურმე მალულად

გაჰქონდა საიდუმლო დოკუმენტები, რომლებიც ეკლესიაში ინახებოდა. მისი დიდი ცოდვები გამოაშკარავდა.

ამის შემდეგ მისმა ოჯახმა ეკლესია დატოვა. მათ ასევე გახსნეს ეკლესია ჩემს ეკლესიასთან ახლოს. ასევე გაავრცელეს ცრუ ჭორები ეკლესიის წევრებში და ურჩიეს მათ ეკლესიაში მისვლა.

როდესაც ეს ხდებოდა ეკლესიაში კიდევ სხვა პასტორები იყვნენ რომლებსაც ეგოისტური სურვილები ჰქონდათ და დატოვეს ეკლესია. ისინი გაერთიანდნენ და ერთად ავრცელებდნენ ცრუ ჭორებს ეკლესიის წევრების მოსატყუებლად რათა გადაებირებინათ თავიანთი ეკლესიისათვის. თავიდან ისინი იყვნენ ერთად პირადი უპირატესობების გამო, მაგრამ როდესაც მათ სხვადასხვა აზრი გაუჩნდათ, ერთმანეთის მტრობა და ჩხუბი დაიწყეს.

რადგან უფალმა იცოდა სატანის გეგმები, მან მიბიძგა აღორძინების შეკრება ჩამეტარებინა. ნოემბრის პირველი კვირიდან ექვსი კვირის განმავლობაში ავადმყოფი ადამიანები იკურნებოდნენ. იყვნენ ადამიანები რომლებსაც დაბადებიდან დამბლა ჰქონდათ და გამოჯანმრთელდნენ. ბევრი ადგა ინვალიდის სავარძლიდან და დაიწყო სიარული. ბევრს კიბო გაუქრა. ბევრმაც ღმერთის სასწაულები გამოცადა.

ამ ნიშნებისათვის ღმერთს მხოლოდ მადლობას ვუხდიდი. მაღალმა ღმერთმა გვაჩვენა რომ ვუყვარვართ და რომ იგი ჩვენთან იყო, არის და იქნება. ღმერთის ნება იყო რომ დავხმარებოდი ჩვენი ეკლესიის წევრებს გამოცდის ჩაბარებაში ამ ნიშნების დანახვით.

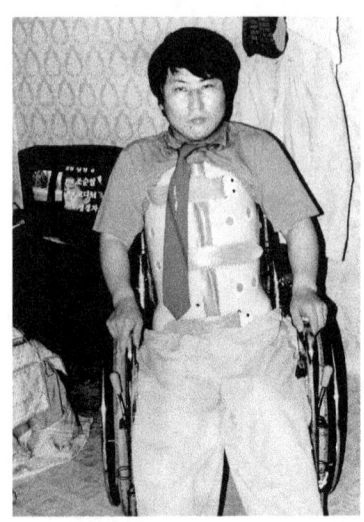

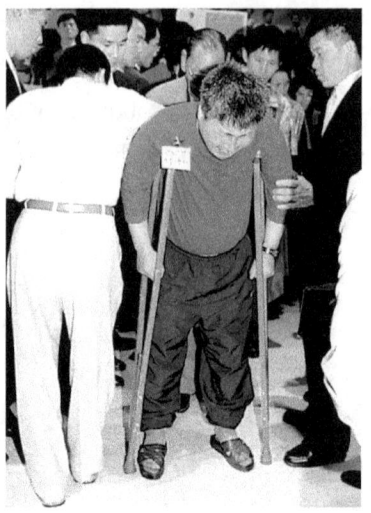

იონსუპ კიმი განკურნებამდე, ხერხემლის სამაგრით და ინვალიდის სავარძელში

ლოცვის მიღება აღორძინების შეკრებაზე 1999 წელს

1998 წლის ნოემბერს ბონეუმ კიმი, მოხუცი ქალბატონი ჩამოვიდა სეულში თავისი ვაჟის სანახავად. ზურგი მთლიანად გადახრილი ჰქონდა ფერმაში მეტისმეტი შრომისგან. იგი იტანჯებოდა ათი წლის განმავლობაში. იგი დამწუხრებული იყო რადგან არ შეეძლო შვილიშვილის ზურგზე შემოსმა და თამაში.

იგი დაესწრო აღორძინების შეკრებას თავისი ვაჟის თხოვნით. ლოცვის მიღების შემდეგ მისი 90 გრადუსით გადახრილი ზურგი მთლიანად გასწორდა და მან ქება-დიდება შეასხა უფალს.

1998 წლის აღორძინების შეკრებამდე იონსუპ კიმის ჰქონდა პირველი ხარისხის უუნარობა. მას განძრევაც კი არ შეეძლო ინვალიდის სავარძლის გარეშე. 1990 წლის მაისს როდესაც

სრულიად განიკურნა და აქვს ბედნიერი ოჯახი

იგი დაეჯეონში ელექტრო სამუშაოებს ასრულებდა, შენობის მეხუთე სართულიდან გადმოვარდა.

იგი წაიყვანეს ეკლესიაში სადაც დაახლოებით ექვსი თვის განმავლობაში გონებაზე არ მოდიოდა. მეოთხე და მეხუთე გულმკერდის მალები და მეთერთმეტე და მეთორმეტე წელის მალები ჰქონდა მოტეხილი. მისი ღვიძლიც დაზიანებული იყო. იგი იმყოფებოდა კრიტიკულ მდგომარეობაში.

მედიცინისა და თერაპიების შემდეგ 1993 წელს დაუსვეს დიაგნოზი პირველი ხარისხის უუნარობა. იგი დღეებს ტკივილში ატარებდა და ამასობაში მისი მეზობლების დახმარებით გაქრისტიანდა და აღორძინების დღეს დაესწრო.

მას აბაზანაშიც კი არ შეეძლო თავისით შესვლა. მაგრამ ჩემი ლოცვის მიღების შემდეგ იგი ადგა ინვალიდის სავარძლიდან! მალევე მას აღარ სჭირდებოდა ზურგის სამაგრები და

ყავარჯნებით დადიოდა. მას სწორად დაწოლაც შეეძლო უკვე. მომდევნო წელს 1999 წლის მაისს იგი დაესწრო ორკვირიანი განსაკუთრებულ აღორძინების შეკრებას და 12 მაისს მან მიიღო სული წმიდის ძლიერი ცეცხლი.

წინათ იგი ყავარჯნებით დადიოდა და ეს ადვილი არ იყო მისთვის. მაგრამ როგორც კი სული წმიდის ცეცხლი აენთო მის ფეხებში, მან მაშინვე დაიწყო თავისით სიარული. ეს იყო მგრძნობიარე წუთი როდესაც ინციდენტიდან 9 წლის შემდეგ მან სიარული შეძლო. მოგვიანებით იგი დაქორწინდა და ახლა ლამაზი ქალიშვილიც ჰყავს.

6. ღმერთმა მოამზადა წევრები მათი მანტიების გასარეცხად

ღმერთს უნდოდა ჩემი და ეკლესიის წევრების შეპყრობა სიყვარულითა და გულკეთილობით. ერთერთი მიზეზი, თუ რატომ დაუშვა ღმერთმა მთელი რიგი გამოცდები იყო ის, რომ მას უნდოდა ჩემთვის ძალა მოეცა მსოფლიო მისიის განგების შესასრულებლად, მაგრამ მას ასევე უნდოდა რომ ეკლესიის ყოველ წევრს გაერეცხა თავისი სამოსი. კერძოდ, მას უნდოდა მათი გულების განწმენდა ყოველი ბოროტებისგან და მათი წმინდანებად ქცევა.

მე ვურჩიე ეკლესიის წევრებს არ დაენახათ, არ ელაპარაკათ და არ მოესმინა იმისათვის რაც არ იყო სიმართლე. უფალს წმინდა ტუჩები სურს. შემდეგ არ იქნება განსჯა, განაჩენის გამოტანა და ცილის წამება; წყვდიადს ვერ მოვა და ეშმაკი ვერ დაარღვევს მყუდროებას.

ამ გზით სატანას არ შეუძლია იმ მორწმუნეების დადანაშაულება, რომლებიც ნათელში ცხოვრობენ. ეკლესიის

ამ გამოცდით წევრებს ჰქონდათ შანსი გაეგოთ სიმართლე და ეპოვნათ თავიანთი თავები. მაგრამ ზოგი მათგანი შეხვდა მათ ვინც წყვდიადის სიტყვებს ავრცელებდა და ისინი მოტყუვდნენ და ეკლესია დატოვეს.

1998 წლის დეკემბერს ღმერთმა მითხრა მელოცა იმ ნიჭისათვის, რაც იესოს ჰქონდა როდესაც მან მკვდარი ლაზარე გააცოცხლა. თუ იმის უნარს მივიღებდი რომ მკვდარი გამეცოცხლებინა უფლის ნებით, სამყაროს მისიას სწრაფად შევასრულებდი.

მაგრამ ღმერთის ძალის მიღება არ არის ადვილი. ჩვენ უნდა გვქონდეს რწმენის შესაბამისი ზომა. ამისათვის ჩვენ უნდა გამოვცადოთ ცეცხლოვანი გამოცდები რათა მოვიპოვოთ სიყვარულის ხასიათი და ძალიან მაღალი დონის გულკეთილობა.

ღმერთმა სასიამოვნოდ მიიღო აღთქმული ლოცვა

1998 წელს ამ შოკირების გამო ჭამაც არ შემეძლო. გლოვით ვლოცულობდი. წონაში ძალიან სწრაფად დავიკელი და ენერგიაც დავკარგე.

როგორ შეეძლოთ მათ ვისაც ნანახი და გამოცდილი ჰქონდათ ღმერთის სასწაულები და ისინი ვინც უსმენდნენ ჭეშმარიტ სიტყვას, ერთ წუთში წასულიყვნენ და გამხდარიყვნენ მდევარნი? მათ სიბოროტეზე ფიქრით მხოლოდ ვტიროდი მათი სიბრალულის გამო.

განსაკუთრებით მას შემდეგ რაც ავადმყოფებისთვის

ვილოცე მთელი ჩემი ენერგიით ექვსი კვირის განმავლობაში ძალა სულ გამომეცალა. 10 კილოზე მეტი დავიკელი. სიარულისას ვგრძნობდი როგორ ვვარდებოდი. კიდევ თუ დავიკლებდი წონაში წირვა–ლოცვისას ქადაგებასაც ვეღარ შევძლებდი. ერთ დღეს როდესაც ვლოცულობდი უფალმა მითხრა აღმეთქვა ლოცვის შეწირვა.

„წადი მთის ფერდობზე და ლოცვა აღუთქვი. ილოცე სამყაროს მისიისათვის. მე ფიზიკური ენერგია ამოგაცალე და ახლა ზეციური ენერგიით აგავსებ. ახლა კი დრო მოვიდა, ამიტომ ილოცე რათა მიიღო მკვდირს გაცოცხლების უნარი.“

1999 წლის იანვარს დავიწყე პირველი ერთთვიანი აღთქმული ლოცვა. ღმერთმა მიბიძგა მელოცა სამყაროს მისიისათვის და ღმერთის განგებისთვის რომელიც უნდა იყოს შესრულებული დასასრულამდე. ღმერთმა მიჩვენა იმ ძალის არსებობა, რომლითაც მიცვალებულის გაცოცხლება არის შესაძლებელი და მან მე მითხრა, რომ მელოცა იმ ძალისთვის რომელიც ამ უნარს შემძენდა.

ღმერთმა პირველი აღთქმული ლოცვა სიხარულით მიიღო და მომცა უამრავი პასუხი. ყველაზე გასაოცარი რამ ის არის რომ ჩემი სხეულის ფორმა შეიცვალა და ახალი ძალა მოვიპოვე. მე თვითონ გაკვირვებული ვიყავი. ახალგაზრდობაში მინდოდა მქონოდა „გადაბრუნებული სამკუთხედის“ ფორმა ზედა ტანზე და მოვიპოვე ძლიერი ფართო გულმკერდითა და განიერი მხრებით.

მუცელი შემეწია და შედარებით წვრილი წელი გამიხდა და სავსე ვიყავი ენერგიით როგორც ახალგაზრდობაში. ღმერთმა ჩემი სხეულის ფორმაც კი შეცვალა რათა არ დავღლილიყავი

დიდი სამუშაოებისას.

ეშმაკმა სცადა ჩემი განადგურება, მაგრამ ღმერთმა დამიცვა. იმ დროს მან ძლიერი სხეულიც კი მომცა. დიაკონიც რომელიც ჩემი მძღოლი იყო ასევე გაკვირვებული დარჩა და სურათებიც კი გადამიღო. დამხმარე პასტორებიც გაოცებულები იყვნენ ჩემი სხეულის დანახვისას.

თავი 3

რაზე ფიქრობდა იესო როდესაც ჯვრით გოლგოთას მთაზე ადიოდა?

1. მესამე გამოცდის დასაწყისი

მას შემდეგ რაც პირველი აღთქმული ლოცვა დავამთავრე, თვეში ერთხელ ლოცვას ვწირავდი ღმერთს. ამ ოთხი შემთხვევისას როდესაც ვლოცულობდი თავს ვერ ვაკონტროლებდი ტირილისგან როდესაც მახსენდებოდი ის ადამიანები რომლებმაც ეკლესია დატოვეს და თავს დამესხნენ მე და ჩემს ეკლესიას, შესაბამისად ვერ ვლოცულობდი.

1999 წლის აპრილს ლოცვაში ღმერთის სიტყვა გავიგონე. მან სთქვა რომ არ აპატიებდა ამ ბოროტ ადამიანებს და რადგან ჩემი ლოცვის რაოდენობა სავსე იყო, იგი ანახებდა თავის სასწაულებსა და ნიშნებს ადგილისა და დროის მიუხედავად. იქამდეც კი ბევრი ადამიანი განიკურნა ლოცვის მიღებით ინტერნეტის მეშვეობით სხვადასხვა ქვეყნებში. ღმერთმა მითხრა რომ ასეთი შემთხვევები მთელი მასშტაბით მოხდებოდა.

მან შემატყობინა „ჩემი მსახურო, აღარ ილოცო მათთვის

ვინ გაგვკიცხა და მიგატოვა. ნუ იქნები დამწუხრებული რა სიტუაციაშიც არ უნდა ჩავარდნენ ისინი. მე მათ აღარ ვაპატიებ. არ ვაპატიებ იმას ვინც ამ ეკლესიას ხელს შეუშლის.“

პასტორები რომლებმაც დატოვეს ეკლესია გაერთიანდნენ. როგორც კი მათი უსამართლო საქციელები გამოაშკარავდა, შეიმუშავეს ბოროტი გეგმები. ერთერთი მათგანი იყო ქალი პასტორი რომელიც მეტისმეტად შურიანი იყო და სატანა აკონტროლებდა.

მათ ვინც ეკლესია თავიანთი ინტერესების გამო დატოვეს შეიმუშავეს გეგმები ჩვენი ეკლესიის გასანადგურებლად. ისინი გაერთიანდნენ პირადი უპირატესობებისათვის და თუ განსხვავებული ინტერესები ჰქონდათ ერთმანეთს შორდებოდნენ.

1999 წლის აპრილს როდესაც მეოთხე აღთქმული ლოცვა დავასრულე ღმერთმა მითხრა რომ მესამე გამოცდა იქნებოდა. თუ მე ამ გამოცდას ჩავაბარებდი უფალი მომცემდა უსაზღვრო ძალას რომლისთვისაც სატანასაც კი არ შეუძლია შედავება.

ღმერთმა მითხრა რომ იმ წლის აღორძინების შეკრება ფართოდ გახმაურდებოდა და რომ ჩვენ გავხდებოდით ცნობილები მთელი ქვეყნის მასშტაბით რადიოთი გავრცელებით. მე მივუგე ეკლესიის წევრებს, რომ რადიომაუწყებლობით შესანიშნავი ჟღერადობა იქნებოდა. მაგრამ არასოდეს წარმომედგინა რომ მაუწყებლობის შემთხვევა მოხდებოდა.

სამაუწყებლო კომპანიებმა უნდა შეინარჩუნონ ობიექტური აზრი

1999 წლის მაისს გვქონდა ორკვირიანი განსაკუთრებული

აღორძინების შეკრება. როდესაც მათი გეგმები ჩემს განადგურებლად წარუმატებლად დამთავრდა, მათ აირჩიეს საზოგადოებრივი მაუწყებლობა როგორც მათი ბოლო გადაწყვეტილება.

მათ დაგეგმეს ეკლესიის განადგურება თავიანთი სამაუწყებლო კომპანიების მეშვეობით. მათ გააგზავნეს ყალბი დოკუმენტები და ცრუ მოწმეები „ემ-ბი-სის" გუნდის „რეჟისორის ჩანაწერი", მუნჰვას სამაუწყებლო კორპორაცია.

1999 წლის 15 აპრილს რეჟისორის ჩანაწერის გუნდმა გააკეთა პროგრამა თავიანთ ინფორმაციაზე დაფუძნებით და გადაწყვიტეს გაშვება 4 მაისს.

აშკარაა რომ სამაუწყებლო კომპანიამ უნდა შეინარჩუნოს ობიექტური აზრი და მათ უნდა შეემოწმებინათ ინფორმაციის საფუძვლიანობა და საიმედოობა. მათ უნდა ჩაეწერათ ისეთი რამ, რაც სიმართლისგან ძალიან განსხვავებულია. ეკლესიის წევრებმა ეს იცოდნენ და ითხოვეს არ გაეშვათ ასეთი მიკერძოებული პროგრამა.

ჩვენ მათ ვუთხარით რომ რადგან ჩვენ დიდ ღონისძიებაზე მივდიოდით, „განსაკუთრებული აღორძინების შეკრებაზე" ძალიან მალე, ჩვენ მათთან მთლიანად ვითანამშრომლებდით აღორძინების დასრულების შემდეგ.

მაგრამ რეჟისორების ჯგუფი 7 მაისს ჩემთან მოვიდა სახლში და ინტერვიუს ჩაწერა მომთხოვეს. მათ წინასწარ შეხვედრა არ დაუნიშნავთ. ისინი უბრალოდ კამერით მოვიდნენ და ინტერვიუს ჩაწერა მომთხოვეს და მე არც კი ვიცოდი რომ ისინი ჩემს სახლში მოდიოდნენ რადგან არავის უთქვამს.

პარასკევის მთელი ღამის წირვა–ლოცვისათვის წავედი

ეკლესიაში ჩემი სახლიდან როგორც ყოველთვის. ჩვეულებრივ არასოდეს ვაგვიანებ ხოლმე წირვა–ლოცვაზე და თუ ერთი წუთით დავაგვიანებდი მოსანანიებლად ვმარხულობდი.

რადგან ეკლესიის წევრებმა ეს ფაქტი იცოდნენ, მათ კარგად აუხსენეს სამაუწყებლო კომპანიას რომ ინტერვიუს იმ დღეს ვერ ჩავწერდი. მაგრამ მოგვიანებით მათ სთქვეს რომ მათ ეკლესიას შანსი მისცეს ინტერვიუში ელაპარაკათ მათთან, მაგრამ მე მათ გავურბოდი.

ამან მთელი მსოფლიო გააოგნა

და ეკლესიის წევრებმა სამაუწყებლოს აღკვეთის წინასწარ დისლოკაციას მიმართეს. რადგან თხოვნა მიღებული იყო მაუწყებლობას ერთი კვირით უნდა გადაედო ინტერვიუ. 11 მაისს სასამართლომ ბრძანა პროგრამის ზოგი შინაარსის არ გაშვება.

ამ ბრძანების გაცემის შემდეგ ეკლესიის წევრები შეხვდნენ რეჟისორებს და სთხოვეს აღორძინების შეკრების დამთავრების შემდეგ ჩაეწერათ და მხოლოდ მას შემდეგ რაც ისინი ყველა ფაქტს გადაამოწმებდნენ. მაგრამ მათ არად ჩააგდეს ჩვენი თხოვნა, ამბობდნენ რომ გადაცემა უკვე დაგეგმილი იყო.

11 მაისს აღორძინების შეკრების მეშვიდე დღე იყო. პროგრამა უნდა გაეშვათ იმ დღის საღამოს 11 საათზე. როგორც ყოველთვის აღორძინების შეკრება საღამოს ათ საათსა და ოც წუთზე დასრულდა, მაგრამ გაუთვალისწინებელი რამ მოხდა. შეკრების შემდეგ უკან დავბრუნდი სახლში და მეორე დღეს შოკის მომგვრელი მოხსენება მივიღე ეკლესიის წევრებისაგან.

იმ დღეს საღამოს ათ საათსა და ოც წუთზე აღორძინების შეკრების დასრულების შემდეგ გასაპროტესტებლად

რამდენიმე ეკლესიის წევრი სამაუწყებლო კომპანიის ოფისში წავიდა. მათ იცოდნენ რომ პროგრამას რედაქტირებას გაუკეთებდნენ დამახინჯებული ფაქტებით და ამიტომ წავიდნენ გასაპროტესტებლად. დაახლოებით 11:05 წუთზე ისინი მათ ოფისთან მივიდნენ.

თავიდან 22 ეკლესიის წევრი მივიდა ოფისთან და მთავარ შესასვლელთან დაცვა არ იდგა და ამიტომ შიგნით შევიდნენ. მეოთხე სართულზე ისინი შეხვდნენ რამდენიმე იქაურ მომუშავეს და კითხეს სად იყო ჩამწერი სტუდია. ზოგმა თქვა მეოთხე სართულზე და ზოგმა მეშვიდეზეო. ჩვენი წევრები გაიფანტნენ მოსაძებნად.

როდესაც ზოგი მათგანი მეოთხე სართულზე იმყოფებოდა ერთერთი კარები ნახევრად ღია იყო. როდესაც შიგნით შევიდნენ ოთახი ეკრანებით სავსე იყო და ნახეს პროგრამა ჩვენი ეკლესიის შესახებ.

როდესაც მათ ნახეს ასეთ უსაფუძვლო ბრალდებებს გადასცემდნენ ჩვენი ეკლესიის შესახებ, ძალიან გაბრაზდნენ. სამაუწყებლოს ხალხსა და ჩვენი ეკლესიის წევრებს შორის ჩხუბი გაიმართა, რადგან ჩვენ მოვითხოვეთ გადაცემის შეჩერება. ვიღაცამ ჩამრთველი გამორთო და გადაცემა შეწყდა. ეს ცნობილი გახდა მთელს მსოფლიოში.

2. აქცენტი კანონის დაცვაზე

მე ხალხს ვასწავლიდი დაეცვათ არა მხოლოდ უფლის კანონი, არამედ ქვეყნის ყველა კანონი, არ ჰქონდა მნიშვნელობა ეს იყო დიდი თუ პატარა. ფაქტიურად ჩვენი ეკლესიის უმრავლესობამ დაიცვა კანონი, ემსახურა საზოგადოებას და იცხოვრეს ისე ნათლად როგორიცაა მსოფლიოს მარილი.

მაგრამ ზოგმა იმ დღეს თავი ვერ გააკონტროლა და კანონი წუთში დაარღვია. ჩვენს ეკლესიას უნდა შეეხედა საშინელი ზიანისათვის. იმისდამიუხედავად რომ ჩვენ მართლები ვიყავით, მაინც არასწორი იყო კანონის დარღვევა.

ეკლესიის წევრების დასაწყნარებლად, რომლებიც მთავარ საკონტროლო ოთახში იმყოფებოდნენ, პასტორი ჰიეონკვონ ჯო მივიდა რომელიღაც მაგიდასთან. „არავის არ ატკინოთ და აღჭურვილობა არ დააზიანოთ. არ შეეხოთ. გთხოვთ სწრაფად წადით აქედან.“ მაგრამ ეს სცენა გავრცელებული იქნა ახალი

ამბებით, რომ პასტორი ჯო აკონტროლებდა მათ.

მაუწყებლობის დირექტორმა დაადანაშაულა ყოველი ეკლესიის წევრი როგორც მეამბოხენი. მათ ყველა აუდიო ჩანაწერი წაშალეს და გადააკეთეს ისე რომ მხოლოდ ჟესტებს აჩვენებდა. ჩანაწერი გამოჩნდა ზუსტად იმის საპირისპირო რაც რეალურად მოხდა. ჩვენ ვხედავთ, რომ სატელევიზიო სადგურებში ეკრანების უკან უამრავი კაბელია ჩახლართული. მთავარი საკონტროლო ოთახის მაგიდაზე იდო დიდი კამერა რომელიც განცალკევებული იყო კამერის ლინზისგან. ალბათ შესაკეთებლად იდო. მაგრამ, ახალი ამბების გადაცემაში მათ აჩვენეს ჩახლართული კაბელები და დაშლილი კამერა და თქვეს რომ ჩვენ მათ მოწყობილობას სერიოზული ზიანი მივაყენეთ.

მაყურებლებს, რომლებმაც არ იცოდნენ რა ხდებოდა, ახალი ამბებისთვის უნდა დაეჯერებინათ.

ამ ინციდენტი გამო ჩვენ უარყოფითი იმიჯი მოვიხვეჭეთ საზოგადოების თვალში, რომ ჩვენ შევიპარეთ სამაუწყებლო სადგურში და შევწყვიტეთ პირდაპირი ეტერი. ეკლესიის წევრების უმრავლესობა, რომლებიც კარგი ცხოვრებით ცხოვრობდნენ, ამ ინციდენტის გამო დაკარგეს კარგი სახე.

რათქმაუნდა ეს წინასწარ არ იყო დაგეგმილი. ეს იყო გარემოება, მაგრამ ჩვენ ხალხის წინაშე ბოდიში უნდა მოგვეხადა. საზოგადოების შეწუხებისათვის ჩვენ გამოვაქვეყნეთ საბოდიშო განცხადება *„ჩოსუნ ილბოში“*, *„დონგ-ა ილბოში“*, *„ჰანკიერე შინმუნში“* და კორეის სხვადასხვა ძირითად გაზეთებში.

მაგრამ ვფიქრობ სამაუწყებლო სადგურის პერსონალი ელოდებოდა ეკლესიის წევრების სადგურზე მისვლას გასაპროტესტებლად, რადგან ისინი იღებდნენ უსაფუძვლო და მიკერძოებულ დიდი ეკლესიის სასჯელის მისჯას. თუ სამაუწყებლო კომპანიას შესასვლელთან დაცვა ეყოლებოდა, ეკლესიის წევრები ასე ადვილად შიგნით ვერ შევიდოდნენ.

პრესა იუწყებოდა, რომ ჩვენს ეკლესიას ეს დეტალურად ჰქონდა დაგეგმილი. პოლიციამ უამრავი ეკლესიის წევრი დაკითხა ვინც სამაუწყებლო სადგურში იმყოფებოდა და დაადგინეს რომ ეს ყველაფერი იყო ინციდენტი.

მათ შექმნეს პროგრამა ცრუ ინფორმაციის საფუძველზე, რომლებიც შექმნეს მათ ვინც ჩვენი ეკლესიის განადგურება სცადეს. და ამ ჩანაწერის გამო, არა მხოლოდ ეკლესია არამედ ეკლესიის წევრებიც კი უნდა გამკლავებოდნენ სერიოზულ ზიანს. მათ ეძახდნენ დაუდგრომელი ეკლესიის წევრებს. ბევრ ახალგაზრდა წევრს სკოლაში გარიყულებივით ეპყრობოდნენ. ბევრ მათგანს აღარ შეეძლო ეკლესიაში სიარული.

3. პატიოსანმა მოქალაქემ დაკარგა სამსახური

იმ დროს დიაკონი იკსეონ იუ იყო უფროსი პოლიციელი. იგი პოლიციელი ოცი წლის განმავლობაში იყო. იგი პოლიციის ერთგულ ოფიცრად აღიარეს და ასევე იგი აჩვენებდა კარგ მაგალითს როგორც კარგი ქრისტიანი და ბევრ ეუბნებოდა სახარების შესახებ. მაგრამ მათ ვინც ეკლესია დატოვეს, სცადეს მისი ციხეში ჩაგდება და პოლიციასა და სამაუწყებლო სადგურებს ცრუ ინფორმაცია მიაწოდეს.

მის წინააღმდეგ ბრალდებები წაუყენეს, ამბობდნენ რომ იგი აკონტროლებდა იმ ინციდენტს და რომ იგი შევიდა სატელევიზიო სადგურში ეკლესიის წევრებთან ერთად. პრესას ამან ძალიან დააინტერესა, რომ პოლიციის აქტიურმა ოფიცერმა ასეთ ინციდენტს უხელმძღვანელა.

პოლიციის ხემლძღვანელობამ დაუძახა მას და საქმე გამოიძიეს. პრესა და მაუწყებლობა იძახდა რომ პოლიციის აქტიური ოფიცერი განზრახ ჩაერია ამ ინციდენტში. 17 მაისს

ცხრა საათზე „ემ–ბი–სის“ ახალმა ამბებმა შემდეგი ინფორმაცია გაავრცელა:

„პოლიციამ დაიწყო გამოძიება იმ ბრალდებით, რომ ოფიცერი იუ იანგჩეონის პოლიციის სადგურში წამყვანი როლი შეასრულა მუნჰვას სამაუწყებლო კორპორაციის დაპყრობაში. შედეგი იყო რომ ოფიცერი იუ იმ დღეს ეკლესიაში იმყოფებოდა სამსახურის შემდეგ და მან იცოდა რომ ეკლესიის წევრები სატელევიზიო სადგურში მიდიოდნენ, მაგრამ პოლიციისთვის არ შეუტყობინებია...“

მაგრამ სინამდვილეში, პოლიციის გამოძიებამ გამოიძია რომ როდესაც ეკლესიის წევრები სატელევიზიო სადგურში მიდიოდნენ იგი ეკლესიაში იმყოფებოდა და დაურეკა მათ რომ მომზადებულიყვნენ.

სიმართლის გამოსააშკარავებლად, მან პრესის არბიტრაჟის კომიტეტში შეიტანა განაცხადი ინფორმაციის უკუგდებისა და კორექტირებისათვის და იგი იძულებული იყო ეს გაეკეთებინა ვიღაცის გამო. პოლიცია მის საქმეს თვე ნახევარი იძიებდა, მაგრამ ვერანაირი დანაშაული ვერ უპოვნეს. მათ დაასრულეს გამოძიება იმის დასკვნით რომ იგი არ იყო დამნაშავე.

მას შემდეგ ისი მაინც მუშაობდა პოლიციის ოფიცრად ერთნახევარი წლის განმავლობაში, მაგრამ ყოველთვის მეთვალყურეობის ქვეშ იმყოფებოდა. ხალხიც ცივად და ეჭვის თვალით უყურებდა. მან საბოლოოდ გადაწყვიტა სამსახურიდან წამოსვლა. პატიოსანი და ერთგული მოქალაქე და პოლიციის ოფიცერ თითქმის კრიმინალად გამოაცხადეს ცრუ ბრალდებების გამო. საბოლოოდ იგი სამსახურიდან უნდა წამოსულიყო.

4. უფალის შრომა ცვლილების გარეშე

1999 წლის 3 მაისს ორკვირიანი განსაკუთრებული აღორძინების შეკრება დაიწყო სათაურით „ღმერთი არის სიყვარული" (1 იოანე 4:16). ღმერთმა აჩვენა ბევრი ნიშნები, სასწაულები და განსაცვიფრებელი სამუშაოები შეუწყვეტლივ აღორძინების შეკრებაზე.

ნაპშიმ პარკი იყო 85 წლის. იგი დადიოდა გოესანის ეკლესიაში, ჩონგბუქის პროვინცია. მისმა ვაჟმა ქადაგებები გაუგზავნა ჩვენი ეკლესიიდან რამაც მას გული აუჩუყა. დაბადებიდანვე მარცხენა თვალში ვერ ხედავდა და მისი ქუთუთო დაბლა იყო ჩამოკიდებული.

როდესაც იგი 30 წლის იყო, ბიძამ მისი ქმრის ოჯახის მხრიდან სახეში გაარტყა რადგან მას უფალი იესოსი სწამდა. შედეგად ყურის აპკი გაუსკდა. მას შემდეგ მარჯვენა ყურში აღარ ესმოდა. მაგრამ 1999 წლის 3 მაისს აღორძინების პირველ

დღეს, მან მხედველობა დაიბრუნა მარცხენა თვალში და მარჯვენა ყურში სმენადობა.

პირველად 85 წლის განმავლობაში იგი მარცხენა თვალით ყველაფერს ნათლად ხედავდა და მისი მარჯვენა ყური, რომელშიც მას საერთოდ არ ესმოდა, განიკურნა.

ასევე იყო ჰეკეიონგ სონგი, რომელიც ოცი წლის წინ განიკურნა. იგი დაიბადა შვიდ თვიანი. მას ჰქონდა თანდაყოლილი დამბლა და ბავშვობიდან მარცხენა ხელს და ფეხს ვერ ხმარობდა.

მან ნაწილობრივ მოირჩინა მუდმივი მკურნალობით, მაგრამ მისი მარცხენა ფეხი 4 სანტიმეტრით მოკლე იყო მარჯვენაზე. ხერხემალი გადახრილი ჰქონდა და მენჯი კი დაკლაკნილი. მას დიდი ტკივილები ჰქონდა. იგი კოჭლობდა და სხვა ბავშვები დასცინოდნენ.

1997 წელს იგი შევიდა კოლეჯში და პირველად დაესწრო მეხუთე ორკვირიან განსაკუთრებულ აღორძინების შეკრებას. 1997 წლის 6 მაისს მან მიიღო ჩემი ლოცვა ავადმყოფების პირველ შეკრებაზე. მან აღიდგინა ძალა ფეხებში და დაიწყო ხტუნვა.

იმ წუთას სასწაული მოხდა. მისი მარცხენა ფეხი მიწას ეხებოდა. დიაგნოზის შემდეგ მან გაიგო რომ მისი ფეხი რომელიც 4 სანტიმეტრით მოკლე იყო დაგრძელდა. გადახრილი ხერხემალი და დაკლაკნილი მენჯის ძვალიც გასწორდა. მას შემდეგ იგი დაქორწინდა და ბედნიერი ოჯახი აქვს ორ შვილთან ერთად.

მას შემდეგ რაც „რეჟისორის ჩანაწერმა“ ჩაწერა პროგრამა ჩვენი ეკლესიის შესახებ, უამრავი რეპორტიორი მოვიდა ჩვენს ეკლესიაში „სი-ენ-ენიდან“, „ემ-ბი-სიდან“, „ბი-ბი-სიდან“

ზევით: ლოცვის მიღება აღორძინების შეკრებაზე (1997)
ქვევით: ჰეკიეონგ სონგის ოჯახი

და „ენ-ეიჩ-ქეიდან." ისინი ვიდეო ჩანაწერებს და სურათებს იღებდნენ სასწაულების შემხედვარე აღორძინების შეკრებაზე.

ზოგმა მათგანმა მოხსენებები გააგზავნა სათაო ოფისებში იმის შესახებ რომ ბრმა ხალხს თვალი ეხილებოდა, ხალხი ძირს ყრიდა ყავარჯნებს და ზოგი ინვალიდის სავარძლიდან დგებოდა. მათ ის გაავრცელეს რაც მართლა მოხდა.

სამაუწყებლო კომპანიაში ინციდენტის შემდეგ რამდენიმე თვის განმავლობაში სახლში არ წავსულვარ, ეკლესიაში დავრჩი და მხოლოდ ვლოცულობდი. ამდენი გლოვისა და შოკისაგან წონაში დავიკელი და ფეხები მიკანკალებდა.

იქამდე ჩვენი ეკლესია კარგ საქმიანობას სჩადიოდა. ქრისტიანული ეკლესიების განვითარებისა და საზოგადოებრივი სამუშაოებისათვის ბევრი სახის ღონისძიება ჩავატარეთ. საზოგადოებისთვის ჩვენ არასოდეს შეგვიქმნია პრობლემა.

ბევრი ოჯახი იყო რომლებიც განქორწინების პირას იყვნენ, მაგრამ ბედნიერ ოჯახებად შეიცვალნენ. ბევრი ადამიანი განიკურნა და ახლა ჯანმრთელად ცხოვრობენ. იყვნენ ისეთებიც ვინც ეკლესიაში თავიდან ღარიბები მოდიოდნენ, მაგრამ როგორც კი ღმერთის სიტყვით დაიწყებდნენ ცხოვრებას, ფინანსურ კურთხევას იღებდნენ და შეძლებულად ცხოვრობდნენ.

საზოგადოებრივ მაუწყებელს არ განუზრახავს გამოექვეყნებინა ჩვენი ეკლესიის კარგი სამუშაოები. ისინი მხოლოდ ფიქრობდნენ რომ ყველა დიდ ეკლესიას აქვს პრობლემები და რაც ხდებოდა ალბათ მსგავსი იყო კუდიანების ნადირობისა.

თუ ისინი ცრუ ინფორმაციას გაიგებენ, სცენარს დაწერენ და გამოაქვეყნებენ სიმართლის გარეშე, ეს დიდი უსამართლობაა. სამაუწყებლო სადგური რომელიც ასეთ მიკერძოებულ პროგრამას გააკეთებს უბრალოდ გაუგებარია. მაგრამ რათქმაუნდა რამდენიმე ეკლესიის წევრის ბავშვურმა საქციელმა კიდევ უფრო მეტი სირთულეები შეგვიქმნა.

მხოლოდ ის შემეძლო, რომ იესოზე მეფიქრა, რომელმაც მშვიდად აიღო ჯვარი. მხოლოდ ვმარხულობდი და ცრემლებით ვლოცულობდი უფლის წინაშე რომელმაც ყველაფერი იცოდა.

ჩემს ქადაგებაში, არასოდეს მიხსენებია მათი სახელები, რომლებმაც ტყუილი ჭორები გამოიგონეს და ცრუ ჩვენება მისცეს.

სერიოზულად შერცხვენილი ვიყავი, მაგრამ თუ მათ დანაშაულებს გამოვააშკარავებდი, მათთვის ძალიან რთული იქნებოდა უკან დაბრუნება. ამიტომ მხოლოდ ჩემს თავზე მინდოდა პასუხისმგებლობის აღება. მაგრამ ეკლესიის მუშაკები ფიქრობდნენ რომ ძალიან რთული იქნებოდა მისიონერული სამუშაოების შესრულება სანამ სიმართლეს არ მოეფინებოდა ნათელი. მათ სასამართლოში უჩივლეს სამაუწყებლო კომპანიას.

1999 წლის მაისს „რეჟისორის ჩანაწერის“ პროგრამის ჩაწერის შემდეგ, მქადაგებელი ჯონგმან ლი, მსოფლიოს ქრისტიანული აღორძინების მისიის ასოციაციის პრეზიდენტი და წარმომადგენელი ისეთი გაოცებული იყო, რომ ჩვენს ეკლესიაში მოვიდა. იგი არის კორეის ერთერთი მთავარი

პასტორი და ცნობილი მქადაგებელი, მაგრამ ჩვეულებრივ მას ჩვენს ეკლესიასთან არ ჰქონდა ურთიერთობა.

იგი მხოლოდ იმიტომ მოვიდა რომ მან იცოდა მე უდანაშაულო ვიყავი ტელევიზორში გადაცემის ნახვის შემდეგ. მან გამოსცა განცხადება სახელწოდებით „ჩვენ მოვითხოვთ პატიოსან მაუწყებლობას.“ შემდეგი ამოღებულია განცხადებიდან.

„...როდესაც რელიგიას ვახსენებთ, ფრთხილად უნდა ვიყოთ რომ არ დავარღვიოთ უნიკალური ღირსებები და ამ რელიგიის დანიშნულება. განსაკუთრებით, სამაუწყებლო კომპანიებმა იციან ის ფაქტი რომ მათ არ აქვთ უფლება გადაწყვიტონ რელიგიური საკითხები, განსაკუთრებით მოსაზრებები რელიგიურ განხილვებზე. მათ მხოლოდ შეუძლიათ გადმოსცენ ორივე მხრის მოსაზრება სამართლიანი გზით...“

მაგრამ „ემ–ბი–სის“ (მუნჰვას სამაუწყებლო კორპორაცია) მაუწყებლობა ამ ზღვარს სცილდებოდა. რელიგიური საკითხები უნდა იყოს გადაწყვეტილი სათანადო გამოკვლევებითა და მეცნიერების მეთოდებით.

მაგრამ „ემ–ბი–სის“ პროგრამამ ეს არად ჩააგდო. ისინი მიენდნენ მხოლოდ რამდენიმე ადამიანის აზრს, თითქოს ეს უმრავლესობის აზრი იყო.

პრესა არღვევს რელიგიას და ხელს უშლის მისი მისიების და მოვალეობების შესრულებას რელიგიის განსჯით არარელიგიური სტანდარტებით.

მოგვიანებით მქადაგებელმა ჯონგმან ლიმ პრესასთან

ინტერვიუში სთქვა:

„მე ვფიქრობ ეს ინციდენტი იმიტომ მოხდა რომ მათ ვინც არ იციან სულიერი სამეფოს შესახებ არასწორად გაუგეს მანმინის ცენტრალურ ეკლესიას.

დღეს ჩვენ ძალიან გვჭირდება სული წმიდის სამუშაოები და ღვთისმეტყველი გამოცდილებები. მაგრამ თუ ჩვენ გამოცდილებაზე ვილაპარაკებთ, ბევრი იფიქრებს რომ ეს უცნაურია. ჩვენ უნდა განვკურნოთ ეს კორეული ეკლესიების ავადმყოფობა, რომ ისინი კიცხავენ და სასჯელს უსჯიან თავიანთი ამპარტავნობითა და საკუთარი სტანდარტებით.

მიზეზი თუ რატომ მიყვარს მანმინის ცენტრალური ეკლესია არის ის რომ იქ უამრავი სული წმიდის სასწაულები ხდება. ჩემის აზრით მანმინის ცენტრალური ეკლესია არის წამყვანი ეკლესია რომელიც აჩვენებს სული წმიდის გამოცდილების საუკეთესო მაგალითს.“

პროგრამისთვის მე არ მიყურებია და ამიტომ არ ვიცოდი დეტალური შინაარსი. მაგრამ როდესაც გავიგე ეკლესიის მუშაკებისგან რა გადმოსცეს პროგრამაში, ეს მხოლოდ დამახინჯებაა და ამან ძალზედ დამაღონა.

მაგრამ არასოდეს მქონია და არც ახლა მაქვს იმის სურვილი რომ ვცადო გამომჟღავნება ვინ მტყუანია და ვინ მართალი. მაგრამ როდესაც ჩვენ ვსაუბრობთ სიმართლეზე, მორწმუნენი რომლებიც გონებით განსაზღვრავენ მოვლენებს შეძლებენ მართებული გადაწყვეტილების მიღებას.

ხალხს საზოგადოებრივი მაუწყებლობის სჯერათ. მედია ძლიერი რამ არის. თუ რეჟისორი პროგრამას თავს და ბოლოს

მოაჭრის, ძალიან განსხვავებული იქნება ორიგინალის მასალის სიმართლისაგან. მომეცი საშუალება აგიხსნათ რა ანახეს „რეჟისორის ჩანაწერის" პროგრამაში.

5. ისტორია ლას ვეგასზე

როდესაც ლაშქრობას ან აღორძინების შეკრებას სხვა ქვეყნებში ვამთავრებდით, დასასვენებელ დროს ვაძლევდი მათ ვინც ემზადებოდა საქმიანობებისათვის. როდესაც აღორძინების შეკრება დავასრულეთ ლას ვეგასში, მე მათ ვკითხე რის გაკეთება სურდათ. უმრავლესობას დიდი კანიონის ნახვა უნდოდა, რადგან ეს შემოქმედი ღმერთის შექმნილი იყო. იქ წასასვლელად ლას ვეგასი უნდა გაგვევლო.

იქ ბევრი სასტუმროა და სასტუმროებში კი კაზინოებია. ოჯახებისთვის ან მოხუცებული წყვილებისათვის ჩვეულებრივი რამ არის რომ ისიამოვნო სათამაშო ავტომატებით რომლებიც მონეტებს იღებს.

მთავრობამ ლეგალიზება გაუკეთა აზარტულ თამაშებს და ლას ვეგასი გახდა ტურიზმის ქალაქი. ტურისტების უმრავლესობა ასეთი თამაშებით ერთობა.

რათქმაუნდა, ზოგი შეიძლება შევიდეს დიდი თანხით,

მაგრამ ახლა კაზინოს თამაშები კულტურის ნაწილია და მსუბუქი გასართობი.

როდესაც მისიის მოგზაურობაში მივდივარ, მთელს მგზავრობას ვიდეო კამერით ვიღებთ და ვაკეთებთ რეპორტაჟს ამის შესახებ. ეს იმისთვის რათა ღმერთს ქება–დიდება შევასხათ. როდესაც ამერიკის შეერთებულ შტატებში აღორძინების შეკრება დავასრულე, ავუხსენი ეკლესიის წევრებს როგორ შევედით კაზინოში ლას ვეგასში და ეკლესიაში ამის შესახებ ყველამ იცოდა.

ეს მაშინ მოხდა როდესაც ლას ვეგასში ვიყავი. ერთერთმა გუნდის წევრმა შემოგვთავაზა კაზინოში თამაში. მე არაფერი გამეგებოდა კაზინოების შესახებ. მაგრამ როდესაც ავარჩიე სათამაშო მაგიდა სული წმიდის შთაგონებით და ჩავაგდე მონეტა, უამრავი მონეტა გადმოიყარა. რადგან მე მწამდა რომ რწმენით სათამაშო მანქანას ვაჯობებდი, ფული იყრებოდა და იყრებოდა.

ჩვენი ჯგუფის ყველა წევრმა ითამაშა, მაგრამ უმრავლესობამ წააგო. მათ არ მოეწონათ წაგება და რამდენიმე თამაშის შემდეგ მე მიყურებდნენ.

სადაც არ დავჯექი მონეტები იყრებოდა. ისინი გაკვირვებულები იყვნენ. ეს ასევე იყო შემთხვევა, სადაც მათ შეეძლოთ გაგება თუ როგორ შეუძლია რწმენას მანქანების გაკონტროლებაც კი.

როდესაც ეკლესიაში დავბრუნდი ეკლესიის წევრებს ავუხსენი ამის შესახებ რათა რწმენა ჩამენერგა მათში. რასაკვირველია ასეთი თამაში შეიძლება გასართობად, მაგრამ დასასრული უნდა ჰქონდეს. ჩვენ არასოდეს არ უნდა ვითამაშოთ უშრომელი ფულის მოსაპოვებლად.

იყო ერთი ადამიანი რომელმაც ეკლესია დატოვა და მთავარი როლი შეასრულა სამაუწყებლო კომპანიის ინციდენტში. მან ცრუ ჩვენება მისცა რომ მე კაზინოში ათი ათასობით დოლარი წავაგე. „რეჟისორის ჩანაწერის" პროგრამამ აჩვენა მემორანდუმი დოკუმენტი სადაც საეჭვოდ ეწერა „თამაშის ხარჯები." მათ ეს ისე გამოიყვანეს თითქოს ჩვენი ეკლესიის გაკეთებული იყო. ჩვენს ეკლესიას ეს არასოდეს გაუკეთებია, სრულიად გაყალბებული იყო.

ჩემი ცილის წამებისათვის მათ გადაიღეს ფურცლის ნაწილი თითქოს ეს ნამდვილი დოკუმენტი იყო. მათ რედაქტირება გაუკეთეს მთელს პროგრამას იმის განზრახვით რომ ისე ეჩვენებინათ თითქოს მე ეკლესიის დიდი რაოდენობის თანხა აზარტულ თამაშებში წავაგე. თუ ვინმე ფულს აზარტულ თამაშებში დახარჯავდა, რატომ გააკეთებდნენ დოკუმენტს ამის შესახებ და რატომ გადაიღებდნენ როგორც „თამაშის ხარჯებს"?

6. „მწყემსი“ არის ბიბლიური გამოთქმა

ბიბლია გვეუბნება რომ იესო არის ჩინებული მწყემსი (ებრაელთა 13:20) და ზელადი მწყემსი (1 პეტრე 5:4). მაშ რა არის მწყემსი? იერემია 3:15–ში წერია *„დაგიყენებთ ჩემი გულით ამორჩეულ მწყემსს და ის დაგმწყემსავთ თქვენ გონივრულად და ბრძნულად.“* მწყემსი გამოკვებავს ღმერთის ხალხს ცოდნითა და გაგებით.

აქ მწყემსებში იგულისხმება ის ადამიანები ვისაც შეუძლიათ ღმერთის ხალხს კარგად ასწავლონ.

იერემია 23:2–4–ში წერია *„ამიტომ ასე ამბობს უფალი, ისრაელის ღმერთი, მწყემსებზე, რომლებიც მწყემსავენ ჩემს ერს: თქვენ გაფანტეთ ჩემი ცხვარი, თქვენ გარეკეთ იგი და ყური არ უგდეთ. აჰა მე ვუგდებ ყურს თქვენს ბოროტ საქციელს, ამბობს უფალი. მე თავად მოვუყრი თავს ჩემს ცხვარს ყველა ქვეყნიდან, სადაც გავყარე ისინი. დავაბრუნებ მათ თავიანთ საძოვარზე,*

ინაყოფიერებენ და იმრავლებენ. დავუყენებ მწყემსებს და ისინი დამწყემსავენ მათ, აღარ შეშინდებიან, არ დაფრთხებიან, არ დაიკარგებიან, ამბობს უფალი.“

ეს ასევე იმახის რომ მათ ვისაც უფლის ხალხზე ზრუნვა შეუძლია არის მწყემსი. მწყემსები არიან ისინი, ვისაც უფალმა მიანდო ფარა სამართავად, სასწავლებლად და სწორი გზის საჩვენებლად. დღესაც კი, რომ ვთქვათ პასტორი მწყემსიაო ღირსეული ნათქვამია და ბიბლიის თანახმადაც შესაბამისია.

ასევე, ბევრი მისიონერული ორგანიზაცია ან კოლეჯის მისიის ორგანიზაციები იყენებენ ტერმინს „მწყემსი“ მათთვის ვინც სტუდენტებს ასწავლის, იმისდამიუხედავად რომ ისინი არ არიან პასტორებად წოდებულნი. რადგან ხალხი პასტორს „მწყემსს“ ეძახის, ჩვენ არ შეგვიძლია დავაბრალოთ მათ პასტორობა.

7. სამინისტროს სული წმინდასთან ერთიანობასთან დაკავშირებული გაუგებრობანი

მათ ვინც ეკლესია დატოვეს და გამოცდები გამოიწვიეს და გამოცდებმა შექმნეს უაზრო დოკუმენტები რომლებშიც ეწერა რომ მე ვიყავი ღმერთი და ვიქადაგე ღმერთზე როგორც ოთხ ადამიანზე.

მე არ შემეძლო არ გავოგნებულიყავი, ვინაიდან მე ყოველთვის ვქადაგებდი უფლის სამებას და ვაღიარებდი ყველა ფაქტს რომელიც ბიბლიაშია აღწერილი.

რადგან ჩვენი ეკლესია აჩვენებდა სული წმიდის ძლიერ საოცრებებს, ეშმაკმა შეგვიძულა და სცადა ჩვენი განადგურება. დღესაც კი არის ხალხი ვინც ავრცელებს ბოროტ ჭორებს, იძახიან რომ მე ვარ ღმერთი ან რომ მე ვარ სული წმიდა.

მე ვასწავლიდი იმას, რომ თუ ჩვენ განვდევნით ჩვენგან ყოველ ბოროტ სახეობას მხურვალე ლოცვებით და თუ დავემსგავსებით უმწიკლოებს და უფლის შეუბღალავ გულს, მაშინ ჩვენ შეგვეძლება მივიღოთ ღმერთის ძალა; ასევე

შეგვიძლია ვიყოთ გაერთიანებულები სული წმიდით და ვანახოთ სული წმიდის ძლიერი სასწაულები.

იესოც ასევე ამბობდა, რომ იგი უფალთან ერთიანია.

იოანე 17:21-22-ში იესომ სთქვა „*რათა ყველანი ერთად იყვნენ, როგორც შენ, მამაო, ჩემში, ხოლო მე – შენში, და ირწმუნოს ქვეყანამ, რომ შენ მომავლინე. დიდება, რომელიც შენ მომეცი, მე მათ მივეცი, რათა იყვნენ ჩვენსავით ერთი.*“

კომპანიის აღმასრულებელი დირექტორი ეუბნება ყველა მუშას იყვნენ გაერთიანებულები მასთან როგორც ერთი. ეს იმას ნიშნავს, რომ მათ უნდა ჰქონდეთ ერთი სურვილი და ერთი აზრი მასთან ერთად. მაგრამ ეს იმას არ ნიშნავს, რომ ყველა მუშა გახდება აღმასრულებელი დირექტორი.

იმის წარმოდგენაც არ შემიძლია, რომ მე ოდესმე მეთქვას ღმერთი ვარ ან სული წმიდა! ჩვენ ასევე შეგვიძლია ვნახოთ ჩემი ერთგული გული, რომელიც წინა ქადაგებებში გამოვხატე.

„ბევრი რამე მესმის. რადგან უამრავი ნიშნები და საოცრებებია, მე მესმის რომ ზოგი ადამიანი ნერვიულობს რომ ღმერთს დავუძახებ ჩემს თავს. ძმებო და დებო, თქვენც ასევე ფიქრობთ?

როდესაც 7 წლის განმავლობაში ავად ვიყავი ჩემი ოჯახისგან და მშობლებისგან მიტოვებული ვიყავი. ერთიანად განმკურნა ღმერთმა. მე მხოლოდ ვილოცე და ერთგულად ვემსახურე ღმერთს. ჩემი ოჯახი ღვთისმოსავი ცხოვრებით ცხოვრობს ზეციური სამეფოსა და უფლის

სამართლიანობისათვის.

თქვენ კარგად იცით რომ ყოვლისშემძლე ღმერთი ჩემს გვერდით იმყოფება რათა განახოთ ნიშნები და სასწაულები. აქედან რამდენ თქვენთაგანს არ გამოგიცდიათ ყოვლისშემძლე ღმერთის ხელები ჩემი მეშვეობით?

ზოგ თქვენთაგანს სიკვდილის დიაგნოზი დაგისვეს საავადმყოფოში. ზოგი კოჭლი იყავით, ზოგს ცერებრული დამბლა გქონდათ და უამრავი ავადმყოფობები, მაგრამ თქვენ განიკურნეთ ლოცვით და გახდით ჯანმრთელნი. თქვენი ოჯახები გაქრისტიანდნენ.

ასევე თქვენ სამყარო მიატოვეთ, მოინანიეთ ცოდვები და განდევნეთ წყვდიადი; თქვენ მთელი ღამე მარხულობთ და ლოცულობთ რათა უფლის სიტყვით იცხოვროთ. შენ უძღვები რწმენის რასას ზეციური სამეფოს იმედით.

მაშ რატომ გავხდები თვით გამოცხადებული ღმერთი? ეს წარმოუდგენელია. ბევრი ქადაგებაა რომლებიც მე ვიქადაგე, როგორიცაა „ჯვრის მოწოდება", რომელიც იმის დამოწმებაა რომ მე მხოლოდ ღმერთის ქება-დიდებაში ვცხოვრობ.

მე ყველა ქება-დიდებას მხოლოდ ღმერთს ვაძლევ. ერთ წუთში შევიცვალო და გავხდე როგორ ღმერთი, როგორც ჩვენი უფალი? შემიძლია მე ბიბლიის უარყოფა?

არის ხალხი რომლებიც ლაპარაკობენ ამ წარმოუდგენელ სიტყვებს. თუ ისინი ჩემზე ნერვიულობენ ამ გზით, იციან მათ რამხელა შეურაცხყოფას მაყენებენ? როგორ შეიძლება ასეთი რამ ოდესმე მოხდეს? ძვირფასო ძმებო და დებო, ნებისმიერ შემთხვევაში ასეთი რამ არ უნდა იფიქროთ, ან

თქვათ.

არც უნდა წარმოიდგინოთ ასეთი რამ. თუ მე ჩემს თავს ღმერთს დავუძახებ, გთხოვთ დამსაჯეთ და ეკლესია დატოვეთ. მხოლოდ ერთი ღმერთი არსებობს.

მხოლოდ იესო ქრისტეა ჩვენი ერთადერთი მხსნელი. უფალი არის მამა, ვაჟი და სული წმიდა, უფალი სამება. ჩვენ გვწამს ბიბლიის 66 წიგნისა. რა თქმა უნდა ის თქვენ ეკლესიის წევრები არ ხართ ვინც ასეთ რაღაცეებს იძახის. მე ამას იმიტომ ვიძახი, რომ მეც გავიგონე ასეთი ამბები."

(ამოღებულია 1998 წლის 31 ივლისის ქადაგებიდან, ლექცია იგავებზე.)

„რეჟისორის ჩანაწერის" პროგრამაში გავიგონე, რომ ჩემზე ამბობდნენ, რომ მე ვაღმერთებდი ჩემს თავს. სამხილი რომელიც მათ აჩვენეს არის სცენა სადაც ეკლესიის წევრები ჩემს წინაშე იჩოქებიან. ამის შესახებ ისტორიაა.

1998 წელს ღმერთმა ეკლესიის წევრებს სულიერი თვალები აუხილა და გამოაცდევინა მათ სულიერი გამოცდილებები. 15 მაისს, პარასკევს იყო ჩემი დაბადების დღე. ჩვენ სამადლობელი წირვა გვქონდა ეკლესიის ქალების მისიის ხელმძღვანელობით.

დილით გვქონდა წირვა-ლოცვა და გავიგონე რომ ცაში ძალიან ნათელი ორმაგი ცისარტყელა იყო. როდესაც წირვა-ლოცვა დამთავრდა გარეთ გავედი და დავინახე დიდი მრგვალი ცისარტყელა.

ეკლესიის ღონისძიებების დროს უფალი ხშირად გვანახებს მრგვალ ცისარტყელებს. ეს ღმერთის სიყვარულის ნიშანია,

გვეუბნება რომ ის ჩვენთან არის.

მხოლოდ ცისარტყელა არ იყო. უამრავი ეკლესიის წევრი ხედავდა სულიერი სამეფოს სინათლეს და ოქროსა და ვერცხლის ჟინჟლებს ჰაერში, რაც იმას ნიშნავდა რომ ანგელოზები ანათებდნენ. ზოგმა დაინახა ანგელოზები. ისინი ეკლესიის ეზოში იდგნენ და ცაში იყურებოდნენ.

დიდი განსხვავებაა სულიერი სამეფოს დანახვასა და არ დანახვაში. ეკლესიის წევრებმა ერთმანეთს გაუზიარეს, თუ რა ნახეს. ეს იყო პარასკევი და საღამოს 11 საათზე დაიწყო პარასკევის მთელი ღამის წირვა-ლოცვა. ჩვენ გვაქვს თაყვანისცემის წირვა პირველ ნაწილში და მეორეში კი ქება-დიდების და ლოცვის დრო.

ადამიანი რომელიც მეორე ნაწილში ქება-დიდებას უძღვებოდა მოულოდნელად ჩემს წინ დაიჩოქა. მათ ვინც არ იციან კორეული ჩვეულებების შესახებ უნდა იცოდნენ რომ კორეაში ნორმალურია, რომ გამოხატო მადლიერება ან პატივისცემა „დაჩოქებით." ეს ჩვეულებრივად არის გამოყენებული, განსაკუთრებით როდესაც იჩოქები მშობლების ან მასწავლებლის შინაშე. ეს მოხდა წუთში.

იმ დღეს ქება-დიდების ხელმძღვანელმა სთქვა, რომ იგი იჩოქებოდა ჩემთვის ჩემს დაბადების დღეზე იმის მადლიერებით, რომ მე მას იმ დღემდე ვზრდიდი უფლის სიტყვით. როგორც კი ქება-დიდების ხელმძღვანელმა დაიჩოქა, ეკლესიის მოხუცებმაც დაიწყეს ჩემს წინაშე დაჩოქება. რა თქმა უნდა მე გავიგე მათი გული; ეს იყო მათ მადლიერებასა და პატივისცემაში თავიანთი მწყემსისა, რომელმაც ასწავლა მათ უფლის წყალობა.

მე ძალიან დარცხვენილი ვიყავი და მათი შეჩერება ვცადე.

ეკლესიის ისტორიაში ასეთი რამ პირველად მოხდა. მან ვინც დაარწმუნა სხვები ეს გაეკეთებინათ მოგვიანებით ეკლესია დატოვა. იგი იყო ის ვინც ეს გამოცდები გამოიწვია.

ისინი არ დაჩოქილან ჩემთვის, რადგან ისინი მემსახურებოდნენ როგორც ღმერთს, ისინი დაიჩოქნენ მხოლოდ მადლიერების გამოსახატავად როგორც მათ მწყემსს, იმისათვის რომ მე ისინი უფლის სიტყვით გავზარდე.

მაგრამ სამაუწყებლო კომპანიას არ გამოუმჟღავნებია ან აუხსნია ამ ამბის ჭეშმარიტი სულგრძელობა. რაც მათ ანახეს რედაქტირებული იყო, რაც გულისხმობდა, რომ თითქოს მე მომწონდა როდესაც ხალხი თაყვანს მცემდა და ამან წარმომაჩინა როგორც კულტის ლიდერი.

8. ბიბლია არის გასაოცარი საიდუმლოებებით სავსე

„რეჟისორის ჩანაწერმა" ითანამშრომლა კორეის ქრისტიანულ საბჭოსთან და ჩაწერეს, რომ ჩვენი ეკლესია არის ერეტიკული სექტა, რომელიც მისტიციზმშია გადავარდნილი. ერეტიკოსებისა და კულტიციზმის წინააღმდეგ ბრძოლის კომიტეტმა უმალვე დაასახელა ჩვენი ეკლესია ერეტიკული იდეოლოგიის მქონედ იმ მასალებზე დაყრდნობით, რომელიც მათ განდგომილებმა მიაწოდეს.

კომიტეტმა ახსენა ინციდენტი იესოს სიწმინდის სარწმუნოება შესახებ რომელიც 1990 წელს მოხდა. მე უკვე ავხსენი ზუსტად რა მოხდა *„ჩემი ცხოვრება, ჩემი რწმენის"* პირველ ტომში. მაგრამ, არსებითად, იესოს უწმინდესმა სექტამ გამოიყენა მათი უფლებამოსილება და დამადანაშაულა მე და სცადა ჩემი მოკვეთა.

არ მინდა დრო დავხარჯო იმის განმარტებაში, თუ ვინ იყო მართალი და ვინ იყო მტყუანი. მაგრამ მინდა განვმარტო რა

იგულისხმება მისტიციზმში.

დაბადების წიგნის დასაწყისში და აპოკალიფსის წიგნში, ბიბლია სავსეა საიდუმლოებებით. ღმერთი არის სული და იგი არსებობს მეოთხე განზომილებაში, რომელიც არის სულიერი სამეფო. მან დაწერა ბიბლია თავისი ამორჩეული ადამიანების, წინასწარმეტყველების და მოციქულების მეშვეობით, რომლებიც მისთვის შესაფერისები იყვნენ.

წინასწარმეტყველებმა და მოციქულებმა მიიღეს ღმერთის გული სული წმიდის შთაგონებით და დაწერეს ბიბლია. ისინი არიან ავტორები მაგრამ არა ნამდვილი ავტორები ბიბლიისა.

ვარაუდია რომ დედა, რომელიც ქალაქგარე სოფელში ცხოვრობს უწიგნურია და იგი სთხოვს ერთერთ მეზობელს დაწეროს წერილი თავისი ვაჟისათვის. მეზობელი მხოლოდ მწერალია და წერილის ოფიციალური ავტორი კი დედაა.

ბიბლია გვასწავლის ღმერთის შესახებ, რომელიც არის სული. ის გვასწავლის სულიერი სამეფოს შესახებ და ღმერთის შემოქმედებას, რომელიც მან არაფრიდან შექმნა. ბიბლია სავსეა ისეთი რაღაცეებით რაც ადამიანური ლოგიკით ვერ ახსნი.

ღმერთი ჩამოვიდა სინას მთაზე და დაელაპარაკა მოსეს; ყვავებმა ელია წინასწარმეტყველს მოუტანეს პური და ხორცი; პეტრე ანგელოზის ხელმძღვანელობით ციხიდან გაიქცა; და იესო კიდევ მოვა საყვირების ხმით. როგორც შეგვიძლია ასეთი რამ დავიჯეროთ ადამიანის ლოგიკით?

გამოსვლა 19:18–19–ში წერია *„ბოლავდა მთელი სინაის მთა, რადგან უფალი იყო მასზე ჩამოსული ცეცხლის ალში; როგორც ქურას, ისე ასდიოდა კვამლი და ძლიერად ირყეოდა*

მთა. თანდათან ძლიერდებოდა საყვირის ხმა; ლაპარაკობდა მოსე და ეხმიანებოდა ღმერთი.“

„მიწვა და მიეძინა ბუჩქის ძირას. და, აჰა, ანგელოზი შეეხო მას და უთხრა: ადექი, ჭამე. გაიხედა და, აჰა, ნამცხვარი და წყლიანი დოქი უდგას სასთუმალთან. შეჭამა, შესვა და ისევ მიწვა. მეორედ მოვიდა უფლის ანგელოზი, შეეხო მას და უთხრა: ადექი, ჭამე, რადგან შორი გზა გაქვს. ადგა, ჭამა, დალია და ამ საჭმელით მოძლიერებულმა ორმოცი დღე და ორმოცი ღამე იარა ღვთის მთამდე, ხორებამდე“ (1 მეფეთა 19:5–8).

„და, აჰა, წარმოსდგა ანგელოზი უფლისა და ნათელმა მოიცვა მთელი საკანი; ფერდში წაჰკრა პეტრეს, გააღვიძა და უთხრა: ადექი ჩქარა! და ხელებიდან დასცვივდა ჯაჭვი. ანგელოზმა თქვა: სარტყელი მოირტყი და ჩაიცვი შენი ხამლები. ასეც მოიქცა, მან კი უბრძანა: მოისხი შენი მოსასხამი და მომყევი“ (საქმე 12:7–8).

„ვინაიდან თვით უფალი, მბრძანებლური სიტყვით, მთავარანგელოზის ხმობითა და ღვთის საყვირის ხმით, გადმოვა ზეციდან, და პირველნი აღდგებიან ქრისტეში განსვენებულნი“ (1 თესალონიკელთა 4:16).

დღეს თუ ჩვენ ვილაპარაკებთ ამ სულიერ საბედოზე ბევრი ადამიანი დაგვაბრალებს, რომ ჩვენ მისტიციზმში ჩავვარდით. არის რამდენიმე რომლებიც სათანადოდ ასწავლიან სულიერი სამეფოს შესახებ, მაგრამ ბევრს არ აქვს ჭეშმარიტი რწმენა.

ხალხმა ეკლესიაშიც რომ არ იაროს, უმრავლესობას არ აქვს გამოცდილი სული წმიდის სამუშაოები. და ამიტომ მათ არ

აქვთ ხსნის მტკიცე რწმენა. ბევრ მათგანს არ სჯერა სამოთხისა და ჯოჯოხეთის და იდენენ ცოდვებს როგორც ურწმუნოები.

იძულებითი შესაწირის ინტერვიუს შესახებ

ადამიანს რომელმაც ჩვენი ეკლესია დატოვა ინტერვიუ ჩამოართვეს. მან სთქვა რომ დიდი რაოდენობით შესაწირს იძლეოდა. სთქვა, რომ მისი ბიზნესი და ოჯახი გაკოტრდა.

მან სთქვა რომ როდესაც დიდ თანხას გამოიმუშავებდა, შემოსავალი 6 მილიონი ვონი (დაახლოებით 6000 დოლარი) იყო და ამ ფულის დიდ ნაწილს წირავდა ეკლესიას. მაგრამ ჩვენ შევამოწმეთ შემოწირული თანხის ჩანაწერები და ეს სიცრუე იყო.

მისი შვილებისა და მუშების თქმით, მას უამრავი დავალიანება ჰქონდა. ეს არ იყო შესაწირის ბრალი, ეს მისი პირადი საქმიანობების გამო მოხდა. მისი შემოსავლის ნახევარზე მეტი დავალიანებების პროცენტებში უნდა გადაეხადა. რადგან ეს დიდი ხნის დაგროვილი ჰქონდა, საბოლოოდ გაკოტრდა.

მისმა ვაჟმა იცოდა, რომ მისმა დედამ ცრუ ჩვენება მისცა ინტერვიუში, რადგან ეს იმ ხალხის გეგმის ნაწილი იყო, რომლებიც ეკლესიას ზიანს აყენებდნენ. მას უბრალოდ არ შეეძლო ამაში მონაწილეობის მიღება.

სანამ ეს მოხდებოდა გაგებული მქონდა რომ ამ ოჯახს ფინანსური პრობლემები ჰქონდა და მე პირადად დავეხმარე მათ დიდი რაოდენობის ფულით. მაგრამ მაინც მან ეკლესია დატოვა მათთან ერთად ვინც გამოცდები მოუტანა ეკლესიას და ცრუ ჩვენებები მისცეს. ძალიან დაღონებული ვიყავი მის გამო.

ჩემს თავს ვაკლებდი და მათ ვეხმარებოდი ვისაც ფინანსური პრობლემები ჰქონდათ. როდესაც ამ ხალხმა მიღალატა, გულში საზარელი ტკივილები მქონდა.

9. არალეგალური ვიდეო ფარული კამერებით

1999 წლის მაისს დიაკონი ჰიეონჯუ კიმი, ჩვენი ეკლესიის ერთერთი წევრი დარჩა გაოცებული როდესაც უყურებდა თავისთავს „რეჟისორის ჩანაწერს" პროგრამის ინტერვიუში. იმ დროს იგი ფეხმძიმობის მეხუთე თვეში იმყოფებოდა და შოკში ჩავარდა.

1999 წლის აპრილის ბოლოს დიაკონ კიმს დაურეკა ქალბატონმა რომელსაც იგი არასოდეს შეხვედრია. ქალმა სთქვა რომ მისგან დახმარება სჭირდებოდა. დიაკონ კიმი შეხვდა ქალბატონს. მას ვერ წარმოედგინა რომ ეს ქალი მას კამერით უღებდა.

ისინი მალავდნენ თავიანთ იდენტურობას, დაუსვეს რამდენიმე შეკითხვა და შემდეგ ჩანაწერს რედაქტირება გაუკეთეს რათა თავიანთ პროგრამაში სიმართლისგან განსხვავებული რამ გაეშვათ.

1998 წლის აპრილს დიაკონი ჰიეონჯუ კიმი ჩამოვიდა

ჩვენს ეკლესიაში საფრანგეთიდან. მას რწმენით მისი შვილის, ჯონსუს განკურნება სურდა. მისი ვაჟი ყოველთვის ტიროდა ტვინის ზრდის უკმარისობის გამო. იგი დაესწრო აღორძინების შეკრებას და მიიღო ჩემი ლოცვა. იმ დღის შემდეგ ჯონსუმ შეწყვიტა ტირილი და ზრდა ნორმალურად გაგრძელდა.

დიაკონ ჰიეონჯუ კიმმა გამოსცადა ღვთაებრივი განკურნება და გაემგზავრა უკან საფრანგეთში სადაც მისი მეუღლე სწავლობდა. მას შემდეგ რაც მისმა მეუღლემ დაამთავრა სწავლა. ისინი დაბრუნდნენ კორეაში და დაიწყეს ჩვენს ეკლესიაში სიარული.

დიაკონი კიმი კიდევ ერთხელ დაფეხმძიმდა 1999 წელს და მათი პირველი ვაჟი ჯონსუ, რომელიც გონნაკლული დაიბადა, წავიდა სამოთხეში. ეს ჯონსუსთვის დალოცვაც კი იყო რათა გადარჩენილიყო და წასულიყო უფალთან და არ დატანჯულიყო ამ ქვეყანაზე.

წყვილი მიხვდა რომ მათი ბავშვის წაყვანა ღმერთის სიყვარული იყო და მათ მეორე შვილი აჩუქა. ამიტომ ისინი არ იყვნენ დამწუხრებულნი და გააგრძელეს თავიანთი ქრისტიანული ცხოვრება მადლიერების გრძნობით.

დიაკონ კიმმა მოყვა მისი ბედნიერი ცხოვრება და მოუწოდა ქალბატონს უფალი მიეღო. მაგრამ ასეთი არაფერი ჩაუწერიათ მათ. მათ ჩანაწერი ისე შეასწორეს რომ თითქოს ეს წყვილი ცხოვრობდა უბედური და სასოწარკვეთილი ცხოვრებით.

ახლა ვახსენე რამდენიმე რამ ჩანაწერიდან ჩვენი ეკლესიის შესახებ. სინამდვილეში არც მინდა ასეთი რაღაცეების ხსენება. ყველაფერი, რომ განვმარტო რაც ეთერში გავიდა, ამას რამდენიმე წიგნი დასჭირდება.

მაგრამ უბრალოდ სხვადასხვა შემთხვევების ყურებისას ჩვენ ვხედავთ როგორ იქცევა სიმართლე სიცრუედ. ეს იყო დანაშაული პრესის მხრიდან, რადგან ისინი წარმოაჩენდნენ ფაქტებს იმგვარად, რომ მათი ტყუილი სიმართლედ გაესაღებინათ. ეს ფაქტიურად რელიგიის დევნა იყო.

იმიტომ ავხსენი რამდენიმე ნაწილი, რომ ვფიქრობ არავინაა ასეთი განსაცდელის ღირსი პრესის მხრიდან. თუ ასეთი რამ მოხდება, ეს ასევე სერიოზული პირადი ცილისწამებაა.

10. განცხადება პროტესტის მოხსენებისათვის

ჩვენმა ეკლესიამ წარმოუდგენელი სიდიდის ზიანი გადაიტანა გადაცემის სიცრუის გამო და არბიტრაჟისათვის პრესის არბიტრაჟის კომიტეტს მივმართეთ. მაგრამ სამაუწყებლო კომპანიამ სთქვა რომ მათ არ ჰქონდათ განზრახული არბიტრაჟში ჩარეულიყვნენ. ამიტომ საპროტესტო მოხსენებისათვის სასამართლოს მივმართეთ.

საპროტესტო მოხსენება არის შანსი გასაპროტესტებლად ან სიტუაციის ასახსნელად. ეს შესაძლებლობა ეძლევა იმ მხარეს, რომელიც აცხადებს რომ განიცადა ზიანი პრესის იმ მოხსენების შედეგად, რომელიც არ წარმოადგენს სიმართლეს.

ეს არის შანსი სამართლიანობისათვის და პატიოსნებისათვის მათთვის ვინც დაზიანდა მიკერძოებული პრესის მოხსენების გამო რომელიც არ იყო სიმართლე.

1999 წლის 14 ოქტომბერს სეულის რაიონის სასამართლოს

1999년 11월 7일(일요일)
교회연합신문
"MBC는 만민중앙교회 반론을 보도하라"
서울지법남부지원 판결 MBC 보도내용 대부분 사실 아닌 것으로 해석
기독교연합신문 1999년 11월 7일(일)
"MBC, 만민교회 반론 보도" 판결
남부지원, 총 14회 걸쳐
기독교신문
종교관련 한건주의식 선정
만민중앙교회 관련 반론보도
2001년 8월 31일 금요일
99년 11월 7일
제보에만 근거, 적절한 확인절차 없이 방송
남아있는 명예훼손등 소송에 영향 미칠 듯
조선일보
"MBC PD수첩 만민중앙교회
방영금지 가처분조치 정당"
헌법재판소 결정
99년 MBC 'PD수첩'이 방영하려던 만민중앙교회와 관련한 프로그램에 대해 교회측의 방영금지 가처분 신청을 법원이 받아들인 것은 합헌이라고 헌법재판소가 30일 결정했다.
헌재는 MBC가 "법원의 결정은 언론자유를 침해한 검열행위"라고 주장하며 낸 헌법소원 청구를 기각하면서 이 같이 결정했다.
재판부는 결정문에서 "헌법상 금지된 검열은 모든 형태의 사전 규제가 아니라 행정기관에 의한 것을 말한다"면서 "방영금지 가처분은 행정부가 아닌 사법부의 결정이기 때문에 검열이 아니다"고 밝혔다.
/李明
國民日報
1999년 10월 28일 목요일
MBC 만민중앙교회 관련
반론보도 14건 대거 방송
MBC가 만민중앙교회 이재록 목사에 대한 비리의혹 보도와 관련, 30일까지 방송사상 가장 많은 14건의 반론보도문을 내보낸다. 26일 'PD수첩', 27일 '화제집중, 생방송6시' 첫머리에 반론보도문을 내보낸데 이어, 28일부터 '뉴스데스크' 등 5개 TV 뉴스 프로그램, '아침 종합뉴스' 등 6건의 라디오 프로그램에 이를 방송한다.

სამხრეთის სასამართლომ გასცა ბრძანება:

„„ემ-ბი-სიმ“ უნდა ჩაწეროს მანმინის ჯონგ-ანგის (ცენტრალური) ეკლესიის პროტესტი, დანიშნული დროის, პროგრამის, ოქმებით და მეთოდების შესაბამისად რომლებიც ნახსენებია დართვაში, ზუსტად 14 ჯერ ზუსტად 13 პროგრამაში მეშვიდე სატელევიზიო პროგრამის და 6 რადიო პროგრამის ჩათვლით.“

ასევე სასამართლომ განსაჯა:

„თუ „ემ-ბი-სი“ ამას არ დაემორჩილება მათ გადასახდელი ექნებათ 5 მილიონი ვონი ყოველ დღე ყოველი საპროტესტო მოხსენებისათვის რომლებიც მათ ექნებათ გასაკეთებელი.“

სასამართლოს კანონის თანახმად „ემ-ბი-სიმ“ გააკეთა „საპროტესტო მოხსენება“ თავიანთ „ემ-ბი-სის ახალი ამბების მაგიდაში (მთავარი ახალი ამბების პროგრამა), 12 შუადღის ახალი ამბები, 6 საათის ჰავიე ჯიპჯუნგი, დასკვნითი ამბები და ა.შ. თხუთმეტჯერ. მაგრამ ეს იმ ზიანის პატარა ნაწილსაც კი არ ფარავს რაც მათ ჩვენ მოგვაყენეს.

შურის გამო წინამძღოლებმა იესოს უღალატეს

იესო მხოლოდ სამოთხის სამეფოს სახარებას ქადაგებდა, უამრავი ადამიანის ავადმყოფობა განკურნა და ბევრს სიცოცხლე აჩუქა. მაგრამ რადგან მან ცხადად აჩვენა უფლის ძალა, როგორიცაა ბრმის განკურნება რომლის გაკეთებაც ადამიანს არ შეუძლია, ფარისევლებს, მწერლებს და

რაზე ფიქრობდა იესო როდესაც ჯვრით გოლგოთას მთაზე ადიოდა? • 121

წინამძღოლებს მისი შურდათ და ცილი სწამეს მას.

იოანე 10:20–ში წერია *„ბევრი მათგანი ამბობდა: ეშმაკეულია და შმაგობს; რად უსმენთ მას?“* იესო მხოლოდ კარგ საქმიანობებს აკეთებდა, მაგრამ რადგან ეს უფლის ძალის საქმიანობები იყო მათ გაკიცხეს იგი და თქვეს რომ შეშლილი იყო.

მათე 12:24–ში წერია *„ხოლო ამის გამგონე ფარისევლები ამბობდნენ: ეს თუ ეშმაკებს აძევებს, მხოლოდ ეშმაკთა მთავრის, ბელზებულის შეწევნითო.“*

განდევნა თუ არა იესომ დემონი ბელზებელისგან? ისინი იესოს მოსაკლავად ასეთ ტყუილებს იმახდნენ. უამრავმა ხალხმა დასწამა ცილი და მისი სახელის გატეხვა სცადეს.

პავლე მოციქულმაც ცხადად აჩვენა უფლის ძალა საოცარი საქმიანობებით და ისიც ნაზარეველთა სექტის წინამძღვრად გაკიცხეს როგორც საქმე 24:5-ში წერია. საქმე 26:24-ში ჩვენ ვხედავთ მასაც როგორ უწოდებენ გაშმაგებულს.

რადგან სული წმიდის ძალა და საქმიანობები ცხადად ნაჩვენებია ჩემი მეშვეობითაც, ეშმაკი მუდმივად ცდილობს ჩემს განადგურებას.

ისინი, ვისაც შურდათ ჩემი და ჩემი ეკლესიის წარმატებანი, მათ მე წამიყენეს ცრუ ბრალდებები და ერეტიკოსობა დამაბრალეს.

ქვით ნაშენები ეკლესია ვერ არ დაეცემა

სამაუწყებლო სადგურის ინციდენტის შემდეგ ბევრი ფიქრობდა რომ ჩვენი ეკლესია დაიხურებოდა.

რაღაც მომენტში ეს საკმაოდ ბუნებრივიც იყო. 1999

წლის 11 მაისიდან 22 მაისამდე ჩვენი ეკლესია გამოჩნდა გადაცემებში 67-ჯერ, 33-ჯერ ტელევიზორში და 34-ჯერ რადიოში. სამაუწყებლო სადგურმა გაკიცხა ჩვენი ეკლესია ცრუ ინფორმაციით, ამიტომ ცხადი იყო რომ ხალხს ასეთი რამ ეფიქრა.

მაგრამ ქვით აშენებული ეკლესია არ დაინგრევა რაც არ უნდა ძალამ და წყვდიადმა შეარხიოს. ეკლესია ღმერთმა დააარსა და მას ის თავისი ყოვლისშემძლე მარჯვენა ხელით უჭირავს.

როდესაც იესო ქალაქ იერუსალიმში შევიდა, ებრაელები მას ოსანას ძახილით მიესალმნენ, მაგრამ მოულოდნელად ისინი შეიცვალნენ ბროში, რომელიც მოითხოვდა მის ჯვარცმას.

იესოსთვის უნდა ეღალატა ერთერთ მის მოწაფეს, რომელიც მას უყვარდა და რომელსაც ასწავლიდა. როდესაც იესო დაიჭირეს, მისი ყველა მოწაფე გაიქცა. როგორ იგრძნობდა თავს იესო როდესაც გაიგო, რომ ყველა მისი მოწაფე გაიქცა იმის შიშით რომ რამე მოუვიდოდათ?

იგი შეიძლება სიბრალულს გრძნობდა, მაგრამ იგი არ ყოფილა იმედგაცრუებული და არ შეიზიზღა ისინი. მე არ მქონია ზიზღი იმათ მიმართ, ვინც მიღალატეს და ზიანი მომაყენეს.

მათ არასამართლიანად და ხორციელად იცოდეს, რომლის პატიებაც ძალიან რთულია, მაგრამ მე მათ ვპატიობდი მათი შეცდომების გამომჟღავნების მიუხედავად.

ისინი თვალთმაქცობდნენ თითქოს კარგი ცხვრები იყვნენ, მაგრამ უჩუმარი შეთქმულებით გამანადგურეს. მათ სცადეს ჩემი და ეკლესიის განადგურება. მიუხედავად იმისა რომ თვით მათი ცოდვები მეზიზღებოდა, მათ მიმართ

ზიზღს არ ვგრძნობდი. მე დიდის გლოვით და ცრემლებით ვლოცულობდი მათთვის, რომ არცერთი მათგანი უფსკრულის გზას არ დადგომოდა, არამედ მოენანიებინათ ცოდვები და მიეღოთ ხსნა.

ასეთი ინციდენტების განცდებში ვგრძნობდი ღმერთის გულს რომელიც მას ჰქონდა როდესაც საყვარელმა მთავარანგელოზმა ლუციფერმა მას უღალატა და ამპარტავანი გახდა. მე ვგრძნობდი იესოს გულს, როდესაც იუდა ისკარიოტელმა უღალატა მას. ზიანისა და ტკივილის გადატანა რთულია მაშინაც კი როდესაც საყვარელი მამაკაცი ან საყვარელი ქალი გიღალატებს და მიგატოვებს.

იესომ სთქვა *„ხორცის მიერ შობილიხორცია და სულის მიერ შობილი – სული“* (იოანე 3:6) და ჩვენ არ უნდა გვწამდეს ხორცის, რადგან მას შეუძლია შეიცვალოს. როდესაც ჩვენ ხორციელ ფორმებს გავდევნით, რომელიც ყალბია, ჩვენი გულებიდან და შევიცვლებით სულიერად, ჭეშმარიტებაში, მაშინ ჩვენ შეგვეძლება გვქონდეს ჭეშმარიტი გული და სრულყოფილი რწმენა ბოროტების გარეშე.

სამმაგი განსაცდელის გავლის შემდეგ მე უფრო უკეთ შევძელი იესო ქრისტეს ტკივილისა და განცდების შეგრძნება იმ მომენტში, როდესაც იგი გოლგოთას მთაზე ადიოდა და თან ჯვარი მიჰქონდა.

მას არასოდეს უთქვამს რომ იგი უდანაშაულო და უსამართლო ბრალდებული იყო. მან ამდენი ტკივილი მხოლოდ იმიტომ გადაიტანა, რომ უფლის განგება აესრულებინა. მე პატარა სივრცეში ვგრძნობდი როგორ ღრმა იყო უფლის მორჩილება და სიყვარული.

თავი 4

თუ კი მხოლოდ უფლის ნებას შევასრულებ

1. ერთხელ მივიღე წყალობა

სანამ ღმერთს შევხვდებოდი, 7 წლის განმავლობაში ავად ვიყავი. ჩემი დის დაჟინებით შინაე ჰიუნის ეკლესიას ვეწვიე. ეს იყო ცხოვრების შემცვლელი ღონისძიება, ჩემთვის ეს თითქმის სამოთხისა და დედამიწის გაცვლა იყო.

რადგან იქ ხალხი ღმერთისთვის ხმამაღლა ტიროდა ძალიან შემრცხვა უბრალოდ მარტო დგომის. არ ვიცოდი როგორ მელოცა, მაგრამ მაინც დავიჩოქე. უფლის სული წმიდის ცეცხლმა მაშინვე განმკურნა. ერთ დროს „დაავადებების დეპარტამენტის მაღაზიას“ მეძახდნენ, მაგრამ ერთ წუთში ყველანაირი უბედურებისგან განვიკურნე. დაავადებები გაქრა. სრულიად ჯანმრთელი ადამიანი ვიყავი.

მიუხედავად იმისა რომ ეს არ იყო მთავარი დიაკონი შინაე ჰიუნის ლოცვით, მე განვიკურნე ეკლესიაში და ძალიან მადლიერი ვიყავი! ყოველთვის როდესაც აღორძინების შეკრებაზე ვსაუბრობდი, ვყვებოდი როგორ შევხვდი ღმერთს

რომელიც შემეხო და განმკურნა.

ახლა იგი გარდაცვლილია, მაგრამ შინაე ჰიუნი რამოდენიმეჯერ მოვიდა ჩვენს ეკლესიაში ინვალიდის სავარძლით. რამოდენიმეჯერ მან სხვადასხვა საქმეებში დახმარება მთხოვა და არასოდეს მითქვამს მისთვის უარი. ზოგჯერ ამის გამო სირთულეების გადატანა მიწევდა, მაგრამ ყოველთვის ვცდილობდი მას დავხმარებოდი.

ახალი მორწმუნეობიდან ეკლესიის გახსნამდე სხვადასხვა პასტორებს ვემსახურე და ყოველთვის გამოვხატავ მათდამი მადლიერებას სხვადასხვა შესაძლებლობებით. ასევე მე მადლიერი ვარი პასტორი ტაეკგუ სონის, რომელიც ჩემი სემინარიის პროფესორი იყო და ასევე იესოს უწმინდესი (გაერთიანებული) სარწმუნეობის პრეზიდენტი იყო იმ დროს. გადატვირთული გრაფიკის გამო ვერ მივდივარ მის სანახავად, მაგრამ ყოველთვის ვაგზავნი ჩემს მეუღლეს ან სხვა ეკლესიის წევრებს ყოველ წელს, რათა გადასცენ მას ჩემი მოკითხვა.

მნიშვნელოვანია უკან გადავუხადოთ წყალობა ვინც მოგვცა. უფრო მნიშვნელოვანია რომ მადლიერება გამოვხატოთ უფლის წყალობისათვის. როგორ და რით შეგვიძლია გადავუხადოთ ღმერთს მისი სიყვარულისა და წყალობისათვის?

ღმერთი ამბობს რომ მას უყვარს მისი მოყვარულნი და ის ვინც მას ეძებს იპოვნის (იგავნი 8:17). დავეყრდენი ლექსს, მიყვარდა ღმერთი და ვცდილობდი წავსულიყავი იქ სადაც მას ვიპოვნიდი.

რადგან უფალი სინათლეა, ჩვენ უნდა შევიდეთ სინათლეში რათა მას შევხვდეთ. რადგან იგი გულკეთილია, ჩვენც

სულგრძელები უნდა ვიყოთ. რადგან იგი სიყვარულია, ჩვენ შეგვიძლია მას შევხვდეთ როდესაც სულიერი სიყვარული გვექნება.

ღმერთის სიყვარული არის მისი ბრძანებების შესრულება და თუ მის სიტყვას განვახორციელებთ იგი შეგვიყვარებს.

როგორც მწყურვალე ირემი მიილტვის წყლისკენ, ზუსტად ასეთი იყო ჩემი წყურვილი უფლის სიტყვის გასაგებად, გულით შემეყვარა და დავმორჩილებოდი. მთელი ჩემი ცხოვრების მანძილზე მე ვგრძნობდი, რომ უდიდესი პასუხისმგებლობა მეკისრა უფლის ნებისა და ზეციური სამეფოს სიმართლის ქადაგების სახით.

2. ძალა ძალაზე

ერთხელ დავძლიე სამი გამოცდა რწმენით, მორჩილებით და სიყვარულით, ღმერთმა მიხელმძღვანელა მისი ძალის ღრმა დონეებამდე. ჩემთვის უფრო ადვილი იქნებოდა დავნებებოდი ჩემს ცხოვრებას ვიდრე ეს სამი გამოცდა დამეძლია.

აბრაამი გახდა რწმენის მამა რადგან მან ჩააბარა გამოცდა თავისი ერთადერთი შვილის ისააკის შეწირვით. მსგავსად, უფალი ნასიამოვნები იყო რომ სამივე გამოცდა გადავლახე და დამლოცა კიდევ უფრო დიდი ძალით ვიდრე იქამდე მქონდა.

იოანე 14:12–ში იესო ამბობს *„ჭეშმარიტად, ჭეშმარიტად გეუბნებით თქვენ: ვისაც მე ვწამვარ, საქმეს, რომელსაც მე ვაკეთებ, თვითონაც გააკეთებს, და მეტსაც, ვინაიდან მე მამასთან მივალ."* ეს იმას ნიშნავს რომ როდესაც სრულიად მისი სიტყვით ვცხოვრობთ, ჩვენ ვიქნებით სულით ერთნი მამა ღმერთთან და შეგვეძლება შევასრულოთ ძლიერი

სამუშაოები რომლებიც იესომ ცხადად აჩვენა.

„მახვილს წერა გახდებიან, მელების კერძი შეიქმნებიან“ (ფსალმუნნი 62:11). როგორც ვთქვი, ეშმაკს არ შეუძლია იმოქმედოს იმ ძალით რომელიც ღმერთს ეკუთვნის. რადგან იგი სულიერი რამ არის, იგი აიძულებს ხალხს ღმერთის წინააღმდეგ წავიდნენ. მაგრამ მას ღმერთის ძალის იმიტირებაც კი არ შეუძლია. ძალა ადამიანის სიცოცხლის, სიკვდილის, ბედნიერების და უბედურების გასაკონტროლებლად, ძალა ადამიანის ისტორიის სამართავად და რამის შექმნა არაფრიდან, არის ძალა რომელიც მხოლოდ ღმერთს ეკუთვნის. მისი ძალის ცხადად ჩვენება შეიძლება მხოლოდ მათი საშუალებით ვინც ღმერთს ეკუთვნის რომელიც არის სინათლე, რომელიც სინათლეში ცხოვრობს, რომელიც იკურთხა და რომელმაც მიაღწია იესო ქრისტეს რწმენის ზომას.

განსხვავება უფლებამოსილებაში, ძალაში და უფლებამოსილების ძალაში

ჩვეულებრივ როდესაც უფლის ძალაზე ვსაუბრობთ, ვიყენებთ ტერმინებს როგორიცაა უფლებამოსილება, ძალა და მბრძანებლური ძალა ურთიერთ ჩანაცვლებადი ერთი და იგივე მნიშვნელობებით. მაგრამ არის განსხვავებები. ძალა არის ის რომ გააკეთო ადამიანისთვის შეუძლებელი მაგრამ ღმერთისთვის შესაძლებელი რამ.

უფლებამოსილება არის დიდებული და საუცხოო სიძლიერე ღმერთისგან დანიშნული. სულიერ სამეფოში ცოდვის არ ქონა სიძლიერეა. მაშასადამე ჩვენ შეგვიძლია ვთქვათ რომ თვით უფლებამოსილება სიწმინდეა. ის ღმერთის

შვილები, რომლებმაც ბოროტება და უსამართლობა განდევნეს თავიანთი გულებიდან და იკურთხნენ, მიიღებენ სულიერ უფლებამოსილებას.

ახლა, რა არის უფლებამოსილების ძალა? ეს არის უფლის ძალა უფლებამოსილებით თანხლებული, რომელიც არის ღმერთის მიერ მიცემული მათთვის, ვინც განდევნა ყოველგვარი ბოროტება და იკურთხა. ეს არის ძალა და უფლებამოსილება ერთად. მაგრამ როდესაც ჩვენ ვახსენებ უფლებამოსილების ძალას, ჩვეულებისამებრ ვიძახით „ძალას." ამ უფლებამოსილების ძალას აქვს ბინძური დემონების განდევნის და ყველა ავადმყოფობისა და უძლურების განკურნების ძალა.

უძლურება არ არის მხოლოდ ავადმყოფობა. ეს არის სხეულის ნაწილების ფუნქციების დამბლა ან დეგენერაცია, ამიტომ მას ვისაც ეს აწუხებს არ შეუძლია მონაწილეობა მიიღოს საქმიანობებში. უძლურების განკურნება ადამიანის ძალას აღემატება. ის შეიცავს ისეთ გარემოებებს როგორიცაა სიბრმავე, სიყრუე და სხვა პარალიზებები.

განსხვავება განკურნების ნიჭსა და ძალას შორის

ხალხი ძირითადად ფიქრობს რომ განკურნების ნიჭი და ღმერთის ძალა ერთი და იგივეა. მაგრამ ისინი ძალიან განსხვავდება ერთმანეთისგან. განკურნების ნიჭი, რომელიც ნახსენებია კორინთელთა 12:9-ში არის ნიჭი მიკრობების და დაავადებების დაწვისა.

განკურნების ნიჭით არ შეგვიძლია გადაგვარებული

სხეულის ნაწილების განკურნვა ან მივცეთ სმენა მას ვისაც არ ესმის ან მეტყველება ვისაც არ შეუძლია საუბარი მკვდარი ნერვების გამო. მაგრამ ასეთი რაღაცეების განკურნება შეიძლება როდესაც ადამიანი რომელმაც მიიღო უფლის ძალა რწმენით ლოცულობს.

როდესაც უფლის ძალას მივიღებთ, ეს ყოველთვის გვექნება. მაგრამ ეს ასე არ არის განკურნების ნიჭით. განკურნების ნიჭის მიღება შეიძლება მიუხედავად იმისა ადამიანი ნაკურთხია თუ არა. ეს მათ მიეცემა ვისაც აქვს დაგროვებული ბევრი ლოცვა სულის სიყვარულისა ან მათ ვინც არიან შეუპოვრები და ღმერთს მათი გამოყენება შეუძლია.

მაგრამ ღმერთის ძალა, რომელიც არის სინათლე, შეუძლია მიიღოს მხოლოდ მას ვინც ნაკურთხია. როდესაც ამას მიიღებ ის არ დასუსტდება ან გაქრება. რაც უფრო მეტად დავემსგავსებით ღმერთის გულს, მით უფრო მეტ ძალას მივიღებთ და მოვახდენთ კიდევ უფრო დიდ სამუშაოებს/

მხოლოდ განკურნების ნიჭით არ არის ადვილი სერიოზული და იშვიათი დაავადებების განკურნება. კიდევ უფრო ძნელია როდესაც ავადმყოფ ადამიანს აქვს ცოტა რწმენა. მაგრამ ღმერთის ძალით, თუ ავადმყოფი ადამიანი აჩვენებს სულ ცოტა რწმენას, ის მასზე უშუალოდ იმოქმედებს. აქ რწმენა გულისხმობს სულიერ რწმენას და არა მოაზროვნე რწმენას.

3. ოთხი დონე ღმერთის ძალისა, რომელიც არის სინათლე

ღმერთმა გამაგებინა რომ მისი ძალის ოთხი სხვადასხვა დონე არსებობს. ჩვენ შეგვიძლია მივიღოთ მისი ძალის ყველაზე მაღალი დონე, ჩვენს გულებში ნატიფი ჭეშმარიტების რაოდენობით.

მათ ვისაც გაღებული ჰქონდა თავისი სულიერი თვალები შეუძლია ნახოს ლაზერის სხივების მსგავსი სინათლე, რომელიც იღვრება და კურნავს დაავადებებს.

ღმერთის ძალის პირველი დონე არის ძალა დაკავშირებული წითელ შუქთან. ეს არის სული წმიდის ცეცხლის სინათლე რომლითაც დაავადებები იწვება. სული წმიდის ცეცხლის ეს ძალის დონე წვავს დაავადებებს, რომლებიც გამოწვეულია მიკრობებისა და ვირუსებისგან. ამ ძალით კიბოს, ფილტვის ტუბერკულოზის, დიაბეტის, გულის

და სხვა განუკურნებელი დაავადებების განკურნებაც კი შეიძლება.

მაგრამ ძალის პირველ დონეს არ შეუძლია ყველა დაავადების განკურნება. კიბოს ბოლო სტადიის და ტუბერკულოზის შემთხვევაში თუ პაციენტის სხეული სიცოცხლის ზღვარს სცილდება, რომელიც ღმერთის შექმნილია, ძნელია დაავადების განკურნება პირველი დონის ძალით. როდესაც სხეულის ორგანოები ან ქსოვილები დაზიანებულია და ფუნქცია აქვთ დაკარგული, ეს მხოლოდ მიკრობების ბრალი არ არის. სხეულმა უნდა აწარმოოს ახალი ქსოვილები და ორგანოები. ამის გასაკეთებლად დიდი ძალა გვჭირდება.

მაგრამ ასეთ შემთხვევაშიც კი თუ ავადმყოფი ადამიანი ან ოჯახის წევრები არიან გაერთიანებული სიყვარულით და ანახებენ თავიანთ რწმენას, ღმერთის იმოქმედებს. ჩვენს ეკლესიაში ადრეულ პერიოდში განხორციელდა უამრავი საქმიანობა რომელიც ძალის პირველ დონეს ეკუთვნის.

ძალის მეორე დონე არის ძალა რომელსაც შეუძლია წყვდიადის ძალის განდევნა. ეს დაკავშირებულია ლურჯ შუქთან. ამ დონეზე, ჩვენ შეგვიძლია ჩვეულებრივ განვდევნოთ წყვდიადი მათგან, ვინც არიან დემონით შეპყრობილნი და სატანის მოქმედებებს იღებენ.

ძალის მეორე დონეს ასევე შეუძლია განკურნოს მოშლილობა და ნერვული სისტემის პრობლემები აუტიზმის, ნევროზის, შიზოფრენიის, ნერვული აშლილობის და დეპრესიის ქრონიკული ფსიქიკური ან ფიზიკური დაქანცულობის ჩათვლით. ასეთი დაავადებებით ძირითადად ის ადამიანები იტანჯებიან, ვინც გულით ღვარძლს დაატარებს

სხვების მიმართ და ისინი, რომლებიც იგროვებენ ბოროტ გრძნობებს, დაბალ თვითპატივისცემას და სულმოკლეობას.

ამიტომ, მეორე დონის ძალით, დაავადებები რომლებიც წყვდიადის ძალით არის გამოწვეული განიკურნება. ასევე, წყვდიადის ძალა გაქრება ოჯახებიდან, ბიზნესიდან და სამუშაო ადგილებიდან. ასევე შეიძლება მკვდრის გაცოცხლება.

პავლე მოციქულმა ევტიქე გააცოცხლა (საქმე 20:9-12). როდესაც ანანიამ და საფირამ წმიდა პავლეს უღალატეს, დაეცნენ და მოკვდნენ (საქმე 5:1-11). როდესაც ელისე წინასწარმეტყველმა დასწყევლა ახალგაზრდები რომლებიც მას დასცინოდნენ, ორი დედა დათვი გამოვიდა და მოკლა

ისინი (2 მეფეთა 2:23-24). ეს მოქმედებები ღმერთის ძალის მეორე დონით ხდებოდა.

ძალის მესამე დონე არის მოქმედება თეთრი ან გამჭვირვალე შუქით. ეს ცხადად ნაჩვენებია ნიშნებსა და შექმნებში. ნიშანი არის ის რისი თვალებით დანახვაც ნათლად შეიძლება, როგორ ბრმა დანახვას იწყებს, მუნჯი ლაპარაკს და ყრუ სმენას.

ასევეა კოჭლობა და დამბლა.. დეფორმაციები, უუნარობა ან სხეულის ნაწილების სრული დეგენერაცია და ორგანოები არიან ხელახლა წარმოქმნილნი. გატეხილი ძვლები მთელდება და დაკარგული ძვლებიც კი წარმოიქმნება.

ძალის მეოთხე დონე ცხადად არის ნაჩვენები ოქროსფერ შუქში და ეს სრულყოფილების დონეა. ჩვენ ამ დონის ძალას ვხედავთ იესოს მეშვეობით. ამ დონის ძალით შეიძლება ამინდის შეცვლა. ეს ცხადად არის ნაჩვენები „სასწაულებში." სახელდობრ, წვიმა შეიძლება მოდიოდეს ან შეწყდეს. ამ ძალით ღრუბლების ძვრაც კი შეიძლება. უფლის ძალის მეოთხე დონით ყველაფრის გაკონტროლება და მართვაა შესაძლებელი.

მეოთხე დონის ძალის ბრძანებებს უსულო საგნებიც კი ემორჩილებიან. ნახშირბადის მონოქსიდის გაზი განიდევნება მათგან ვინც მისით მოიწამლა. ციებ-ცხელება გაქრება მათგან ვინც არიან დამწვარნი. როდესაც იესომ ლეღვის ხე დასწყევლა რომელიც ნაყოფს არ ისხამდა, მაშინვე გახმა (მათე 21:19). როდესაც იესომ უსაყვედურა ქარსა და ზღვას, ისინი დამშვიდნენ (მათე 8:26).

ხეები, ქარი და ზღვა და ყველაფერი ბუნებაში ემორჩილება

იესოს ბრძანებას. როგორც ღმერთმა თავის სიტყვით შექმნა სამოთხე და დედამიწა, ასევე როდესაც იესო ლაპარაკობდა, ყველაფერი ემორჩილებოდა მას.

როგორც ებრაელთა 11:1–ში წერია „ხოლო რწმენა არის უეჭველობა იმისა, რასაც მოველით, წვდომა უხილავის."

ძალის მეოთხე დონეზე, ძალა იმოქმედებს ადგილისა და დროის შეზღუდვის გარეშე, მხოლოდ ნათქვამი სიტყვით. ღმერთს უნდა რომ მისცეს თავისი ძალა ყველა თავის ძვირფას შვილს, მაგრამ იშვიათობაა ისეთი ადამიანი პოვნა რომელიც ამ დონეს მიაღწევს.

მარკოზი 7:24-30-ში ქალბატონს, რომელსაც დემონით შეპყრობილი ქალიშვილი ჰყავდა მივიდა იესოსთან და სთხოვა დემონის განდევნა მისი ქალიშვილისგან. იესომ დაინახა მისი თავმდაბლობა და რწმენა და უთხრა „*მაგ სიტყვისათვის წადი; გამოვიდა ეშმაკი შენი ასულისგან*" (ლექსი 29). დაუყოვნებლივ ქალიშვილი გამოკეთდა. როდესაც ქალბატონი სახლში დაბრუნდა დემონს დატოვებული ჰყავდა მისი ქალიშვილი.

მსგავსად, იესო არ წასულა იმ ადგილას სადაც ავადმყოფი ადამიანი იმყოფებოდა. სწორედ მისი ბრძანების თანახმად, გამოისახა უფლის ძალა, რომელიც სცილდება დროსა და სივრცეს.

საოცარი საქმიანობები

საქმე 19:11–12–ში წერია „ხოლო ღმერთი მრავალ სასწაულს ახდენდა პავლეს ხელით. ასე რომ, მის ნაქონ ხელსახოცებს თუ წელსაკრავებს თვით სნეულთაც კი აფენდნენ, რომელნიც

იკურნებოდნენ და უკეთური სულები გამოდიოდნენ მათგან.“

როგორც ღმერთმა აჩვენა საოცარი სასწაულები პავლე მოციქულის მეშვეობით, ასევე აჩვენა მან ჩემი მეშვეობითაც. როგორც პავლეს შემთხვევაში, სინათლის ძალა არის მოთავსებული ხელბანდში, რომელშიც მე ვლოცულობ და როდესაც ხალხი სხვისთვის რწმენით ლოცულობს, განკურნების სასწაულები ხდება.

ჩვენს ეკლესიაში უამრავი ეკლესიის მუშა და პასტორი ანახებს ასეთ განკურნების სასწაულებს ხელბანდების ლოცვის მეშვეობით და ისინი ასევე აწარმოებენ აღორძინების შეკრებებზე სხვა ქვეყნებში.

ძალის მეოთხე დონეზე, დაავადებები იკურნება და წყვდიადის ძალა ქრება ღმერთის ძალის მეშვეობით, რომელიც მოქმედებს ადგილისა და დროის შეზღუდვის გარეშე. მეოთხე დონეზე ნიშნები ცხადად ჩნდება და ყველაფერი სამყაროში ემორჩილება. ღმერთის ძალის მეოთხე დონის ოქროსფერი სინათლით ყველა მოქმედება რაც პირველ, მეორე, მესამე და მეოთხე დონის ძალას ეკუთვნის შეიძლება ცხადად ჩვენება.

4. ისტორია გოგონაზე პაკისტანში, რომლის სახელიც არის სინთია

მქადაგებელი ვილსონ ჯონ გილი პაკისტანში ჰყავდა ქალიშვილი სახელად სინთია. 1999 წლის ივლისს მოულოდნელად მას გულისრევა დაეწყო და ჰქონდა დიარეა. იგი წაიყვანეს ჰალორის რაშიდის საავადმყოფოში. მას ჰქონდა კუჭ-ნაწლავის დიდი დახურვა. მას სასწრაფოდ სჭირდებოდა ოპერაციის გაკეთება. მაგრამ მისი სხეული ძალიან სუსტი იყო ოპერაციის გადასატანად.

დაავადების სახელწოდება იყო „მუცლის ღრუს დაავადება", რომელსაც თან ერთვოდა ნაწლავების მოშლა.

იმ დროს სინთიას უფროსი და მარია კორეაში იმყოფებოდა. მან მომიტანა სინთიას სურათი. ეს იყო 1999 წლის 23 ივლისს, მე დარწმუნებით ვილოცე მის ფოტოზე. იმ მომენტში სინთიას ჰქონდა ნაწლავების

მოძრაობა პირველად 10 დღის განმავლობაში. იგი ძალიან სწრაფად გამოკეთდა და მეორე დღეს წამოჯდომა შეეძლო. სამი დღის შემდეგ იგი საავადმყოფოდან გაწერეს. იგი სრულიად გამოჯანმრთელდა.

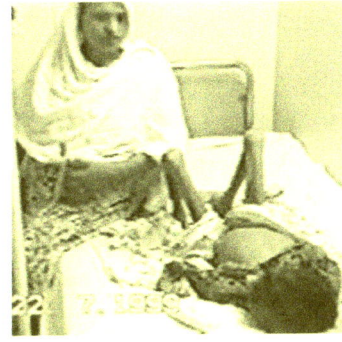
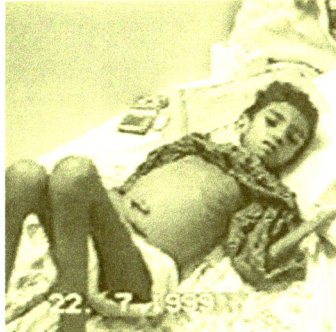

სინთია საავადმყოფოში (22 ივლისი, 1999 წელი)   ჯანმრთელი სინთია (2007)

ლოცვა სინთიას ფოტოსურათზე

თუ კი მხოლოდ უფლის ნებას შევასრულებ • 141

5. შემოქმედის ყველაზე დიდი ძალა

არის ამ ოთხი დონის ძალაზე კიდევ უფრო დიდი ძალა. ეს არის ძალა, რომელიც ეკუთვნის შემოქმედ ღმერთს. როდესაც ღმერთმა სთქვა „დაე იყოს სინათლე", სინათლე გაჩნდა. ეს არის ძალა რომლის მეშვეობითაც შეიძლება ყველაფრის შესრულება რაც ნაბრძანებია.

როდესაც ღმერთი ბრძანებს რომ ბრმა კაცს თვალები აეხილოს, იგი თვალებს გაახელს. როდესაც ღმერთი ბრძანებს რომ კოჭლმა გაიაროს, იგი გაივლის. სასწაულები რომლებიც იესომ აჩვენა ცხადად ნაჩვენები იყო ყველაზე მაღალი შემოქმედი ძალის მეშვეობით, რომელიც ძალის ოთხ დონეზე მაღლა იმყოფება. ეს არის შემოქმედის ძალა.

ეს არ არის დონე სადაც ცოცხალი არსება იღებს ძალას ღმერთისგან და ცხადად აჩვენებს სხვადასხვა სასწაულებს. ეს არის ძალა რომელიც მოდის ორიგინალი ჭეშმარიტი სინათლიდან, რომელიც ღმერთმა შეიპყრო როდესაც იგი

მარტო იყო სანამ შექმნას დაიწყებდა.

იოანეს სახარების 11 თავში ჩვენ ვხედავთ მკვდარ ლაზარეს, რომელიც იყო მკვდარი ოთხი დღის განმავლობაში და ჭუჭყის სუნი ასდიოდა, იგი გაცოცხლდა და გამოვიდა იესოს ბრძანებით „ლაზარე, გამოდი გარეთ!"

როცა ადამიანი მოიცილებს ყოველგვარ ბოროტებას, იგი გასხივოსნებული ხდება და დგება იგი უფლის წინაშე წრფელი გულით და განიცდის უსაზღვრო სულიერ ცოდნას. მხოლოდ ამის შემდეგ შესძლებს მისი ძალა დროისა და სივრცის დამორჩილებას.

თუ, იგი მოახერხებს ამ ძალის დაუფლებას და ისწავლის მის კონტროლს, მას შეეძლება იმ სასწაულების ჩადენას, რომლებსაც იგი ღვთის სიტყვით განახორციელებს.

6. ახალი ათასი წლისთავი დაიწყო დიდი ნიშანით

2000 წელს, ღმერთმა მიბიძგა შემეთავაზებინა მისთვის აღთქმული ლოცვა. მე შევთავაზე აღთქმული ლოცვა ოთხჯერ. მას უნდოდა რომ მე ძლიერი კონცენტრაცია მომეხდინა ლოცვებზე. მან შემატყობინა რომ მარტო უნდა მელოცა მთებში ყველანაირი კონტაქტის გარეშე.

იმ დროს, მეტად დამძიმებული ვიყავი ეკლესიის ფინანსებისა და სხვა პრობლემების გამო და ძალიან მძიმე იყო კონცენტრაცია მომეხდინა ჩემს ლოცვაზე. უფალთან კავშირი რომ არ მქონოდა, აქამდე უკვე სერიოზული პრობლემები მექნებოდა მეტისმეტი სტრესისგან.

მისი დედამიწაზე ცხოვრების დროს, იესოც ლოცულობდა როდესაც დრო ჰქონდა. იესოში არის თვით ღმერთის ძალა, რადგან მას ჰქონდა ადამიანის სხეული, იგი უნდა ავსებულიყო სული წმიდის სიუხვით ლოცვების მეშვეობით რათა უფლის ძალის სრული დემონსტრირება მოეხდინა.

21 თებერვლიდან შევთავაზე პირველი აღთქმული ლოცვა 10 დღის განმავლობაში. მთებში დღეში რამდენიმე საათი მეძინა და ორჯერ ვჭამდი. ძალიან უბრალო საჭმელი იყო და ამიტომ 10 წუთი საკმარისი იყო დასამთავრებლად. ამ დროების გამორიცხვით, მთელი დღე მუხლებზე დაჩოქილი ვლოცულობდი და შესვენებებისას ბიბლიას ვკითხულობდი.

„როგორ შემიძლია უფრო მეტი ძალა მივიღო, როგორ გავაცნო ხალხს შემოქმედი ღმერთი და გადავარჩინო კიდევ ერთი სული? როგორ გავაცნო ხალხს ჩვენი ერთადერთი მხსნელი იესო? როგორ ვუთხრა ხალხს სამოთხისა და ჯოჯოხეთის შესახებ და როგორ მივაღებინო მათ უფალი? როგორ გავაქრისტიანო მსოფლიო?"

ჩემი ერთადერთი ოცნება იყო უფლის სამეფოსა და მისი სამართლიანობის შესრულება. მაგრამ როდესაც პირველ აღთქმულ ლოცვას მოვრჩი, რაღაც დარცხვენილად ვიგრძენი თავი და ავღელდი უფლის წინაშე.

მთელი ენერგიით ვლოცულობდი, მაგრამ ვგრძნობდი თითქოს არ შემეძლო გამეტოლებინა იესოს ლოცვას, როდესაც მისი ოფლი გადაიქცა სისხლის წვეთებად გეცემანეში ლოცვისას. მაგრამ მამა ღმერთი ნასიამოვნები იყო ჩემი ლოცვით და დიდი საჩუქარი მაჩუქა.

ნიშანი მწარე წყლისა რომელიც გადაიქცა ტკბილ წყლად

153 ჩუნ-იანგის სოფელში, ჰეჯე მიეონ (ქალაქის რაიონი), მუან გუნი (ქვეყანა), ჯეონამის პროვინციაში მდებარეობს მუანის მანმინის ეკლესია. ახლა იგი შეერთებულია მთავარ მიწასთან, მაგრამ თავდაპირველად ამ კუნძულს ერქვა

„ჯოკდო.“ იქ იყო ახალგაზრდების ბანაკის შენობა, რომელიც მუანის მანმინის ეკლესიამ იყიდა და გამოიყენა ტაძრად. მხოლოდ რამდენიმე წუთის გზაზეა სოფლიდან, სადაც გავიზარდე.

მუანის მანმინის ეკლესია გადავიდა ამ ახალ ადგილას 1999 წლის თებერვალში, მაგრამ მათ მალე გაიგეს რომ არ ჰქონდათ საკმარისი დასალევი წყალი. მათ ადრე ჭა ჰქონდათ ამოთხრილი, რომლიდანაც ზღვის წყალს იღებდნენ და მხოლოდ აუზისთვის იყენებდნენ.

მუანის მანმინის ეკლესიის პასტორი მიეონგსოლ კიმი ფიქრობდა რომ კარგი იქნებოდა თუ ეს წყალი დასალევად გამოსადეგი იქნებოდა. რადგან არ არსებობდა დასალევად კარგი წყალი, მათ მოჰქონდათ წყალი სამი კილომეტრის სიშორიდან მილსადენის საშუალებით.

ზამთარში დიდი სირთულეები ჰქონდათ, რადგან წყალი იყინებოდა შლანგში და ხაზს წყვეტდა.

ღმერთი იგივეა გუშინ და დღეს

მუანის მანმინის ეკლესიის პასტორმა მიეონგსოლ კიმმა წაიკითხა მარას მწარე წყლის შესახებ, რომელიც გადაიქცა ტკბილ წყლად გამოსვლის წიგნში. მან იფიქრა რომ ზღვის წყალი გადაიქცეოდა დასალევ წყლად თუ კი მიიღებდა ლოცვას ჩემგან.

გამოსვლა 15:23–25 გვეუბნება *„მიადგნენ მარას, მაგრამ მარაში წყალი ვერ დალიეს, წარე იყო. ამიტომაც ეწოდა სახელად მარა (მწარე). შესჩივლა ხალხმა მოსეს და უთხრა: რა დავლიოთ? შეჰღაღადა მოსემ უფალს და დაანახვა უფალმა მორი. ჩააგდო იგი წყალში და გამტკნარდა წყალი. იქ დაუდგინა უფალმა*

მუანის ტკბილი წყლის წყარო

ხალხს წესი და სამართალი და იქ გამოსცადა იგი."

ეს იყო დაახლოებით 3500 წლის წინ როდესაც ისრაელის ხალხმა გადაკვეთა წითელი ზღვა. ისინი ეძებდნენ სყალს შურის უდაბნოში, მაგრამ ვერანაირი დასალევი წყალი ვერ იპოვნეს. შემდეგ დაიწყეს მოსესთან ჩივილი. როდესაც მოსემ ღმერთის წინაშე ილოცა, მწარე წყალი გადაიქცა ახალ ტკბილს დასალევ წყლად.

პასტორი მიეონგსოლ კიმს და ეკლესიის წევრებს არა მარტო წყლის შესაცვლელად ულოციათ. მათ ასევე მთხოვეს მათ ეკლესიაში მივსულიყავი და მელოცა მისთვის. მათ სწამდათ რომ მარილიანი ზღვის წყლის შეცვლა შეიძლებოდა დასალევ წყლად.

ჩემი პირველი მთის ლოცვის სესიისას, განსაკუთრებით ვილოცე მუანის მანმინის ეკლესიისათვის. გავიგე რომ ჩემი ლოცვების ათი დღის განმავლობაში, მუანის მანმინის ეკლესიასთან მრგვალი ცისარტყელები იყო დღე და ღამ. მოგვიანებით შევიტყვე რომ მუანის მანმინის ეკლესიის წევრები მარხულობდნენ და ლოცულობდნენ ჩემი მთაში ლოცვის დროისათვის.

როდესაც უკან დავბრუნდი, 4 მარტს პარასკევის მთელი ღამის წირვა-ლოცვა რომ დამთავრდა პასტორი მიეონგსოლ კიმი მოვიდა ჩემთან ლოცვების სახელებით და მთხოვა მელოცა მათთვის.

რადგან მუანში ეკლესიის წევრები ძალზედ იტანჯებოდნენ, არა მხოლოდ იმ ლოცვის სახელწოდებებისათვის ვილოცე რომლებიც მან მომცა, არამედ მარილიანი ზღვის წყლის დასალევ წყლად შეცვლისათვისაც ვილოცე. ღმერთმა შეისმინა ეს ლოცვა და ადგილისა და დროის საზღვრებს იქით, მან ცხადად აჩვენა თავისი საქმიანობები მუანის წყაროსთან რომელიც ასობით კილომეტრის შორს იყო.

მეორე დღეს, როდესაც პასტორმა კიმმა შეამოწმა წყაროს წყალი ეკლესიის წევრებთან ერთად, მათ ნახეს რომ წყალი, რომელიც ძალიან მარილიანი და მწარე იყო, დასალევ წყლად გადაქცეულიყო.

„მთავარო პასტორო, სასწაული მოხდა! მარილიანი წყალი გახდა ტკბილი წყალი. ზღვის წყალი შეიცვალა ტკბილ წყლად!"

პასტორმა კიმმა დამირეკა რათა ეს ამბავი შეეტყობინებინა. ტელეფონში მესმოდა მუანის მანმინის ეკლესიის წევრების აღელვებული ხმები.

მტკნარი წყლის თევზს არ შეუძლია მარილიან წყალში ცხოვრება, ზღვის თევზს არ შეუძლია მტკნარ წყალში ცხოვრება. მაგრამ მტკნარი წყლის თევზი და ზღვის თევზი ერთად ცხოვრობენ მუანის ტკბილ წყალში

განკურნებები ტკბილი წყლის მეშვეობით

ტკბილი წყალი არის სუსტი სოდა და მინერალებით უხვია. მხოლოდ დასალევი წყალი არ იყო, ეს წყალი ხალხსაც კურნავდა. კორეანს ჩვეულებრივ არ აქვთ „ორმაგი ქუთუთოები", რომელიც არის ზედა ქუთუთოს კანში ჩაკეცილი. მაგრამ უამრავმა ადამიანმა რომლებმაც ეს წყალი გამოიყენეს, ზედა ქუთუთოზე ორმაგად ჩაკეცილი ნაკეცი ჩამოუყალიბდათ. ბევრი განიკურნა კუჭისა და კანის პრობლემებისგანაც.

ჩვენი ეკლესიის პასტორმა სუნგჩილ ლიმ მოიყვანა თავისი სამი შვილი რათა ენახებინა ჩემთვის მათი ორმაგი ქუთუთოები. არცერთ მათგანს არ ჰქონია ორმაგად ჩაკეცილი ქუთუთოები, მაგრამ ტკბილი წყლით ქუთუთოს ორმაგი ნაკეცები ჩამოუყალიბდათ. სხვა ქვეყნებიდანაც არის უამრავი მტკიცება.

მუანში წყაროში არის მილი. ზოგმა მორწმუნემ დაინახა სულიერი თვალებით რომ ღმერთის სამეფოდან სინათლის სხივები ჩამოდიოდა და მილის ფსკერს ფარავდა.

როდესაც მარილიანი ზღვის წყალი ჩაედინება ამ სხივებში გარდაიქმნება ტკბილ წყლად. არა მხოლოდ კორეიდან, არამედ სხვა ქვეყნებიდანაც მოდიოდა ხალხი ამ ადგილის სანახავად. ზოგმა მათგანმა სინათლის სხივებიც დაინახა და ძალის სინათლე ტკბილ წყალში თავიანთი სულიერი თვალებით.

2000 წლის 29 მარტს დიაკონი ჰიეონჯუ ოჰი იღებდა მდუღარე წყალს დიდი ლითონის ქვაბიდან. შემთხვევით მდუღარე წყალი კისერსა და მხარზე გადაესხა.

იგი სერიოზულად იყო დამწვარი გულმკერდსა და კისერზე. დაუყოვნებლივ მან რწმენით მიიღო ლოცვა ავადმყოფებისათვის, რომელიც ჩაწერილი იყო ტელეფონის ავტომატური მოპასუხის სისტემაში და იგი გრძნობდა როგორ გადიოდა სიცხე სხეულიდან. მოგვიანებით მას დამწვრობისგან შრამები დარჩა, მაგრამ როდესაც მუანის ტკბილი წყალი გამოიყენა ისინიც გაუქრა.

სამი დღის შემდეგ ჩემგან მიიღო ლოცვა. ერთ კვირაში დამწვარ ადგილებზე ჰქონდა ფუფხი და როდესაც ფუფხი ჩამოიყარა მისი კანი სრულიად გასუფთავდა. იგი სრულიად

გამოჯანმრთელდა გვერდითი მოვლენების გარეშე.

ცხოველებიც ცოცხლდებიან მუანის ტკბილი წყლით

ეს მოხდა გალილეის ლოცვის სახლში სადაც მე ვლოცულობდი. ეს იყო 2003 წლის მაისს. ერთი მტრედი თამაშობდა გერმანული ნაგაზის გვერდით. ჩიტს მაშინაც კი არ ეშინოდა როდესაც ძაღლი უყეფდა. მე საკმაოდ შევწუხდი. „ეგ ძაღლი დაბმულია, მაგრამ როგორც კი მიუახლოვდება უკბენს. რატომ თამაშობს ჩიტი იქ?"
როდესაც ნაგაზი ყეფდა მტრედი პატარაზე უკან გაიწეოდა ხოლმე. იგი უბრალოდ აგრძელებდა იქ თამაშს. ვფიქრობ რამდენიმე საათი გავიდა ასე. ძაღლი უკვე დაღლილი ჩანდა ყეფისგან.

საინტერესო ისტორია მოვისმინე ლოცვის სახლის მეთვალყურისაგან. რამდენიმე დღით ადრე მტრედი ჩამოვარდა ეზოში და ფართხალებდა მიწაზე. როდესაც მან დაინახა ჩიტს უკვე ბევრი ბუმბული ჩამოცვენოდა და კვდებოდა. როგორც ჩანდა მტრედს გადაყლაპული ჰქონდა რაღაც საწამლავი.
მას მტრედის გადარჩენა უნდოდა. მან ილოცა და მტრედს მუანის ტკბილი წყალიც დაალევინა. რამოდენიმეჯერ დალევინების შემდეგ მტრედს ძალა შეემატა და გაფრინდა.
მეორე დღიდან ეს მტრედი ყოველდღე მიდიოდა ამ ადგილას. უბრალოდ ეზოში თამაშობდა ან ხეზე იჯდა ხოლმე და საღამოს უკან გაფრინდებოდა. ზოგჯერ სხვა მტრედებსაც მოიყვანდა და ერთად თამაშობდნენ ხოლმე. სანამ ეს

მოხდებოდა არასოდეს შემიმჩნევია მტრედი მოსულიყო ლოცვის სახლში.

ამ ისტორიის მოსმენამ გული ამიჩუყა და ჩემზე შთაბეჭდილება მოახდინა იმ ფაქტმა, რომ ჩიტმაც კი იცის წყალობა. მთებში მას უფრო მეტი მეგობრები ეყოლებოდა, მაგრამ იგი მოდიოდა ხოლმე მარტო ამ ადგილას და აღარ მიდიოდა.

მე ვთხოვე დარაჯს საკმარისი საჭმელი დაეყარა ეზოში რათა მტრედი მეგობრებთან ერთად მოსულიყო და იქ ეთამაშათ.

ჯინდოლი 18 დღის შემდეგ უკან მობრუნდა სიკვდილის ზღურბლიდან

ჩვენ გვყავს კორეული ჯინდო ძაღლი სახელად „ჯინდოლი." კარისკაცი დღეში ერთხელ აუშვებდა ხოლმე. ჯინდოლი ავიდოდა ხოლმე ახლო უახლოეს მთაში და დაახლოებით ნახევარი საათის შემდეგ უკან ბრუნდებოდა. მაგრამ ერთ თოვლიან დღეს ჯინდოლი გაქრა. რამდენიმე დღის შემდეგაც არ დაბრუნებულა უკან. ჩვენ ყველგან ვეძებდით მას მაგრამ ვერსად ვიპოვნეთ.

უკვე თითქმის დანებებული ვიყავი მის ძებნას. 18 დღის შემდეგ იგი უკან დაბრუნდა. ჩვენ ვნახეთ რომ იგი მთაში ხაფანგში გაჭედილიყო და საშინლად იტანჯებოდა. მას ლითონის მავთული ჰქონდა შემოხვეული კისერზე. იგი სერიოზულად დაშავებულიყო.

იგი ძალიან გამხდარიყო და ტყავი და ძვალიღა იყო დარჩენილი. ბეწვი აღარ ჰქონდა დარჩენილი კისერზე და მავთული უკვე ძვალშიც კი შეზრდოდა. ალბათ იგი ტალახში

თავის დაღწევას ცდილობდა რადგან მთლიანად ამოსვრილი იყო ტალახში. იქაურმა მუშებმა მუანის ტკბილი წყალი დაასხეს კისერზე. მათ ასევე თევზი მოხარშეს მის საკვებად. მეც ძალიან ვწუხდი მასზე და მისთვის ვილოცე.

ჩვეულებისამებრ მას არ მოვწონდი. იშვიათად ხელს გადავუსვამდი ხოლმე, მაგრამ მხოლოდ მაშინ როდესაც ლოცვის სახლში ავდიოდი. ამიტომ გულთბილად არ მიმიღო. იგი იმასაც არ წაყვა ვინც საჭმელს აძლევდა.

მაგრამ ამ ამბის შემდეგ ჯინდოლი მთლიანად შეიცვალა. ჩემი მანქანის ხმას რომ გაიგებდა თავს ვერ აკონტროლებდა სიხარულისგან და კუდს აქიცინებდა ხოლმე. იგი ახლა იმ ადამიანსაც მიყვება ვინც კვებავს. იგი ყველას უყვარს.

როგორც ადამიანები მწიფდებიან გამოცდების შემდეგ, ჯინდოლიც მიხვდა თავისი სახლის ფასს და მადლიერი იყო მისი მომვლელების. ამ ამბის შემდეგ იგი მოკვდებოდა კიდევაც თავისი მომვლელის გარეშე, იგი გახდა საყვარელი ძაღლი რომელიც უჯერებს თავის მომვლელს.

FDA ტესტით დამტკიცებული

ზოგ ადამიანს არასწორად ესმის მუანის ტკბილი წყალი. ახლახან კორეულმა სამაუწყებლო კომპანიამ „ემ-ბი-სი“ ჩაწერა რაღაც მუანის ტკბილი წყლის შესახებ. მათი არაობიექტური აზრის გამო გაუგებრობები გაჩნდა.

FDA (საკვებისა და პრეპარატების ადმინისტრაცია) არის სამთავრობო ორგანო, რომელიც დაქვემდებარებულია ამერიკის შეერთებული შტატების ჯანდაცვის დეპარტამენტზე. ისინი განსაზღვრავენ უსაფრთხოების ზომებსა და ნორმებს

საკვების, მედიკამენტების, ქიმიკატების, კოსმეტიკის და საკვების დანამატების სფეროში. ისინი ამოწმებენ მათ და ადასტურებენ.

FDA-იმ განახორციელა მუანის ტკბილი წყლის ნიმუშის ტესტირება 5 ადგილას. ტესტირება მოიცავდა მინერალების, მძიმე რკინის, პესტიციდების ნარჩენების, პირველადი კანის გაღიზიანების და მწვავე ტოქსიკურობის ზედაპირის ტესტებს.

შედეგი იყო რომ მუანის ტკბილი წყალი არის დასალევად კარგი და ძირითადად ადამიანის სხეულისათვის უსაფრთხო. ის განსაკუთრებით მდიდარია მინერალებით, რომლებიც საჭიროა ადამიანის სხეულისათვის და განსაკუთრებით წყალი კალციუმით არის მდიდარი, რომელიც სამჯერ მეტად მაღალია ცნობილ ფრანგულ და გერმანულ წყლებთან.

დაამტკიცეს რომ მუანის ტკბილი წყალი საუკეთესოა დასალევად. სულიერად კი ხალხს სჯერა, რომ ეს წყალი შეიცავს ღვთაებრივ ძალას და მისი დალევის შემდეგ ეს ძალა საგრძნობია.

კრიტიკოსები იძახდნენ „ისინი სავსეა ტკბილი ღვინით.“

უფლის მკვდრეთით აღდგომის შემდეგ პეტრემ მიიღო სული წმიდა. პეტრემ ცხადად აჩვენა უამრავი ნიშანი როგორიცაა ავადმყოფის განკურნება და დემონების განდევნა. ებრაელ ხალხს შურდა მისი და იგი და სხვა მოციქულები ციხეში ჩააგდეს. როდესაც პავლემ დემონი განდევნა, იგი ცემეს და ციხეში ჩააგდეს.

სულთმოფენობაზე ებრაელებმა დაინახეს უფლის

მოწაფეები, რომლებიც სულით სავსენი იყვნენ და სხვა ენებზე საუბრობდნენ. ისინი გაოცებულები იყვნენ, მაგრამ არც კი უფიქრიათ რომ ეს სული წმიდის საქმიანობა იყო. ისინი დასცინოდნენ მათ, იძახდნენ ტკბილი ღვინით არიან სავსენიო.

არიან ადამიანები, რომლებიც აკრიტიკებენ სული წმიდის საქმიანობებს, ამბობენ რომ ეს მოვლენები არის მისტიციზმი ან რაიმე მაგდაგვარი. ძალიან ვწუხვარ ასეთ რამეს როცა ვისმენ.

ღმერთმა გვაჩვენა მარილიანი წყლის ტკბილ წყლად გადაქცევის ნიშანი ჩემი პირველი მთის ლოცვის შემდეგ. მან შეგვატყობინა რომ იგი მომცემდა სხვადასხვა სივრცის სიბრძნეს ჩემი მეორე მთის ლოცვის სესიამდე. ეს იყო სიბრძნე რომ მომეგვარებინა ყველანაირი პრობლემა.

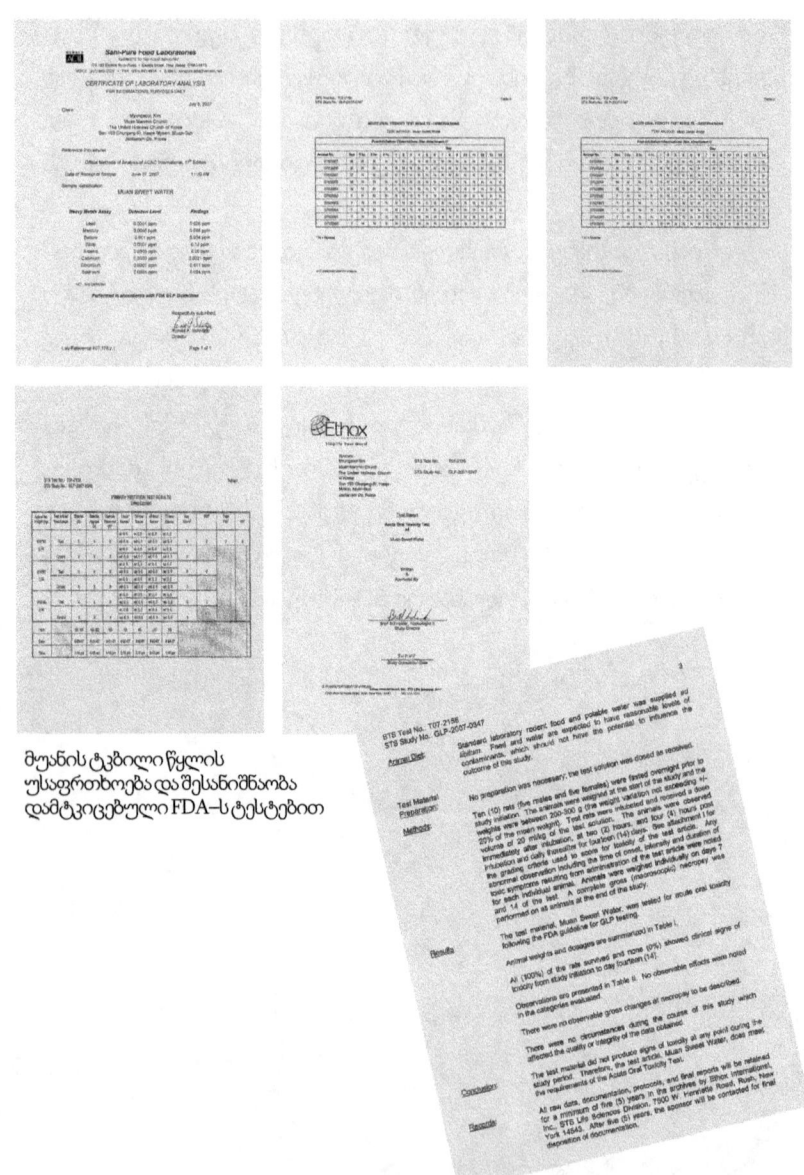

Sani-Pure Food Laboratories

CERTIFICATE OF LABORATORY ANALYSIS

MUAN SWEET WATER

Ethox

3

BTS Test No.: T07-2156
STS Study No.: GLP-2007-0347

Animal Diet: Standard laboratory rodent food and potable water was supplied ad libitum. Feed and water are expected to have reasonable levels of contaminants, which should not have the potential to influence the outcome of this study.

Test Material Preparation: No preparation was necessary; the test solution was dosed as received.

Methods: Ten (10) rats (five males and five females) were fasted overnight prior to study initiation. The animals were weighed at the start of the study and the weights were between 200-300 g (the weight variation not exceeding +/- 20% of the mean weight). Test rats were intubated and received a dose volume of 20 ml/kg of the test solution. The animals were observed immediately after intubation, at two (2) hours, and four (4) hours post intubation and daily thereafter for fourteen (14) days. See attachment I for the grading criteria used to score for toxicity of the test article. Any abnormal observation including the time of onset, intensity and duration of toxic symptoms resulting from administration of the test article were noted for each individual animal. Animals were weighed individually on days 7 and 14 of the test. A complete gross (macroscopic) necropsy was performed on all animals at the end of the study.

The test material, Muan Sweet Water, was tested for acute oral toxicity following the FDA guideline for GLP testing.

Results: Animal weights and dosages are summarized in Table I.

All (100%) of the rats survived and none (0%) showed clinical signs of toxicity from study initiation to day fourteen (14).

Observations are presented in Table II. No observable effects were noted in the categories evaluated.

There were no observable gross changes at necropsy to be described.

There were no circumstances during the course of this study which affected the quality or integrity of the data obtained.

Conclusion: The test material did not produce signs of toxicity at any point during the study period. Therefore, the test article, Muan Sweet Water, does meet the requirements of the Acute Oral Toxicity Test.

Records: All raw data, documentation, protocols, and final reports will be retained for a minimum of five (5) years in the archives by Ethox International, Inc., STS Life Sciences Division, 7500 W. Henrietta Road, Rush, New York 14543. After five (5) years, the sponsor will be contacted for final disposition of documentation.

მუანის ტკბილი წყლის უსაფრთხოება და შესანიშნაობა დამტკიცებული FDA–ს ტესტებით

7. მთის ლოცვა და ჩემი ცხოვრების გარისკვა

ღმერთმა მითხრა რომ ისე უნდა მელოცა ჩემი მესამე მთის ლოცვის სესიის დროს, როგორც იაკობი ლოცულობდა როდესაც თეძოს ძვალი გაუტყდა. მან ასევე მითხრა რომ უნდა მელოცე თითქოს ჩემი გული სკდებოდა. ეს იმას ნიშნავს რომ მთელი ჩემი ცხოვრება უნდა მიმეცა. ღმერთმა მომცა თავისი სიტყვა ლოცვის პერიოდში.

„სწრაფად გადაარჩინე სულები ამ წმიდა სახარებით. ისინი ამბობენ „უფალო, უფალო, მე მჯერა მათი ტუჩებით." მაგრამ მათ არ აქვთ რწმენა რომ შიგნიდან მაღიარონ. თუ მათ ჭეშმარიტად სჯერათ ჩემი, მიენდობიან ისინი საავადმყოფოებს როდესაც რამე მოხდება? ისინი გარედან თავს მოიკატუნებენ რომ წმინდანები არიან, მაგრამ შიგნიდან ისინი კიცხავენ, სჯიან და ცილს წამებენ სხვებს. ისინი არიან გათეთრებული საფლავის ქვები. როგორც ერთი ბრმა წინ უძღვება მეორეს, ისე

არიანს ღმერთის მსახურები რომლებიც უძღვებიან მრავალ სულს სიკვდილის გზამდე. სწრაფად გაუზიარე ეს სახარება მსოფლიოს. ასწავლე მათ როგორ მიიღონ ხსნა. გამოაღვიძე მსოფლიოში ყველა სული.“

ეს იმას ნიშნავდა რომ არის მხოლოდ რამდენიმე ადამიანი, ვისაც აქვს ბოლო დღეებში ხსნის მიღების სულიერი რწმენა.

ღმერთმა მაჩვენა როგორ ლოცულობდა მოსე. მან ამიხსნა როგორ ლოცულობდა იგი ათი მცნების მისაღებად წყლის დალევის გარეშეც კი სინას მთაზე.

სინას მთას არ ჰქონდა წყალი, ხეები, ყვავილები ან მოჭიკჭიკე ჩიტები. ის იყო ველური, ქვებითა და ქვიშით სავსე მთა, სადაც ერთ მცენარესაც ვერ ნახავდი. მოსემ მარტო ილოცა. მისი პირველი ლოცვების დროს მასთან ერთად იყო მართალი ისუ. მაგრამ როდესაც იგი მეორეჯერ ლოცულობდა ათი მცნების მისაღებად, მას მარტო უნდა ელოცა.

როდესაც მოსე 80 წელს გადასცდა, იგი უკვე ვეღარ იქნებოდა მაღარი ადამიანი. მას ეცვა გაცვეთილი ტანსაცმელი და დარწმუნებით ლოცულობდა მუხლებზე დაჩოქილი დღე და ღამ. ხელის გულებიდან სისხლი ედინებოდა და მუხლები დაკაწრული ჰქონდა ძვლებამდე. იგი დღე და ღამ ლოცულობდა ასეთი ტკივილით 40 დღის განმავლობაში და მიიღო ღმერთის პასუხი, ათი მცნება.

არ არის ადვილი მიიღო ღმერთის მცნებები და გაიგო მისი ხმა. უნდა გახდე სრულიად მორჩილი და წმინდა. როდესაც დავასრულე მესამე მთის ლოცვის სესია, ღმერთმა მითხრა რომ სიცოცხლის რისკზე ვილოცე, მან მასწავლა სულიერი სამეფოს საიდუმლოებები და მომავალი ამბები.

იოანე 14:12-ის სიტყვაზე დაყრდნობით, ვილოცე ორმაგი ძალის მისაღებად და იმ შთაგონებისათვის, რომ უფრო დიდი სამუშაოები შემესრულებინა რომლებიც იესოს ჰქონდა ნალაპარაკები.

ეს იმიტომ რომ საჭირო იქნება ღმერთის ძალა და ნათელი შთაგონება, როდესაც ქვეყნის დასასრულს სამყარო ცოდვებით იქნება სავსე. ასევე საჭიროა მათი გადარჩენა, ვინც თვალით იხილავს და მაინც არ სჯერა, ვინაიდან დარვინიზმი გაბატონებულია მთელს მსოფლიოში. ღმერთი ნასიამოვნები იყო ამ ლოცვით და სიტყვა მომცა რომ შემისრულებდა.

აპრილის ბოლოს, ზუსტად 2000 მაისის აღორძინების დღეს დავიწყე მეოთხე აღთქმული ლოცვის სესია. ღმერთმა მითხრა რომ არაფერზე მეფიქრა, არც ჩემს ოჯახსა და ეკლესიაზე. მხოლოდ სამოთხეზე ვფიქრობდი და მამა ღმერთზე დღე და ღამე და ლოცვისას ვტიროდი.

ხშირად ღრუბლებსა და მზეს ვუყურებდი დღის განმავლობაში და ღამით მთვარესა და ვარსკვლავებს, ვსწავლობდი მეტს სიყვარულზე და ღმერთზე. ღმერთმა მასწავლა ბევრი რამ სულიერი სამეფოს საიდუმლოებების შესახებ. მან მე მიბოძა ღრმა ცოდნა ზეციურ სამეფოზე და ასევე ჯოჯოხეთის შესახებ, სადაც ბოროტი სულები გადიან სამზადისს.

ოთხ საათიანი აღთქმული ლოცვის შემდეგ, ღმერთმა მიამსგავსა ძალა, რომელიც უნდა გამოჩენილიყო იგუასუს ჩანჩქერს. ღმერთი უპასუხებდა თუ კი მორწმუნეები სულ პატარა რწმენას მაინც გამოხატავდნენ. აღორძინების შეკრებაზე მაისში არ დამიდია ხელი თითოეულ ავადმყოფზე, მაგრამ უბრალოდ ვლოცულობდი ყველასათვის მქადაგებლის

თუ კი მხოლოდ უფლის ნებას შევასრულებ • 159

კათედრიდან.

ერთი ლოცვით სხვადასხვა დაავადებები განიკურნა; მხედველობა დაუბრუნდათ და ბევრი ინვალიდის სავარძლიდან ადგა. მე კი მხოლოდ მადლობას ვუხდიდი ღმერთს.

ნუ გაანადგურებ ზეცაში შენახულ ჯილდოს

2000 წლის 2 ივნისს სახლიდან მივდიოდი პარასკევის მთელი ღამის წირვა-ლოცვაზე. დავინახე უფროსი ჯონგკიო ლი. იგი სერიოზულად ავად იყო. როდესაც დავინახე მივხვდი რომ მისი ხსნისათვის უნდა მელოცა და არა მისი განკურნებისათვის. იგი რაღაცით შეძრწუნებული იყო და ლაპარაკი არ შეეძლო.

შთაგონებით ვხედავდი ანგელოზებს და ბოროტ სულებს როგორ იბრძოდნენ მისი სულის წასაღებად. ეს იმას ნიშნავდა რომ ამ სიტუაციაში მისი გადარჩენა რთული იყო. ეშმაკი ადანაშაულებდა მას ღმერთის წინაშე, რათა ჯოჯოხეთში წაეყვანა.

მივხვდი რომ სიტუაცია სერიოზულად იყო და ვილოცე „ყველა ბოროტო სულო, ჰაერის მმართველებო, წადით! მამაო, მიიღე მისი სული!"

ხალხი ჩემს გარშემო გაოცებული იყო და მთხოვეს მისი განკურნებისთვის მელოცა.

ერთმა სთქვა „პასტორო, იგი უამრავი წლის განმავლობაში მოხალისეთა ჯგუფის ხელმძღვანელი იყო და იგი უნდა დაესწროს მოხალისეთა ჯგუფის მოახლოებულ ღვთისმოსავ ღონისძიებას."

მე ვთქვი „ვერ გაიგე ჩემი ლოცვა? ზუსტად ისე, როგორც

ითქვა."

ლოცვის მიღების შემდეგ მისი სახე დამშვიდდა და ცრემლები მოედინებოდა სახეზე. მან მიიღო სიმშვიდე წარმოუდგენელი ტკივილის დროს. მე ვუთხარი მის ოჯახს დასაფლავებისათვის მომზადებულიყვნენ. ასევე ვუთხარი ეკლესიის მუშებს მისი დასაფლავებისათვის ყველაფერი გაეკეთებინათ, როგორც მათ თქვეს იგი მრავალი წლის განმავლობაში მოხალისეთა ჯგუფის ხელმძღვანელად მუშაობდა.

ეს ის შემთხვევა იყო, სადაც მან ეკლესიისათვის იმუშავა, მაგრამ ძლივს მიაღწია ხსნას. მეორე დღეს, 3 ივნისს იგი გარდაიცვალა. ღმერთმა მანახა რომ იგი ზედა საფლავში იყო, სადაც გადარჩენილი ხალხი ელოდებიან. ბევრი ადამიანი ელოდებოდა რიგში და იგი თავს დაბლა წევდა.

„არ იცი რატომ წევს თავს დაბლა ეს ვაჟი? ეს იმიტომ რომ იგი არის მანმინის წევრი, რომელმაც მოისმინა შენი სულიერი სიტყვა."

როგორც მანმინის წევრმა, მან მოისმინა სიცოცხლის სიტყვა. იგი იყო უფროსი და მოხალისეთა ჯგუფის ხელმძღვანელი. იგი უდავოდ ერთერთ საუკეთესო ადგილას უნდა გამგზავრებულიყო საარსებოდ, როგორიცაა მაგალითად სამოთხის მესამე სამეფო ან ახალი იერუსალიმი. მაგრამ იგი ძლივს გადარჩა. ერთი სიტყვით მან მიიღო სამარცხვინო ხსნა და წავიდა სამოთხეში. ამიტომაც არ შეეძლო მას თავის მაღლა აწევა. ღმერთმა მითხრა რომ იგი ცრემლებით უხდიდა მადლობას გადარჩენისათვის და მან აღიარა რომ იგი ილოცებდა ჩემთვის იქამდე სანამ ერთმანეთს შევხვდებოდით.

მაშ რატომ უნდა მიეღო მორწმუნე მუშაკს იმ მომენტში ასეთი სამარცხვინო ხსნა? რაც ღმერთმა შემატყობინა არის ეს:

როდესაც ჩვენს ეკლესიას სამი გამოცდა შეხვდა, როგორც მოხალისეთა ჯგუფის ხელმძღვანელი იგი უნდა დარჩენილიყო პასტორებსა და ეკლესიის წევრებთან ერთად. მაგრამ ცრუ ჭორების მოსმენისა და ბოროტი ადამიანების გაკეთებული საქმეების დანახვისგან იგი შეირხა.

მე ვასწავლე ეკლესიის წევრებს და ბევრჯერ გავამახვილე ყურადღება იმაზე, რომ არ უნდა ენახათ, მოესმინათ ან გაევრცელებინათ ცრუ რაღაცეები, მაგრამ იგი არ დამემორჩილა. მან მოუსმინა მათ, ვინც ჩემი ეკლესიის განადგურებას ცდილობდა და მისი გული შეირხა.

1999 წელსაც კი სამაუწყებლო კომპანიასთან ინციდენტის დროს, იგი ეკლესიისა და მწყემსის დაცვის პოზიციაში იყო, მაგრამ იგი მოტყუებული იყო ბოროტი ადამიანებისაგან და თავისი მოვალეობა არ შეასრულა. რადგან მან ღმერთს იმედი გაუცრუა ამ გზით, ღმერთს აღარ შეეძლო მისი შენახვა. მისი ყველა ჯილდო რომელიც ზეცაში ელოდებოდა დაიკარგა და ეხლა მისი სულის გადარჩენა ძალიან რთული აღმოჩნდა.

ამ სიტუაციის გამო, ეშმაკმა ბრალდებები წააყენა მის წინააღმდეგ რათა ჯოჯოხეთში წაეყვანა, მაგრამ იქ იყვნენ ანგელოზები, რომლებიც ცდილობდნენ მის სამოთხეში წაყვანას. როგორი მტკივნეული იქნებოდა მისთვის ეს მდგომარეობა! იმ სიტუაციაში როდესაც ვილოცე ეშმაკის განსადევნად, ბოროტმა სულებმა დატოვეს და იგი გადარჩა.

მსგავსად, თუ ერთი ეკლესიას, რომელიც ღმერთს უყვარს აბრალებს ერეტიკოსობას, ან კიცხავს პასტორს ერეტიკოსად ან ცილს წამებს მათ სხვა გზით, ეს არის ღვთის გმობა სული

წმიდის წინააღმდეგ. თუ ერთი ასეთ ცოდვას ჩაიდენს, რომც მოინანიოს მაინც არ ეპატიება. მისი გადარჩენა ძალიან რთული იქნება და ის ჯილდო რაც მას შენახული ჰქონდა ზეცაში ყველაფერი განადგურდება.

ამიტომ ჩვენ უნდა შევინახოთ სიტყვა და ვიმუშაოთ ჩვენი ხსნისათვის თრთოლვით და შიშით ყოველ დღე (ფილიპინელთა 2:12).

8. წინასწარმეტყველება კორეის შესახებ

2000 წლის 13 ივნისს პრეზიდენტი კიმ დაეჯუნგი ჩამოვიდა პიონგ-იანგის სუნ აჰნის აეროპორტში, ჩრდილოეთ კორეა. კორეის რესპუბლიკის პრეზიდენტისთვის ეს იყო პირველი ვიზიტი ჩრდილოეთ კორეაში უმაღლესი დონის თათბირის ჩასატარებლად.

1983 წლის დეკემბერში მე ვიწინასწარმეტყველე რომ სამხრეთ მხარეს ექნებოდა ურთიერთობა ჩრდილოეთთან სამი წლის შემდეგ. ეს იყო ზუსტად კორეელი მინისტრების წინააღმდეგ ჩრდილოეთ კორეის ტერორისტული აქტის შემდეგ მიანმარში, ამიტომ ურთიერთობა სრულიად გაყინული იყო. თუ ვინმე რამეს იტყოდა რაც არ იყო მთავრობის პოლისის ურთიერთშეთანხმებაში ჩრდილოეთ კორეისადმი, ეს იმას ნიშნავდა რომ ჩვენ ვარღვევდით „ნაციონალური უსაფრთხოების კანონს."

ტერორიზმი მოხდა 1983 წელს, როდესაც პრეზიდენტი

დოჰვან ჩუნი ექვის ქვეყნის მოსანახულებლად იყო წასული. მიანმარი იყო პირველი ქვეყანა. როდესაც ისინი აუნგ სანის საფლავსაც ნახულობდნენ, ძლიერი ქარი ამოვარდა და პრეზიდენტის გარშემოა 17 ადამიანი მოკვდა და 14 მძიმედ იყო დაშავებული.

აღმოჩნდა რომ ეს თავდასხმა იყო კიმ ილ-სუნგის მიერ გაკეთებული, იმ დროს ჩრდილოეთ კორეის ლიდერი. სამხრეთ-ჩრდილოეთის ურთიერთობები სრულიად გაყინული იყო და არავის წარმოედგინა არანაირი გაცვლა-გამოცვლა.

მაგრამ სამი წლის შემდეგ, 1987 წლის იანვრის დასაწყისში წინადადებები იყო წამოყენებული რომ ყოფილიყო სამხრეთ-ჩრდილოეთის პოლიტიკური და სამხედრო, სამხრეთ-ჩრდილოეთის პრემიერ მინისტრის საუბარი და სამხედრო ძალების შემცირების მოლაპარაკებები. ასევე 1990 წლის პირველ ნახევარში მე ვიწინასწარმეტყველე რომ სამხრეთ-ჩრდილოეთი ურთიერთობები კიდევ უფრო მეტად გაუმჯობესდებოდა და ასე გაგრძელდებოდა.

იმ წლის სექტემბერში პირველი სამხრეთ-ჩრდილოეთის მაღალი ოფიციალური მოლაპარაკებები ჩატარდა სეულში. ოქტომბერში ჩატარდა საფეხბურთო მატჩი სამხრეთსა და ჩრდილოეთს შორის და ხალხი ძალიან გაოგნებული იყო ღონისძიების მოულოდნელი ცვლილებების გამო. მას შემდეგ ბევრი ცვლილება მოხდა ორ მხარეს შორის ათლეტიკური და კიდევ უფრო მეტი მაღალი ოფიციალური მოლაპარაკებების ჩათვლით ერთი წლის განმავლობაში.

ზუსტად ჩვენი ეკლესიის გახსნის შემდეგ ღმერთმა

შემატყობინა რომ იქნებოდა სამხრეთ-ჩრდილოეთის სამიტის მოლაპარაკებები და როგორ ჩაივლიდა ბოლოს სიტუაციები.

უფალმა მითხრა რომ როდესაც მოლაპარაკებებია პრეზიდენტის არჩევის შესახებ სამხრეთისა და ჩრდილოეთისათვის, მაშინ ეს იმას ნიშნავდა რომ იგი მართალი იყო. ეს იმას ნიშნავს, რომ ეს მოვლენები უფლის გამოცხადებასთან მჭიდრო კავშირშია.

სამიტის მოლაპარაკებები ისე, როგორც ნაწინასწარმეტყველებია

როგორც ღმერთმა მითხრა 1983 წელს, სამხრეთ-ჩრდილოეთის სამიტის მოლაპარაკებები ჩატარდა 2000 წლის 15 ივნისს. სანამ ეს მოლაპარაკებები ჩატარდებოდა, 2000 წლის 4 ივნისს მე გამოვაცხადე რა მოხდებოდა მომავალში სამიტის მოლაპარაკებების შესახებ.

„ჩრდილოეთ კორეას აქვს საკუთარი განრიგი სამიტის მოლაპარაკებებთან დაკავშირებით. ჩვენი წარმომადგენლები არ უნდა მოტყუვდნენ. ერთი მიზეზია ეკონომიკა, მაგრამ ეს პატარა რამ არის. მოგიწოდებთ მე თქვე ეკლესიის წევრებს რომ ამისათვის ილოცოთ.“

11 ივნისს კვირის წირვა-ლოცვაზე მე ავხსენი რას ღმერთმა მითხრა.

„მოლაპარაკებები ჩატარდება. პირველი მოლაპარაკებები მეგობრული იქნება, სეირნობით და ხუმრობებით. ბევრი პოლიტიკური, ეკონომიკური და ათლეტური ცვლილებები იქნება. მაგრამ მეორე მოლაპარაკების შემდეგ, პრეზიდენტი შეხვდება სირთულეებს მათი განრიგის გამო. გთხოვთ

ილოცეთ რომ სირთულეების თავიდან აცილება შევძლოთ. აქ „სეირნობა“ ნიშნავს რომ ორი ლიდერი გავა სასეირნოდ და ისაუბრებენ მეგობრულად და ინტიმურად.“

სინამდვილეში13 ივნისს როდესაც პრეზიდენტი კიმ დაეჯუნგი ჩამოვიდა პიონგ-იანგში, კიმ ჯონგ-ილი მივიდა აეროპორტში მის დასახვედრად. ხალხის უმრავლესობა ელოდებოდა რომ მოლაპარაკების ხასიათი იქნებოდა უხერხული და ძნელი.

მაგრამ პრეზიდენტის ვიზიტის დროს კიმ ჯონგ-ილმა გამოამჟღავნა მეტად მეგობრული მანერები, დადიოდა პრეზიდენტ კიმ დაეჯუნგთან ერთად მეგობრული დამოკიდებულებით. სამხრეთის მხარეში ამან ხალხი გააოცა. მისმა ქმედებებმა სამხრეთის ხალხიც კი მოხიბლა. ხალხი ასეთ სიტყვებსაც ამბობდა „კიმ ჯონგ-ილ შოკი“, ან „კიმ ჯონგ-ილ სინდრომი.“

როგორც ღმერთმა მითხრა სამიტის მოლაპარაკება ჩატარდა მეგობრულად და მათ დაპირდნენ რომ კიდევ ექნებოდათ საუბრები. როდესაც პირველი მოლაპარაკება ჩატარდა ხალხი ემოციით აღივსო. მთელი ქვეყანა ბედნიერი იყო მათი განწყობილების გამო.

გეგმების ფარულად შემუშავება

მას შემდეგ რაც პრეზიდენტი კიმ დაეჯუნგი ჩამოვიდა თავისი ვიზიტის შემდეგ ჩრდილოეთ კორეაში, 16 ივნისს და შემდეგ 18 ივნისს პარასკევის მთელი ღამის და კვირის წირვა-ლოცვაზე ავხსენი ის რაც ღმერთმა შემატყობინა. ჩრდილოეთ კორეამ აჩვენა თავისი მეგობრული დამოკიდებულება და

სამხრეთის პრეზიდენტს უმასპინძლა დეტალური გეგმით.

ღმერთმა სთქვა რომ ზუსტად მაშინ როდესაც პრეზიდენტი კიმ დაეჯუნგი წამოვიდა ჩრდილოეთიდან, კიმ ჯონგ-ილ წავიდა საიდუმლო შეკრების ოთახში რათა ჰქონოდა საიდუმლო მოლაპარაკებები ძალის მიერ ხელახლა გაერთიანების შესახებ. მათ გააანალიზეს თითოეული ადამიანი სამხრეთის მხრიდან და ვინ იქნებოდა სასარგებლო ჩრდილოეთში.

სანამ სამხრეთში ხალხი მოტყუვდა ჩრდილოეთის მეგობრული დამოკიდებულებით, ოცნებობდნენ მშვიდობიან შეერთებაზე, ჩრდილოეთი კი გეგმას აწყობდა ქვეყნების ძალით შეერთებაზე.

უფალმა მამცნო, რომ კიმ ჯონგ ილმა დაიპყრო ხალხის აზრები სამხრეთში დროის მცირე მონაკვეთში, როდესაც იგი პრეზიდენტ კიმ დაეჯუნგს ხვდებოდა. აქამდე სამხრეთის ხალხს უარყოფითი შეხედულება ჰქონდა კიმ ჯონგ-ილზე. მაგრამ ამ შეკრების მეშვეობით მათი შეხედულება პოზიტიურად შეიცვალა. ეს კი იმან ნიშნავდა, რომ კიმ ჯონგ ილმა დაიპყრო სამხრეთელი ხალხის აზრები და ამით მან განახორციელა თავისი ჩანაფიქრი.

ღმერთმა ასევე შემატყობინა რომ ეგრეთწოდებულ „მზის სინათლის პოლისს“ არ ექნებოდა კარგი შედეგები. როდესაც ჩრდილოეთი მიიღებს დახმარებას ისინი ითანამშრომლებენ, მაგრამ ეს იქნება ხანმოკლე. გარედან ისინი მეგობრულები ჩანან, მაგრამ შიგნიდან სრულიად განსხვავებულები არიან. ეს რეალობაში ახდა. ჩრდილოეთი კი ატომურ იარაღებს ამზადებდა საკუთარი მიზნების განსახორციელებლად.

ჩემი ეკლესიის გახსნიდან მალევე ღმერთმა მითხრა რომ ჩრდილოეთ კორეა ოდესმე გაიხსნებოდა. და ეს დღე

მოდის რეალობაში ამერიკის შეერთებული შტატებისა და სხვა ქვეყნების ზემოქმედებით. ამ დროისათვის ჩვენ გვყავს პასტორები და ერისკაცი წევრები, რომლებიც ემზადებიან მისიონერული სამუშაოებისათვის ჩრდილოეთ კორეაში.

მაგრამ დროის ის მონაკვეთი, როდესაც ჩრდილოეთ კორეა გაიღება, იქნება ძალიან მცირე. ისინი იგრძნობენ რომ მათი სისტემა გადაშენების პირას არის და კარებს ისევ დახურავენ. სანამ დახურავენ ყველა უცხოელ გააფრთხილებენ რომ ქვეყანა დატოვონ. ამიტომ უამრავი მისიონერი დატოვებს ჩრდილოეთს, მაგრამ ზოგი ბოლომდე დარჩება სახარების გასავრცელებლად და საბოლოოდ გახდებიან წამებულნი.

თავი 5

როგორც წყალი ფარავს ზღვას

1. საზღვარგარეთული მისიის დასაწყისი მთელი მასშტაბით

მას შემდეგ რაც ეკლესია პირველად გაიღო 1982 წლის ივლისს დაახლოებით 70 კვადრატული მეტრის ფართობზე, სხვა ეკლესიის წევრებთან ერთად ვლოცულობდი მსოფლიოს მისიისა და გრანდიოზული ტაძრის მშენებლობისათვის, რომელიც ღმერთისგან მოცემული ხედვა იყო.

17 წლის შემდეგ შევხვდით ახალ ათწლეულს და სამყაროს მისია დაიწყო მთელი მასშტაბით.

საქმეთა წიგნში ჩვენ ვხედავთ ძველი ეკლესიის იმ დროინდელ დიდ აღორძინებას იერუსალიმში. რადგან ეკლესიის განდევნა უფრო მძვინვარე გახდა მორწმუნეები გაიფანტნენ.

დევნის შედეგად, მორწმუნის რწმენა ძლიერდება და ეს გახდა ქრისტიანობის გავრცელების დასაწყისი. იმისდა მიუხედავად რომ ეშმაკი გამანადგურებელია ღმერთის

სურვილი მაინც აღსრულდება.

თავიდანვე ჩვენი ეკლესია სავსე იყო სული წმიდით. ბევრი ნიშნები და სასწაულები ხდებოდა და ეკლესია სწრაფად გაიზარდა. ცხადია რომ ეშმაკმა სცადა ეკლესიის განადგურება.

ყოველი გამოცდა დავძლიეთ რწმენითა და სიყვარულით და ღმერთმა მოგვცა უფრო დიდი ძალა. 2000 წლის ივლისიდან უგანდიდან დავიწყეთ მსოფლიო მისიის შესრულება მთელი მასშტაბით.

უგანდა, მსოფლიოს მისიის საწყისი ადგილი

იმის და მიუხედავად რომ უგანდას ჰქვია „აფრიკის მარგალიტი“, უგანდას სჭირდება ღმერთის წყალობა. იყო სიღარიბის, დაავადებების და სამოქალაქო ომების საშიშროება. სტატისტიკურად, მთელი მოსახლეობის 30% იყო აივ დადებითი ანდ ის ძალიან სწრაფად ვრცელდებოდა.

უგანდაში მაცხოვრებელი ქრისტიანებიც იყვნენ მზადყოფნაში, რადგან ისლამის ზრდა მსოფლიო მასშტაბით მკვეთრად შეინიშნებოდა.

როდესაც უგანდას გაერთიანებულ ლაშქრობაზე ვქადაგებდი, ვიგრძენი რატომ გამომგზავნა ღმერთმა ამ ქვეყანაში.

ლონდონიდან ნაიროზში თვითმფრინავში ფანჯრიდან ცისარტყელა დავინახე. ეს იყო უჩვეულო ცისარტყელა. ცისარტყელაში გამოიხატებოდა თვითმფრინავის ფორმა. ამის შემდეგ როდესაც სხვა ქვეყნებში მივდიოდით მისიონერული

სამუშაოებისათვის ცისარტყელები ჩნდებოდა. ჩანდა სამმაგი, სწორი და სხვადასხვა ცისარტყელები.

2000 წლის 4 ივლისს ჩავედი უგანდაში ჩვენი მისიის დელეგაციასთან ერთად. სხვადასხვა პოლიტიკური და რელიგიური ლიდერები მოვიდნენ აეროპორტში ჩვენს დასახვედრად რელიგიის პრეზიდენტის მდივნის, კამპალას ქალაქის მერის და უგანდას იუსტიციის მინისტრის მისტერ ჯეჰოაჰ ნკანგის ჩათვლით. ადგილობრივმა მოსახლეობამ თავიანთ ტრადიციულ ტანსაცმელში აღფრთოვანებული ცეკვითა და ტაშის კვრით მიგვიღო.

როდესაც აეროპორტიდან სასტუმროში მივდიოდით გზაზე უამრავი ხალხი გვესალმებოდა. ასევე დავინახე უამრავი აფიშა ლაშქრობის შესახებ. ლაშქრობა ბევრჯერ გახმაურდა ტელევიზიის საშუალებით და ადგილობრივი პრესაც ძალიან დაინტერესებული იყო.

პრესკონფერენცია გვქონდა ნილეს სასტუმროში, კამპალაში და უამრავი პრესის წარმომადგენელი შეიკრიბა „სი-ტი-ვის“ ჩათვლით. მე დავპირდი მათ რომ ბრმას და კოჭლს განვკურნავდი და რომ ბევრი სასწაულებრივი სამუშაოები მოხდებოდა.

მაგრამ როგორც კი ლაშქრობა გახმაურდა ეშმაკმა სცადა მისი ჩაშლა. კორეელი მისიონერების მეშვეობით გავრცელდა ცრუ ჭორები. მათ ასევე უბიძგეს ზოგ პრესის წარმომადგენელს ლაშქრობის შეჩერებაზე.

მაგრამ აფრიკელების ჭეშმარიტმა რწმენამ ღმერთისადმი სრულიად განსხვავებული გზით იმოქმედა, რასაც კორეელი მისიონერები არ ელოდნენ. მათმა ლაშქრობის ჩაშლის მცდელობამ, ლაშქრობა კიდევ უფრო ფართოდ გაახმაურა.

არა მარტო მთავრობის ოფიციალური პირები, არამედ უამრავი პრესის წარმომადგენელი მოვიდა, რადგან მათ დიდი ინტერესი ჰქონდათ ლაშქრობისა.

ეკლესიის ლიდერების კონფერენცია.

5 და 6 ივლისს ეკლესიის ლიდერების კონფერენცია ჩატარდა კაპალას ინტერნაციონალური კონფერენციის დარბაზში. პასტორები არა მარტო უგანდიდან, არამედ კენიიდან და ტანზანიიდან დაესწრნენ. დარბაზი სავსე იყო პასტორებით. გასასვლელებიც კი შეივსო.

მე ვიქადაგე მოწოდება სახელწოდებით „სიწმინდე ღმერთისადმი." ისინი ძალიან ყურადღებით ისმენდნენ და როდესაც ღმერთის ნიშნები და სასწაულები დაიწყო მოწოდების შუაში მათ ქება-დიდება შეასხეს ღმერთს აპლოდისმენტებით. ისე უხაროდათ, თითქოს თავიანთ თავებზე განიცდიდნენ უფლის ძალას.

როდესაც მათ უფლის ნამოქმედარი ესმით, არსებობს ხალხის გარკვეული რაოდენობა რომელთაც პირადი შეხედულება აქვთ ღვთიურ საქმიანობებზე, რომლების განსჯას განადგურებას იწყებენ შემდგომში. უგანდაში ძალიან განსხვავებული იყო კორეისგან. მათ ჰქონდათ ღმერთის სიტყვის რწმენის წმინდა გულები.

გაერთიანებულმა ლაშქრობამ სამკურნალო სამუშაოებით იფეთქა

მეორე დღიდან სამი დღის განმავლობაში გაერთიანებული ლაშქრობა ტარდებოდა ნაკივუბოს სტადიონზე. ლაშქრობის

პირველ დღეს დაესწრო დაახლოებით 70000 ადამიანი. ეპისკოპოსი გრივას მუსისის განცხადებით დაიწყო და მე ვიქადაგე მოწოდება შემოქმედი ღმერთის შესახებ.

მოწოდება ითარგმნა ინგლისურ და ადგილობრივ უგანდის ენაზე და ამიტომ ორიგინალი ქადაგების რეალური დრო იყო დაახლოებით 20 წუთი.

ქადაგების შემდეგ ვილოცე დაავადებულთათვის დაახლოებით 5 წუთი. იმის და მიუხედავად რომ მოკლე იყო ბევრი ადამიანი განიკურნა პირველივე დღიდან. ვხედავდი ერთ ქალბატონს რომელიც სცენის დაბლა იწვა. მას განძრევა არ შეეძლო.

მისმა ოჯახის წევრებმა გაამოძრავეს მაგრამ იგი გვამივით იწვა. მაგრამ ლოცვის დასრულების შემდეგ იგი ადგა და სცენაზე ამოვიდა. ხალხი აღფრთოვანდა ამის დანახვაზე.

გოგონას რომელსაც ფეხი ჰქონდა დამწვარი და ვერ დადიოდა, დაიწყო სიარული. ადამიანი რომელსაც ერთი ფეხი მოკლე ჰქონდა მეორეზე, სწორად დაიწყო სიარული. დამატებით კიდევ უამრავი ხალხი გამალებით ცდილობდა მიეცათ ჩვენება იმისა, თუ როგორ გამოჯანმრთელდნენ შიდსისა და სხვაგვარი დაავადებებისგან.

მეორე და მესამე დღეს უფლის კიდევ უფრო ძლიერი სამუშაოები იქნა ცხადად ნაჩვენები. როდესაც ხალხმა გადაყარა მათი ყავარჯნები და ჯოხები, ისინი ყვიროდნენ თავიანთი უნიკალური მანერით. ფოტოაპარატების ნათურებით იყო აციმციმებული მთელი მიდამო და ხმის ტემბრი კი უფრო და უფრო იზრდებოდა აღტყინებით.

ადამიანმა რომელიც 14 წლის განმავლობაში ყავარჯნებით

გავრცელებული CNN–ის მიერ

დადიოდა, გადაყარა ისინი. ბრმას თვალები აეხილა. იყო კაცი, რომელსაც სიარული არ შეეძლო კიბოს გამო, მაგრამ მან დაიწყო სიარული. ექვსი წლის ბიჭი ვერ ლაპარაკობდა და ვერ დადიოდა, მაგრამ ახლა იგი ლაპარაკობს და დადის კიდეც.

გავრცელებულ იქნა CNN-ით

მათი ქადაგებებითა და აპლოდისმენტებით სტადიონი იყო ხალხის ემოციებითა და სიხარულით სავსე. ზოგი აქნევდა თავის თავსაფარს და ზოგი ცეკვავდა და მაღლა წევდა სკამებს.

ლაშქრობა გავრცელდა უგანდის ნაციონალური

ტელევიზიით და ასევე „ვი-ბი-სით" (მსოფლიოს სამაუწყებლო კომპანია). ახალი ამბები ლაშქრობის შესახებ ყოველდღე გადიოდა ოთხ არხზე და ასევე სხვადასხვა რადიო სადგურებში. CNN-მა და დიდი ბრიტანეთის მაუწყებლობაც კი აგროვებდა ინფორმაციას და ამზადებდა რეპორტაჟს.

„დოქტორმა ჯაეროკ ლიმ დაამტკიცა იესო ქრისტეს ნიშნებისა და სასწაულების ღმერთის ძალით ჩვენებით რომ იგი არის უფლის კაცი. ეს არის ნიშნები და სასწაულები რომლებიც მხოლოდ ღმერთისგან შეიძლება წამოვიდეს."

ლაშქრობის დამთავრების შემდეგაც კი „სი-ენ-ენმა“ გააგრძელა გადაცემა სამჯერ ღმერთის ძალის შესახებ. ღმერთმა ეს ისე დაგეგმა რომ მისი საქმიანობები ჯერ სხვა ქვეყნებში გახდებოდა ცნობილი. როდესაც ხალხი თავიანთ განკურნებას ადასტურებდნენ, სხვებმა შეიძინეს რწმენა. მათ უამრავი თავსაფარი მოიტანეს მათზე ლოცვის მისაღებად.

წერილების შეკვრა, ლოცვების სახელწოდებები და ფოტოები იყო. არ მქონდა დრო მელოცა თითოეულისათვის და ამიტომ ერთად ვილოცე ყველასათვის. შემდეგ იყვნენ ადამიანები რომლებმაც კიდევ ერთი შეკვრა მოიტანეს ლოცვის მისაღებად.

უგანდას ეკლესიის ლიდერებმა მოისმინეს წმინდა და ცოცხალი მოწოდება და დაამტკიცეს ღმერთის ძალის უდაო სასწაულები. მათ აღიარეს რომ ახალი რწმენა მიიღეს და გაძლიერდნენ.

ლაშქრობის შემდეგ იყვნენ პასტორები, რომლებიც მოვიდნენ ჩემთან და მუხლებზე დაჩოქილებმა მოინანიეს უგანდის ლაშქრობის ჩაშლის მცდელობა. ასევე გავიგე რომ ლაშქრობის ორგანიზატორებმაც მიიღეს ასეთი სინანულის სატელეფონო ზარები. რადგან მათ ვერ გაიგეს რომ მე ღმერთის კაცი ვიყავი და ჩაშლა სცადეს, უნდოდათ გაეგოთ თუ რისი გაკეთება შეეძლოთ ამის გამოსასწორებლად.

ღმერთის ძალის საქმიანობების მიღება

22 წლის და იყო მუსლიმი და წელს ქვემოთ პარალიზებული იყო, მაგრამ იგი განიკურნა ლაშქრობაზე. ისლამურმა ხელისუფლებამ გასცა ბრძანება რომ არავის ელაპარაკა ამ გოგონას ან მისი ლაშქრობაზე განკურნების

შესახებ. გავიგე რომ მან სთქვა „მე დავეწარი ლაშქრობას და განვიკურნე და ამიტომ ამაზე უნდა ვილაპარაკო."

უგანდელები გულით ღარიბები იყვნენ და მათ მიიღეს წმიდა სახარება და ღმერთის ძალის საქმიანობები წმინდა გულებით. არ ქონდა მნიშვნელობა ეს ღვთისკაცი იქნებოდა თუ ერისა, ნებისმიერი განკურნების შემხედვარე რაც მათ გვერდით ხდებოდა ისე აღაფრთოვანებდა მათ, თითქოს თვითონ ყოფილიყვნენ განკურნებულნი. ლაშქრობის დასრულების შემდეგაც კი დიდი ხნის განმავლობაში ხალხი არ გაფანტულა. ჩემთვის ძალიან ამაღელვებელი იყო მათი წმინდა და კეთილი გულები.

ერთმა ადამიანმა დაინახა რაღაც თავისი სულიერი თვალებით. მან სთქვა რომ დაინახა ცხენების და ეტლების ცეცხლი ლაშქრობის ადგილის გარშემო (2 მეფეთა 6:17). ამით ღმერთმა განდევნა ეშმაკის ბოროტი საქმიანობები. „ცხენების და ეტლების ცეცხლი" ნიშნავს რომ ზეციური არმია იქ იყო,

ლაშქრობის შემდეგ როდესაც უგანდის ხალხისათვის ვილოცე, ღმერთმა შემატყობინა რომ იმის და მიუხედავად რომ ისინი ქება-დიდების სიმღერებს მღეროდნენ მთელი გულით, მათ არ იცოდნენ ბევრი რამ ღმერთის სიტყვის შესახებ.

„ამ ქვეყნის ხალხი ქება-დიდების სიმღერებს მღერის რათა უფალი ადიდონ. მათ იციან, რომ უფალი ქება დიდებაშია, მაგრამ მათ არ იციან მისი არსებობა სიტყვაში და ზუსტად ესაა სათანადო დრო რათა აუხსნა და დაანახო მათ ღვთის არსებობა სიტყვაში."

ღვთის სიტყვა და საქმიანობა ნათლად გამოიხატება ამ ლაშქრობების დროს, როდესაც ტელე და რადიო მაუწყებლობები უხვად გადასცემენ რეპორტაჟებს ჩვენს შესახებ.. ამით უგანდის ეკლესიები გაერთიანდნენ და გაძლიერდნენ.

2. ათი ყრუ–მუნჯი იქნა განკურნებული ნაგოიას ლაშქრობაზე

უგანდის ლაშქრობის შემდეგ ღმერთმა გზა გვიჩვენა რომ გვქონოდა შემდეგი ლაშქრობა იაპონიაში. იაპონია ემსახურება უამრავ კერპს და ქრისტიანების რაოდენობა ერთი პროცენტიც კი არ არის.

იყო რამდენიმე შემთხვევა, როდესაც იაპონელი პასტორების გულები შეძრა ჩვენმა საქმიანობამ და ისინი სამოღვაწეოდ კორეაში გადმოვიდნენ, 1992 წელს. მათ უნდოდათ დაეარსებინათ მუდმივი ამხანაგობა და მისიონერული დახმარება. ჩვენი გავაგზავნეთ პირველი მისიონერები იაპონიაში 1994 წელს და დავაარსეთ ეკლესიის ფილიალი. ეს იყო ჩვენი იაპონიის მისიის დასაწყისი.

ლაშქრობა დაგეგმილი იყო რომ ჩატარებულიყო 2000 წლის 14 სექტემბერს, მაგრამ 11 სექტემბრიდან დაიწყო წვიმა ტაიფუნის ზემოქმედების გამო. ახალ ამბებში გამოაცხადეს რომ ნაგოიას ქალაქი დატბორილი იყო. მათ თქვეს რომ

ტაიფუნი კორეისკენ წამოვიდოდა.

უკვე 30000-ზე მეტი სახლი იყო დატბორილი იაპონიაში. ნაგოიას ქალაქმა გასცა ევაკუაციის ბრძანება 17000 ადამიანზე. ქალაქის ფუნქციონირება შეწყდა. იყო წინასწარი გაფრთხილება ნაგოიას ქალაქში დიდი წვიმისა იმ კვირაში როდესაც ლაშქრობა იყო დაგეგმილი.

მაგრამ 13 სექტემბერს როდესაც იაპონიაში ჩამოვედით წვიმა შეწყდა და ქალაქში წყალი დაშრა. ჩვენ შეგვეძლო ლაშქრობის ჩატარება როგორც დავგეგმეთ 14 და 15 სექტემბერს ნათელი შემოდგომის ამინდით. ჩვენი ეკლესიის ნისი ორკესტრმა წარმოადგინა მაღალი დონის ქრისტიანული კულტურული წარმოდგენა მათთვის.

განსაკუთრებული რამ ამ ლაშქრობისა იყო ის რომ იქ იყვნენ 13 ყრუ-მუნჯი რომლებიც დაესწრნენ ლაშქრობას. ჩვენ გვქონდა ყრუ-მუნჯების ენის თარგმანი მათთვის და ისინი ძალიან ყურადღებით უსმენდნენ მოწოდებას.

ლოცვის მეშვეობით მეორე დღეს 10 მათგანი ერთდროულად განიკურნა. ისეთი ამაღელვებელი იყო მათი ყურება ამ დიდი ბედნიერებისა და განცდების შემხედვარე რასაც ისინი გადმოსცემდნენ, რადგან მათ ესმოდათ.

ნიშიო შენზირო ვერ მალავდა მის უსაზღვრო ბედნიერებას რადგან იგი დაბადებიდანვე ყრუ იყო და 2 წლის წინათ, როდესაც მან პირველი ლაშქრობისას მოისმინა ლოცვა მას ყურში ჟღარუნის ხმა შემოესმა და ახლა კი სულ მთლიანად განიკურნა და ყველაფერი ნათლად ესმოდა.

3. გავემგზავრე პაკისტანში სულის მწვალებლობით

პაკისტანში მოსახლეობის 97% მუსლიმანია. მათ აქვთ რელიგიის თავისუფლება, მაგრამ ქრისტიანები არახელსაყრელ პირობებში არიან.

ისინი შეიძლება იტანჯებოდნენ მალადობისგან და სიკვდილისგან, მაგრამ მათ არ შეუძლიათ თავიანთი უფლებების დაცვა. რადგან იქ იყო დაბომბვები მუსლიმანების სხვადასხვა დაჯგუფებებს შორის, რაღა შანსი ჰქონდა იქ ქრისტიანს?

მე უნდა მოვმზადებულიყავი მარტვილობისათვის. *როდესაც ამ ლაშქრობისათვის ვილოცე ღმერთმა სთქვა „სანამ ლაშქრობა ჩატარდება, იქნება უამრავი ხელის შეშლა. მაგრამ მე მაღალ პირს გამოვგზავნი დასახმარებლად და ამიტომ არ ინერვიულო. ლაშქრობა ჩატარდება ყოველგვარი ინციდენტების ან უბედურების გარეშე და შენ მე დიდად მადიდებ.“*

2000 წლის 16 ოქტომბერს პაკისტანში გაფრენის დროს ფანჯრიდან ნათლად ვხედავდი ოთხ ზოლიან ცისარტყელას.

მე მივხვდი რომ ღმერთისგან ჩემთვის ამ ცისარტყელის ნახება ნიშნავდა რომ ღმერთი უზრუნველყოფდა ოთხ დღიან ლაშქრობას პაკისტანში უფლის ძალის სინათლით. პასტორები, ლაშქრობის ორგანიზატორები და პრესის რეპორტიორები აეროპორტში გველოდებოდნენ.

სინთია, მქადაგებელი ჯონ გილის ქალიშვილი მომეგება ყვავილების ბუკეტით. (მე მასზე უკვე გიამბეთ მესამე თავში). იგი გაიზარდა ჯანმრთელი ქალბატონი.

ლაჰორეს ქალაქში უამრავი აფიშა იყო ლაშქრობის შესახებ. ასევე გახმაურებული იყო სხვადასხვა საზოგადოებრივი მედიის საშუალებით. აფიშები აქა იქ ჩამოხეული იყო მუსლიმანების მიერ და ასევე დაბომბვის მუქარებიც იყო.

18 ოქტომბერს ორგანიზატორებმა მოამზადეს მიღების ბანკეტი ავარის ინტერნაციონალურ სასტუმროში. ს.კ.-ს ჩათვლით უამრავი ოფიციალური პირი მოვიდა. კულტურის, სპორტის, ახალგაზრდობის და ტურიზმის მინისტრი ტრესლერი; პენჯაბის იუსტიციის მინისტრი; და იუსტიციის უზანაეს სასამართლოს წინა უფროსი.

ბანკეტამდე წარმოუდგენელი რამ მოხდა. მისტერ აბდულა, პენჯაბის ისლამური ლიდერი მოვიდა ინვალიდის სავარძლით ფეხებისთვის ლოცვის მისაღებად.

მუსლიმანებს აკრძალული აქვთ კონტაქტი ქრისტიანებთან. ამიტომ მუსლიმანი ლიდერისთვის ჩემს წინ მოსვლა და ლოცვის მიღება დიდი გადაწყვეტილება იყო მისი მხრიდან. როდესაც მისთვის ვლოცულობდი, მივხვდი რომ ეს იყო ნიშანი იმისა რომ იესო ქრისტეს უკვე მოგებული ჰქონდა

სულიერი ბრძოლა ამ ლაშქრობაზე.

რადგან ეს ისლამური ქალაქი ქვეყანა იყო, პაკისტანის მთავრობის დახმარების გარეშე ლაშქრობის ჩატარება რთული იქნებოდა. ღმერთს წინასწარ ჰქონდა მომზადებული დახმარება.

მყარად დახურული შესასვლელები

ეს იყო 19 ოქტომბერი დილის 9 საათი, პასტორების კონფერენციის პირველი დღე. იმ დილას გავიგე რომ მოულოდნელად კონფერენცია გაუქმდა. რკინიგზის სტადიონი და კონფერენციის ადგილი დაიხურა. ჩვენ უკვე გვქონდა ყველა საჭირო ნებართვა მთავრობისგან.

როდესაც ლაშქრობის ადგილზე მივედით პოლიციის არმიამ შეგვაჩერა. როდესაც ჩვენმა პერსონალმა შესასვლელის გაღება მოითხოვა, მათ მხოლოდ ჩემი მანქანა და ესკორტი შეუშვეს. შესასვლელი ისევ დაკეტეს. პოლიციის ოფიცერმა რომელიც შაშხანებით იყო შეიარაღებული შეაჩერა სტადიონზე მიმავალი ავტობუსები.

იმ ზეწოლის გამო რასაც მუსულმანები მთავრობაზე ახორციელებდნენ, მთავრობა იძულებული გახდა გაეუქმებინა შეხვედრა უსაფრთხოების მიზეზთა გამო. სტადიონზე იყვნენ ადგილობრივი პასტორები რომლებიც შესასვლელის დახურვამდე იყვნენ მოსულები. ისინი ლოცულობდნენ.

დრო გადიოდა და პოლიციის ოფიცრები კიდევ უფრო დიდ სირთულეებს უქმნიდნენ ხალხს. იყო ხალხი რომლებიც 10/20 საათის სავალი გზიდან იყვნენ მოსულები, მაგრამ მათ სტადიონთან მიახლოებაც კი არ შეეძლოთ. გარედან მესმოდა ხალხის ლოცვა.

მე მხოლოდ ღმერთს მივენდე და ვილოცე და მან მიპასუხა „არავის შეუძლია ამ ლაშქრობის ჩაშლა. შუადღისას შესასვლელები გაიღება." მე ხალხს ვუთხარი „კონფერენცია დაიწყება შუადღეს და ამიტომ ნუ ინერვიულებთ."

რეალურად კი, ისევ არსებობდა შეიარაღებული სამართალდამცავი ძალები და არავითარი ვიზუალური ცვლილება არ შეინიშნებოდა. მაგრამ პერსონალი, რომელიც ჩემთან ერთად იყო რწმენით განაცხადეს რომ კონფერენცია შუადღისას დაიწყებოდა.

ღმერთისგან მომზადებული დამხმარე ხელი

როგორც ჩვენ გვჯეროდა, სტადიონის შესასვლელები შუადღისას გაიღო.

უამრავი ადამიანი შემოდიოდა სტადიონზე კეთილშობილებითა და ჰაერში აწეული ხელებით. ისინი გამოიყურებოდნენ როგორც გენერლები ომიდან გამარჯვებით. მინისტრი ს.კ. ტრესლერმა გაიგო რომ კონფერენცია გაუქმებული იყო. იგი დაუკავშირდა მთავრობის ოფიციალურ პირებს და სთხოვა კონფერენციის ჩატარების უფლება და შემდეგ თვითონ წავიდა დასასწრებად.

იგი ისლამაბადში მიდიოდა, გაიგო ახალი ამბები და თავისი შეხვედრები გადადო და წამოვიდა ლაშქრობაზე. ისინი ვინ ქალაქის მისადგომებთან იდგნენ და დიდის მოთმინებით და ლოცვით ელოდნენ კონფერენციის დაწყებას, ისინიც სიხარულით მოვიდნენ.

მინისტრი ს.კ. ტრესლერი პასტორების კონფერენციაზე მისალოცი მოწოდებით წარსდგა. ორდღიან კონფერენციაზე

ვიქადაგე ეკლესიის ზრდის საიდუმლოებაზე და „ჯვრის მოწოდება." როდესაც ავადმყოფებისათვის ვილოცე, გოგონა განთავისუფლდა დემონისაგან. კიბო რომელიც 14 წლის განმავლობაში ადამიანის სხეულში იყო გამქრალიყო. მათ ვისაც არ ესმოდათ სმენა დაიბრუნეს. ბევრი დამამტკიცებელი საბუთი არსებობდა იმისა, რომ ხალხი თავისუფლდებოდა ტკივილისაგან. ეს ამბავი გავრცელდა ნაციონალური ტელევიზიით, სხვადსხვა სამაუწყებლო კომპანიებითა და პრესით.

ბრბო ლაშქრობის ადგილის გარეთაც კი შეიკრიბა

20 ოქტომბერს საღამოს 7 საათზე ლაშქრობა დაიწყოს ბურტის ინსტიტუტთან. რადგან პასტორების კონფერენცია წარმატებულად ჩატარდა, უამრავი ხალხი მოდიოდა. სამი დღის განმავლობაში ყოველდღე 100000-ზე მეტი ადამიანი მოდიოდა.

ხალხი მთელი ქვეყნის მასშტაბიდან მოდიოდა მატარებლებითა და ავტობუსებით. ლაშქრობის ადგილი იყო ხალხით სავსე. მათ ვისაც შიგნით შემოსვლა არ შეეძლოთ გარედან უნდა მოესმინათ ქადაგება დინამიკების მეშვეობით. ასევე გავიგე რომ უამრავი ხალხი უკან დაბრუნდა რადგან ძალიან შორს იყვნენ და ხმა არ ესმოდათ.

უფრო მეტი ხალხი მოვიდა მეორე და მესამე დღეს და ლაშქრობის ადგილის გარეთაც კი გადაჭედილი იყო ხალხით. პოლიციის დამოკიდებულება რომლებმაც ჩვენი შეკრების შეჩერება სცადეს, სრულიად შეიცვალა პირველივე დღესვე და ისინი დაგვეხმარნენ უსაფრთხო ღონისძიების ჩატარებაში.

პოლიციელები მთელი დღე იცავდნენ სცენას და ჩვენს პერსონალს. მათ ჰქონდათ უამრავი უსაფრთხოების ზოლი ლაშქრობის ადგილის გარშემო.

უამრავი ოფიციალური პირი და ეკლესიის ლიდერები დაესწრნენ ლაშქრობას და ნაციონალური ტელევიზია და პრესა აღტაცებულები იყვნენ განცხადებების გასაკეთებლად. ამბები ლაშქრობის შესახებ სწრაფად გავრცელდა შუა აღმოსავლეთის და ისლამურ ქვეყნებში.

მე ვიქადაგე მოწოდება იმის შესახებ თუ რატომ არის იესო ჩვენი ერთადერთი მხსნელი. ასევე ხაზი გავუსვი იმას რომ ყველა დაავადება განიკურნებოდა და პრობლემები მოგვარდებოდა და ისინი ისიამოვნებდნენ საუკუნო სიცოცხლით სამოთხეში მხოლოდ მაშინ თუ ვილოცებდით იესო ქრისტეს სახელით. დამსწრეები ძალიან ყურადღებით უსმენდნენ მოწოდებას. ქადაგება ითარგმნა ინგლისურ და ურდოს ენაზე.

ათი ათასობით მუსლიმანიც დაესწრო ლაშქრობას. ორგანიზატორებმა მითხრეს რომ 50-60% დამსწრეების მუსლიმანები იყვნენ. ერთ მომენტში ხალხს ვთხოვე ხელები მაღლა აეწიათ თუ მათ სწამდათ იესო ქრისტესი. უმეტესობამ ხელი აწია. ეს იყო ძალიან სასიხარულო და ამაღელვებელი მომენტი.

სამი დღის განმავლობაში მოწოდების შემდეგ ვილოცე ავადმყოფებისათვის. ვილოცე ჩემი მთელი ენერგიით რათა კიდევ ერთ ადამიანს მიეღო ღვთაებრივი განკურნება. ლოცვით ღმერთმა თავშეუკავებლად აჩვენა სული წმიდის სასწაულები.

პაკისტანის გაერთიანებული ლაშქრობა

როგორც კი ლოცვა დამთავრდა მათ ვინც ღვთაებრივი განკურნება მიიღეს, ამოვიდნენ სცენაზე ამის დასამტკიცებლად. ერთ წუთში სცენა ხალხით იყო სავსე. უამრავმა ხალხმა გამოცადა ღმერთის განკურნებები ამ ლაშქრობაზე.

სხვადასხვა ენდემური დაავადება განიკურნა და დემონებიც განიდევნენ. მათ ვინც ვერ ხედავდნენ

მხედველობა დაიბრუნეს და მათ ვისაც არ ესმოდათ სმენა დაიბრუნეს. ერთმა დამ, რომელიც დაბადებიდან დამბლის გამო ვერ დადიოდა, დაიწყო სიარული და ერთი ფეხი რომელიც მოკლე ჰქონდა 5 სანტიმეტრით გაეზარდა.

მისიონერული ლაშქრობა შესაძლებელი იყო ჩვენი ეკლესიის წევრების მარხვითა და ლოცვებით მხარ დაჭერით. უამრავი ხალხი გასცემდა 2 სპილენძის მონეტას მისიონერული შესაწირის სახით. უფალმა შემატყობინა რომ ესენი მიიღებდნენ როგორც კურთხევას დედამიწაზე ასევე ლამაზ ჯილდოებს, ოქროს და ძვირფასეულობას ზეციურ სამეფოში.

ღმერთი ნასიამოვნები იყო პაკისტანის ლაშქრობით და ამიტომ მან მითხრა რომ მან ჩვენი ეკლესია და ჩვენი ეკლესიის ფილიალები მთელს მსოფლიოში მოიცვა შექმნის სინათლე.

ასევე მითხრა რომ მან გასცა ცეცხლის მახვილი საჩუქრად. როდესაც შექმნის სინათლე განდევნის მთელ წყვდიადს, ცეცხლის მახვილი განცალკევდება და გატყდება. მან ამიხსნა რომ ამით იგი უზრუნველყოფდა ჩემს სიტყვას, მაგალითად თუ ძვლებს შეერთებას ვუბრძანებდი, ისინი ერთად გაერთიანდებოდნენ. მან ასევე შეგვატყობინა რომ ქმნილებათა სასწაულები მოხდებოდა.

4. უფლის ძალა ადამიანის გაცოცხლებისა

2001 წლის 6 მაისს მზის გარშემო გამოჩნდა ნათელი მრგვალი ცისარტყელა ეკლესიის თავზე კვირის წირვა-ლოცვისას. ეს იმის ნიშანი იყო რომ ღმერთი ჩვენს გვერდით იყო ჩვენი მეცხრე ორკვირიანი განსაკუთრებული აღორძინების შეკრებაზე, რომელიც მეორე დღეს იწყებოდა.

აღორძინების შეხვედრის დროს, ეკლესიის თავზე არაერთხელ გამოისახა მრგვალი და სწორი ცისარტყელა. ამ აღორძინების შეკრებაზეც უამრავი განკურნების სასწაულები მოხდა. მაგალითად კიბო რომელიც გავრცელებული იყო მუცლის პერიტონეუმში და ლეიკემია განიკურნა.

იაპონელ იამაზაკი ჰირომის გადახრილი ჰქონდა ზურგი 90 გრადუსით დაახლოებით 10 წლის განმავლობაში აღორძინების შეკრებამდე. პირველი კვირის განმავლობაში იგი ინტერნეტით ესწრებოდა შეკრებებს იაპონიაში. როდესაც მან მიიღო ლოცვა ავადმყოფთათვის, მისი ზურგი გასწორდა

და ნელ-ნელა ტკივილმა იკლო.

იგი გაოცებული იყო და კორეაში ჩამოვიდა დარჩენილი აღორძინების შეკრებებზე დასასწრებად. 17 მაისს როდესაც მან ლოცვა მიიღო სული წმიდის ცეცხლი გადმოეღვარა მასზე. იგი გაოფლიანდა მთელს ტანზე და მისი ზურგი სრულიად გასწორდა.

ასევე იაპონელი უედა ჰიდეო იტანჯებოდა დიაბეტით, ჰეპატიტით და ალკოჰოლიზმით. სხვა ხალხის თხოვნით იგი დაესწრო აღორძინების შეკრებას. როდესაც მან მიიღო ლოცვა, იგრძნო თითქოს რაღაც ნაგვისგან გაიწმინდა მისი თავი და მას უკვე შეეძლო თავისი ძალღონით სიარული რომელიც მან მიიღო.

მთელი ტანი გახევებული და ცივი

ჯაეჰო ლი იყო ჩვენი ეკლესიის პასტორი. 8 მაისს მას რაღაც დაემართა. მისმა ოჯახმა ამიხსნა სიტუაცია. მოულოდნელად დილით ადრე მას დაეწყო გულის რევა. შუადღის ორი საათისთვის მას უკვე აღარ შეეძლო სხეულის გაკონტროლება.

იგი სითხეს კარგავდა სხეულიდან გულის რევითა და კუჭის აშლილობით და დაახლოებით საღამოს 5 საათზე მან გონება დაკარგა. რადგან სხეულმა სითხე დაკარგა, კანი დაუნაოჭდა. მედიცინაში ეს ნიშნავს რომ იგი ფაქტიურად მკვდარი იყო.

იმ წუთისათვის იგი სრულებით ჯანმრთელი ადამიანი იყო, მაგრამ მაინც ეს მხოლოდ რამდენიმე საათის განმავლობაში მოხდა. მისმა ოჯახის წევრებმა მოიყვანეს იგი ეკლესიაში აღორძინების შეკრების საღამოს სესიისას. ისინი ნერვიულობდნენ რომ ამ ამბავს თუ გავიგებდი საღამოს

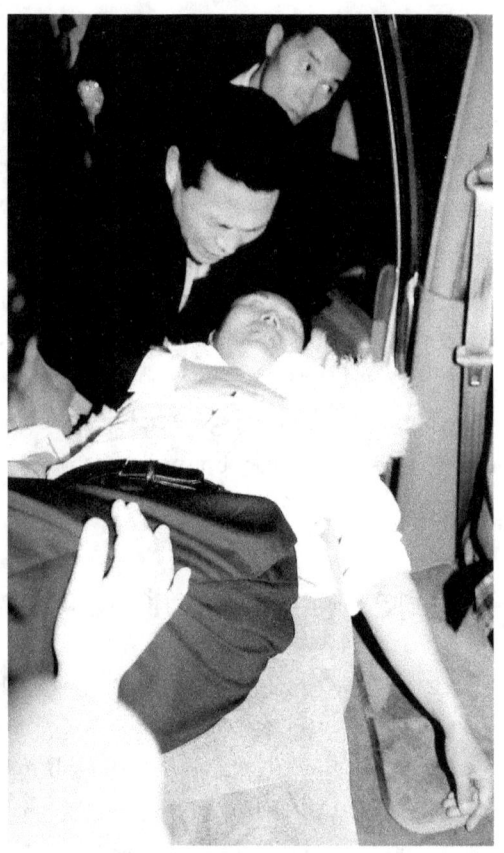

პასტორი ლაზარე ჯაეჰო ლი იღებს ლოცვას უგონობისას

სესიაზე გავლენას მოახდენდა. ამიტომ მათ დაიცადეს საღამოს სესიის დასრულებამდე.

მაგრამ იმ დროს პასტორი ლის ჰქონდა მთელი სხეული პარალიზებული. თავიდან იგი კრუნჩხვებში ჩავარდა და შემდეგ გონება სრულიად დაკარგა.

დაახლოებით საღამოს 11 საათზე გავიგე ეს ამბავი და სწრაფად წავედი. პასტორი ჯაეჰო ლი მკვდარივით იწვა მანქანაში. თვალის გუგები გაფართოებული ჰქონდა. მაგრამ მის ოჯახის წევრებს სწამდათ რომ იგი გაცოცხლდებოდა თუ უბრალოდ ხელებს დავადებდი მას.

როდესაც მისთვის ვილოცე ღმერთთან, რომელიც მკვდარსაც კი აცოცხლებს, მან მაშინვე მიპასუხა. როგორც კი მოვრჩი ლოცვას მისი სხეული მოეშვა და გონებაზე მოვიდა. 5 წუთში მას უკვე თავისით შეეძლო ადგომა. პასტორმა ჯაე ჰო ლიმ შეიცვალა სახელი და დაირქვა 'ლაზარუს' ლი. დღეს იგი მსახურობს ლათინო ამერიკაში მისიონერად.

იგი მსახურობს მისიონერად ლათინურ ამერიკაში (კუზკოს ქალაქის ყრილობის დარბაზი, პერუ)

5. ლექციები დაბადებასა და სასწაულებზე

უფალმა ამიხსნა დაბადების წიგნის შესახებ. 2000 წლის 1 დეკემბერს დავიწყე დაბადების ლექციების სერია. ეს იყო პარასკევის მთელი ღამის ქება-დიდების წირვა-ლოცვაზე. სერიები გაგრძელდა ექვსი წელი. რადგან ღმერთი არის ის რომელმაც შექმნა ყველაფერი სამყაროში, მას შეუძლია ყველაფრის ახსნა.

დღეს, ასეთი ფალსიფიცირებული და განვითარებული მეცნიერებითა და ცოდნითაც კი არავის შეუძლია გაგება რა ხდებოდა სანამ დრო დაიწყებოდა. ჩვენ შეგვიძლია გავიგოთ ყველაფერი მხოლოდ მაშინ როდესაც ღმერთი გვიხსნის.

და როგორ შეგვიძლია დავიჯეროთ რომ ეს ახსნა განმარტება სიმართლეა? ღმერთმა დაიწყო ახსნა დაბადების წიგნის შესახებ მას შემდეგ რაც უამრავი ძლიერი სასწაულები აჩვენა, რომლებიც ჩაწერილია ბიბლიაში ჩვენს ეკლესიაში.

იესომ სთქვა: „თუკი არ იხილავთ სასწაულებსა და ნიშნებს,

არ ირწმუნებთ“ (იოანე 4:48). როგორც ნათქვამია დღეს დამამტკიცებელი საბუთითაც კი ხალხს არ სჯერა და ამიტომ გვჭირდება ღმერთის სასწაულები.

2001 წლის 5 აპრილს ჩვენი ეკლესიის ქალების მისიის წევრებმა ჩაატარეს ჯგუფის ლიდერების კონფერენცია. კონფერენციაზე იყო სპეციალური პროგრამა სახელწოდებით „ღრუბლების ყურება.“ მათ ეს დაგეგმილი ჰქონდათ იგივე წლის იანვრიდან.

რადგან უფალი გვაჩვენებდა უამრავ ვარსკვლავების სასწაულებს, იმ დროისთვის მათ დაგეგმეს ღრუბლების ყურება. ამ ღონისძიებისათვის ვილოცე.

„უფალო, ღრუბლების ყურების ღონისძიება იქნება კონფერენციაზე, ამიტომ გთხოვ გვაჩვენე სასწაული.“

ღმერთმა მიპასუხა *„მე თქვენ გაჩვენებთ ღრუბლების პანორამას.“*

ლოცვაზე პასუხი მივიღე და გამოვუცხადე ეს ეკლესიის წევრებს 30 მარტის პარასკევის მთელი ღამის წირვა-ლოცვაზე.

„უფალი გვაჩვენებს სხვადასხვა ფორმის ღრუბლების პანორამას ღრუბლების ყურების ღონისძიების დროს.“

სინამდვილეში, რადგან ღონისძიება დაგეგმილი იყო რამდენიმე თვით ადრე, არ ვიცოდით რა ამინდი იქნებოდა იმ დღეს. არ ვიცოდით ცა სავსე იქნებოდა ვარსკვლავებით, შავი ღრუბლებით თუ იწვიმებდა. მაგრამ ჩემი პირით გამოვაცხადე

და ვილოცე ამისათვის რადგან ღმერთს პასუხი უკვე გაცემული ჰქონდა ჩემთვის.

იმ დღეს დილის 8 საათიდან ცაში ნათელი ცირკულარული ცისარტყელა გამოჩნდა. დილით გიმნაზიაში გვქონდა კონფერენცია. ღონისძიება დაგეგმილი იყო იმავე დღის 3 საათისთვის. ადგილი სავსე იყო ათასობით მორწმუნე ხალხით რომლებიც მთელი ქვეყნიდან მოდიოდნენ. როდესაც გარეთ გავედი დავინახე მოწმენდილი ცა ღრუბლების გარეშე.

როდესაც ღრუბლებისათვის ვლოცულობდი ღონისძიება დაიწყო. ჩვენ გვქონდა გახსნის ცერემონია და მორწმუნეები გარშემო მარშის სვლით მოძრაობდნენ. იმ დროს ცხვრის ფორმის ღრუბლებმა დაიწყო გამოჩენა მზიდან და ნელ-ნელა ცის დაფარვა დაიწყო. ისინი დასავლეთიდან აღმოსავლეთისაკენ მიექანებოდნენ.

არ შეიძლება ითქვას, რომ ღრუბლები რომლებიც ცაში იყო მოძრაობდნენ, არამედ ზეცის კარი გაიღო და ღრუბლები იქიდან წამოვიდნენ. ამ ცხვრის ფორმის ღრუბლებმა დაფარეს მთელი ცა და შემდეგ გაქრნენ და ლათინური ასო „ვ“-ს ფორმის ღრუბელი გამოჩნდა, რაც გამარჯვების სიმბოლოა. ღრუბლები წინასწარმეტყველების ფორმებით ჩამოყალიბდნენ და შემდგომ გაქრნენ.

სქელი ღრუბლები გადაეფარა მზეს და მთვარესავით გამოიყურებოდა. მალე კი დაბნელდა თითქოს გვიანი საღამო იყო. უფალმა გვაჩვენა როგორ უწინამძღვრა მან უდაბური ადგილისკენ მიმავალ ისრაელის ხალხს.

ამ სასწაულებით, რაც უფალმა ზეცის მოძრაობით დაგვანახა, მიგვითითა და რომ არსებობს ფანჯარა ან კიდევ კარიბჭე სამოთხისაკენ. საათნახევარი ცაზე გამოსახული იყო ღმერთისგან შექმნილი ღრუბლების პანორამა. ეს საოცარი რამ იყო.

6. ყელსახვევის ლაშქრობა ინდონეზიაში

2001 წლის 19 აპრილიდან 29 აპრილამდე გავგზავნეთ ჩვენი ასისტენტი პასტორები და მისიის ჯგუფი რათა ემართათ თავსაფრის ლაშქრობისათვის ინდონეზიაში ირიანიაიას შტატის 4 ქალაქში.

„ხოლო ისინი წავიდნენ და ქადაგებდნენ ყველგან უფლის შეწევნით, რომელიც განამტკიცებდა სიტყვას მათი თანმხლები სასწაულებით, ამინ" (მარკოზი 16:20).

მისიის ჯგუფმა ჩაატარა ლაშქრობები და გამოიყენეს თავსაფარი რომელზეც მე ვილოცე. როდესაც ხალხი მთხოვს თავსაფრებზე ლოცვას, ასე ვლოცულობ „დანერგე ამ თავსაფარში შექმნის ძალა, რადგან ყოველთვის როდესაც ისინი მასზე რწმენით ილოცებენ, მომაკვდავი და მკვდარიც კი რომ გაცოცხლდეს." როდესაც ისინი ამ თავსაფრებზე რწმენით

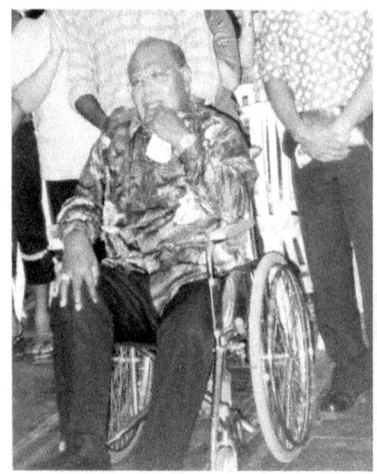

ჯეიკობ პატიპი ადგა ინვალიდის სავარძლიდან და გაიარა თავსაფრის ლოცვით

ლოცულობდნენ, სული წმიდის ძლიერი სასწაულები ხდებოდა.

უფალმა აჩვენა მათ სული წმიდის ცეცხლოვანი სასწაულები ყოველ სესიაზე. როდესაც მისიის ჯგუფმა მოწოდება იქადაგა და თავსაფრებით ილოცეს, ბოროტი სულები განიდევნენ. ბავშვები რომლებიც დაბადებიდან ვერ დადიოდნენ სიარული დაიწყეს და მათ ვისაც არ ესმოდათ სმენა დაუბრუნდათ. ასევე უამრავი ნიშნები გამოჩნდა. ადგილობრივი პრესაც ყურადღებით უყურებდა ამ ყველაფერს. ერთმა ადგილობრივმა მაუწყებელმა ჩვენი მისიის ჯგუფიც მიიპატიჟა თავიანთი პირდაპირი ეთერის პროგრამაში.

შტატის გუბერნატორი ადგა ინვალიდის სავარძლიდან

ინდონეზიის ირანიაიას შტატის ყოფილი გუბერნატორი ბატონი ჯეიკობ პატიპი იმ დროს 65 წლის იყო. 1996 წელს მაღალი არტერიული წნევის შედეგად მას გულის შეტევა მოუვიდა, დავარდა და ნაწილობრივად პარალიზებული დარჩა. იგი ესწრებოდა ლაშქრობას ინვალიდის სავარძელში. იგი ძლივს დადიოდა ოთხი ადამიანის დახმარებითაც კი. მას არც ლაპარაკი შეეძლო და არც ესმოდა.

მაგრამ როდესაც ჩვენმა ასისტენტმა პასტორმა თავსაფარი დააფარა და ილოცა მისთვის, იგი ადგა ინვალიდის სავარძლიდან და გაიარა. მას ასევე ესმოდა და ლაპარაკობდა. ლაშქრობის დასრულების შემდეგ, ჩვენ მივიღეთ მადლობის წერილი ირანიაიას შტატიდან, სადაც ეწერა რომ ბატონ ჯეიკობ პატიპს ახლა ნორმალური ცხოვრებით შეეძლო ცხოვრება.

7. სული წმიდის მოქმედებები უჰურუს პარკს არყევდა

2001 წლის ივნისში ჩავატარეთ ლაშქრობა კენიაში, აღმოსავლეთ აფრიკის ქალაქში. შემოქმედების ძალა, რომელიც პაკისტანში ლაშქრობისას გვებოძა, ასევე გამოვლინდა ამ მოგზაურობაში. სანამ ლაშქრობა ჩატარდებოდა პასტორების კონფერენცია გვქონდა ნაირობში, კენიატას ინტერნაციონალური კონფერენციის ცენტრში.

მე ავხსენი, რომ უფალი მანამდე არსებობდა სანამ დროის ათვლა დაიწყებოდა. ასევე ავხსენი ლუციფერის აჯანყება, ედემის ბაღი და სულიერი სამეფოს შესახებ. დამსწრეები ძალიან ყურადღებიანები იყვნენ თავიანთი მისწრაფებისა სიცოცხლის სიტყვისადმი. ზოგმა მათგანმა ლანჩიც კი გამოტოვეს ადგილების შესანარჩუნებლად.

მეორე დღეს დაახლოებით 8000 დამსწრე იყო. ეს პირველ დღეზე 2000 კაცზე მეტი იყო. ეს იმიტომ მოხდა, რომ

რამდენიმე პასტორმა თანამშრომლობაზე უარი განაცხადა, ვინაიდან მათ ცრუ ჭორები ჰქონდათ გაგონილი, მაგრამ მათი უმეტესობა მეორე დღეს მაინც მოვიდა კონფერენციაზე.. იქ იყვნენ კორეელი მისიონერები რომლებსაც ჰქონდათ ყალბი დოკუმენტები და მათ ესენი გაავრცელეს ეკლესიებსა და პრესაში ლაშქრობის ჩაშლის მიზნით.

დიდი ლაშქრობა ჩატარდა 29 ივნისიდან 1 ივნისამდე უჰურუს პარკში. სცენა პირდაპირ მზეს უყურებდა. პირდაპირ მზის ყურებით ძნელი იყო მოწოდების ქადაგება.

ღმერთმა თავისი ძალა აქაც აჩვენა. როდესაც მქადაგებლის კათედრაზე ავედი მოწოდების ქადაგებისათვის, გამოჩნდა

კოჭლმა ქალბატონმა გაიარა

კენიის გაერთიანებული ლაშქრობა (უჰურუს პარკი)

ღრუბლები და გადაეფარნენ მზეს. როგორც კი ღრუბლები მზეს გადაეფარა, სირთულის გარეშე დავიწყე მოწოდების ქადაგება.

ხალხი გაოცებული იყო სამი დღის განმავლობაში ამის დანახვის შემდეგ. ადგილობრივი მძღოლიც კი რომელიც ჩემს მანქანას ატარებდა გაოცებული იყო ამის დანახვით.

ლაშქრობის პირველ დღეს სცენა ზღვა ხალხით გაივსო, რომლებთაც უნდოდათ ლოცვის შედეგად ხსნა მიეღოთ. უჰურუს პარკი ყოველდღე სავსე იყო ხალხით.

იქ იყო ერთი ბავშვი, რომელსაც ერთი ფეხი მოკლე ჰქონდა და ნორმალურად ვერ დადიოდა. ბავშვი განიკურნა და დაიწყო ხტუნვა. უამრავი ხალხი განიკურნა შიდსისა და სხვადასხვა დაავადებებისაგან. მათი შემყურე ძალიან ბედნიერი ვიყავი და თავს დაჯილდოვებულულად

204 • ჩემი ცხოვრება, ჩემი რწმენა II

ვრგძნობდი.

მეორე დღეს გვქონდა საუზმის შეხვედრა ადგილობრივ ორგანიზაციის კომიტეტის წევრებთან. უამრავი ეპისკოპოსი იყო გაოცებული ღმერთის ძალის მანიფესტაციებისა და მკითხეს როგორ მიეღოთ ასეთი უფლის ძალა.

უამრავი ასეთი კომენტარი იყო:

„პირველად ვნახე ამდენი ადამიანის ერთდროულად განკურნვა და კიდევ უფრო გასაოცარი ის იყო რომ შენ მათთვის ინდივიდუალურად არ გილოცია."

„ვიგრძენი თითქოს ორი ათასი წლის წინათ ბიბლიის სცენებს ვუყურებდი."

„ბიბლიის სრულიად არ მჯეროდა, მაგრამ ამ ლაშქრობის

მეშვეობით დარწმუნებული ვიყავი რომ ბიბლია ჭეშმარიტი იყო.“

უფლის ყველა მსახურს აქვს იმის სურვილი რომ ცხადად აჩვენოს ღმერთის ძალა როგორც იესომ დაამტკიცა სიტყვა ნიშნებით. მაგრამ, ეს არ იყო ადვილი რამ რომ ასეთ პატარა დროში ამეხსნა.

უკან კორეაში გაფრენისას ფანჯრიდან ვხედავდი მრგვალ და სწორ ცისარტყელებს.

8. თმის მკვდარი ძირების გაცოცხლება

2001 წელს ძმა ჰეჰონ პარკს თავზე ჰქონდა სქელი თმა, მაგრამ როდესაც იგი იყო მეშვიდე კურსზე, უმიზეზო მელოტობის გამო იტანჯებოდა. ნელ-ნელა მან დაკარგა თმები და როდესაც კოლეჯში იყო ძალიან ცოტა თმა ჰქონდა დარჩენილი თავზე. იგი ისე საცოდავად გამოიყურებოდა რომ ბოლოს თავი გადაიპარსა.

ექიმებმა სთქვეს რომ ეს თმის ცვენის ძალიან იშვიათი შემთხვევა იყო. მათ ასევე სთქვეს რომ ეს თმის ძირების სისუსტის ბრალი კი არა იმის ბრალი იყო რომ ძირები მკვდარი ჰქონდა. ამის განკურნების საშუალება არ იყო.

მედიცინით მკურნალობამ საერთოდ არ იმოქმედა. მან მცენარეული მედიცინაც კი მიიღო, მაგრა არც მაგან იმოქმედა. ასევე გამოიყენა ხალხური მედიცინა და სხვადასხვა ძალიან ძვირად ღირებული წამლები, მაგრამ არაფერმა უშველა.

როდესაც იგი უკანასკნელი კურსის სტუდენტი იყო, მან

დაიწყო ჩვენს ეკლესიაში სიარული. იგი დაესწრო ორკვირიანი განსაკუთრებული აღორძინების დღეს 1998 წელს და მისმა თმამ დაიწყო უკან ამოსვლა. რადგან მუანის ტკბილი წყალი გვქონდა, იგი მას თავზე ისხამდა.

2001 წელს მისი თმის ცვენა სრულიად აღდგენილი იყო. თმის მკვდარი ძირები აღდგა ღმერთის წყალობით და მისი თმა გახდა ჯანმრთელი.

9. წარმოქმნის ყველაზე ძლიერი ძალის დასაბამი

ფილიპინები არის მეტად რომაული კათოლიკური ერი და ხალხის უმრავლესობას აქვს მარიამ ღვთისმშობლის ქანდაკება. ხშირად შეიძლება ნახო თუ როგორ სთხოვს ხალხი მარიამ ღვთისმშობელს ლოცვა-კურთხევას. 2001 წლის სექტემბერში, უფალმა გამოავლინა მისი ყველაზე ძლიერი ძალის „ქმნილების ძალის“ დემონსტრირება ფილიპინებში ლაშქრობისას.

როდესაც ფილიპინების ლაშქრობისათვის ვილოცე, ღმერთმა სთქვა რომ იგი მისცემდა საბოლოო განგაშს რომაელ კათოლიკებს მთელი ქვეყნის გარშემო ამ ლაშქრობის მეშვეობით. ეს იმას ნიშნავს, რომ მან უკვე უბოძა მათ „გაღვიძების ძახილი“ წარსულში, გასაფრთხილებლად.

ერთხელ გავიგე, რომ მარიამის ქანდაკებას თვალებიდან სისხლი სდიოდა. მაგრამ თვით რომაელი კათოლიკეები ვერ მიხვდნენ რატომ აჩვენა ღმერთმა ასეთი რამ.

მარიამი, უფლის ინსტრუმენტი

მარიამ ღვთისმშობელი არის ისეთივე ქმნილება როგორც ყველა ადამიანი. მაგრამ როდესაც იესო მოევლინა დედამიწას ადამიანის სახით, ეს იყო მარიამი რომელმაც იესო გააჩინა. თუმცა, მარიამი ვერ გახდება იესოს დედა.

იესო ქრისტე სული წმიდის მეშვეობით ჩაისახა და ვინაიდან იესოს არც მარიამის და არც იოსების კავშირით არ ჩასახულა, გამოდის რომ მარიამი ვერ იქნება იესოს დედა. რადგან იესოს არ მიუღია იოსების სპერმა, იოსები ვერ იქნება მისი მამა. ამიტომ ბიბლიაში ვხედავთ რომ იესოს არასოდეს დაუძახია მარიამისთვის „დედა."

„დედაო, აჰა, შენი ძე!" (იოანე 19:26)

ეს იყო ჩაწერილი იოანე მოციქულის მიერ როდესაც იგი იესოსთან ახლოს იდგა, რომელიც ჯვარზე იყო გაკრული. იესო არ ემახდა მარიამს „დედას", იგი ემახდა მას „ქალბატონს." აქ „ვაჟიშვილი" მიმართავს იოანე მოციქულს.

იოანე 2:4 ასევე იესომ უთხრა მარიამს, *„მერედა, რა ჩემი და შენი საქმეა, დედაო? ჯერ კიდევ არ დამდგარა ჩემი საათი."* იესო იყენებდა სიტყვა „ქალს" იმის აღსანიშნავად, რომ იგი ქვეყანაზე მოვიდა როგორც მხსნელი.

იესო, ჩვენი მხსნელი არის შემოქმედი ღმერთი, ამიტომ მას არ შეიძლება ჰყავდეს დედა. ამ შეგრძნებით იესოს არასოდეს დაუძახია მარიამისთვის „დედა."

როდესაც რომაელი კათოლიკეები მარიამის ქანდაკებებს აკეთებენ და თაყვანს სცემენ, ეს არის უფლის ათი მცნების

წინააღმდეგ, რომელიც გვეუბნება რომ არ უნდა შევქმნათ კერპები და არ უნდა ვცეთ თაყვანი მათ. ქალწული მარიამი ზეციდან იყურება და ხედავს ხალხს, რომელიც მას ღვთისმშობლად აცხადებს და თაყვანს სცემს, ამიტომაცაა რომ იგი ასეთი გულნატკენია და თვალებიდან სისხლის ცრემლი სდის.

ტაიფუნები გადაშენდა

ფილიპინები არის ტაიფუნის (ქარიშხალი) სეზონში ივნისიდან ოქტომბრამდე და დღეში რამოდენიმეჯერ წვიმს. მოძრაობის გადატვირთვა გამოწვეულია ძლიერი წვიმის გამო. მანილას ინტერნაციონალურ აეროპორტში ჩავედით დაახლოებით საღამოს 11 საათზე, 2001 წლის 24 სექტემბერს. ტაიფუნის ზემოქმედების გამო იყო ძლიერი ქარი და წვიმა.

მანილას სასტუმროში პრესკონფერენცია გვქონდა. რეპორტიორები ძალიან დაინტერესებულები იყვნენ ტაიფუნის მიმართულებაში და 11 სექტემბრის ტერორისტული თავდასხმის შემდეგ მოვლენებში.

„ჩვენ ამ წუთას ტაიფუნის ზეგავლენის ქვეშ ვართ და შემდეგიც მალე მოვა. შეგიძლიათ ლაშქრობის გარეთ ჩატარება? არ იქნება პრობლემები 11 სექტემბრის ტერორისტული თავდასხმის გამო?"

მათ ინფორმაცია მივაწოდე, „ამიერიდან აღარ იქნება წვიმა და ტაიფუნიც გაქრება. რადგან ღმერთი ჩვენს გვერდით არის არ იქნება ომის ინციდენტები. გთხოვთ არ ინერვიულოთ."

მე გაბედულად გამოვუცხადე მათ რომ ყოველთვის

მქონდა გამოცდილი ღმერთი ჩვენს გვერდით და არასოდეს ყოფილა წვიმა გარე ღონისძიებების დროს. რეპორტიორებს არ სჯეროდათ ჩემი. მაგრამ ღმერთმა დაადასტურა ჩემი ნათქვამი.

ამინდის პროგნოზისგან განსხვავებით, ტაიფუნმა რომელიც 130 კმ/სთ სიჩქარით მოძრაობდა, უცბად გეზი შეიცვალა და ტაილანდისკენ წავიდა. შემდეგი ტაიფუნიც შენელდა და შესუსტდა თითქოს ძლიერ კედელს დაეჯახა და მოკვდაო.

ფილიპინებში ზაფხული ჩვეულებრივ ძალიან ცხელი და ნესტიანია. მაგრამ ჩვენი იქ ყოფნისას კარგი ამინდები იყო სასიამოვნო ნიავით. ადგილობრივი პასტორები ძალიან ბედნიერები იყვნენ და ამბობდნენ რომ მხოლოდ ამინდის მდგომარეობით მათ შეეძლოთ დარწმუნებულნი ყოფილიყვნენ რომ ღმერთი მათ გვერდით იყო.

შემოქმედების ყველაზე ძლიერი ძალის შეგრძნება

2001 წლის 26 სექტემბერს გვქონდა პასტორების კონფერენცია დაახლოებით 5000 დამსწრე ადამიანით მანილას ინტერნაციონალური კონფერენციის ცენტრში.

27 სექტემბერს დილით გვქონდა პასტორების კონფერენცია და შუადღეს პირველი ლაშქრობა მანილას ლუნეტას პარკში. აქაც უამრავი ხალხი განიკურნა.

ერთერთი მათგანი იყო კალათბურთის მოთამაშე რომლის სახელი იყო გილბერტ ონდინალი. გილბერტს მარცხი მოუვიდა კალათბურთის თამაშის დროს. ფეხის ძვალი გაუტყდა. რათა სიარული შესძლებოდა მას სჭირდებოდა ორ

ძვალში მეტალის ფილების ქირურგიულად ჩადგმა.

მაგრამ მას არ ჰქონდა საკმარისი თანხა. ერთი წლის განმავლობაში იგი იტანჯებოდა ყავარჯნებით. მაგრამ იმ დღეს პასტორების კონფერენციაზე როდესაც მან მიიღო ლოცვა, მისი მთელი სხეული გახურდა და ტკივილი გაუქრა. კონფერენციის დასრულების შემდეგ გილბერტს უნდოდა ლუნეტას პარკში ლაშქრობაზე წასვლა, მაგრამ მას ავტობუსზე დააგვიანდა. ამიტომ იგი წავიდა სიარულით თავისი ყავარჯნებით. შემდეგ იგი მიხვდა რომ ტკივილი გამქრალიყო და ძალა ჰქონდა ფეხებში. მან გადაყარა ყავარჯნები და იარა 2 კილომეტრზე მეტი ლაშქრობის ადგილამდე.

უფალი ნასიამოვნები იყო მისი საქციელით და მისცა მას შესაძლებლობა ევლო ახალი ძალით.

მოგვიანებით გილბერტმა შეამოწმა ფეხი საავადმყოფოში და გაიგო რომ გატეხილი ძვლები სრულიად შეერთებულიყო. მან მოგვიანებით მოგვწერა რომ ახლა უკვე მას შეეძლო კალათბურთის თამაში.

ლუნეტას პარკთან

ლაშქრობის პირველი დღის ქადაგებითა და თაყვანისცემის შედეგად უამრავი სულ წმიდის მადლით გამოწვეული სამუშაო გამოვლინდა. ზოგი ვინც ყავარჯნებით მოვიდა ადგნენ და გაიარეს და ზოგმა კიდევ სთქვა რომ ისინი განიკურნენ ლაშქრობის ადგილის შემოსვლისთანავე. ზოგი მათგანი კი ქადაგების მოსმენისას განიკურნა. იქ იყო ერთი ადამიანი რომელმაც გაიგო ქება-დიდების ხმა როდესაც იმ ადგილას ჩაიარა და დაესწრო ლაშქრობას. ეს ადამიანი 10 წლის განმავლობაში არ ჰქონდა მხედველობა, მაგრამ მან

დაიბრუნა მხედველობა.

მოწოდების შემდეგ დავასრულე ავადმყოფებისათვის ლოცვა. მოულოდნელად, ხალხს ხელით მოჰყავდა ხესავით გაშეშებული კაცი სცენის ქვეშ.

იგი მორივით იყო. მას ჰქონდა გულთან დაკავშირებული პრობლემები და მოულოდნელად ძირს დავარდა. მისი სხეული წნელივით იყო გაშეშებული და თვალის გუგები მკვდარი ადამიანივით ჰქონდა.

ვნერვიულობდი რომ თუ იგი აქ მოკვდებოდა ეს ღმერთს შეარცხვენდა. სასწრაფოდ ჩავედი და დავადე ხელი და იესო ქრისტეს სახელით ვილოცე. როგორც კი ლოცვა დასრულდა იგი გონზე მოვიდა და წამოდგა.

ღმერთმა ძლიერად იმოქმედა ყველაზე მაღალი შემოქმედის ძალით. მე მადლიერი ვიყავი ღმერთის წყალობისათვის, რომ ასეთი დიდი ძალა აჩვენა. მაგრამ როდესაც სასტუმროში დავბრუნდი ცრემლები წამომივიდა.

10. წინასწარმეტყველებები მსოფლიოს სიტუაციებზე

1982 წელს ეკლესიის გახსნის შემდეგ მალევე ღმერთმა შემატყობინა რომ მსოფლიოს ექყოლებოდა სამი ძირითადი ძალა: ამერიკის შეერთებული შტატები, გაერთიანებული ჩინეთი და რუსეთი და ევროპის კავშირი.

მან ასევე გამაგებინა რომ ამერიკის შეერთებული შტატები იქნებოდა უფრო და უფრო იზოლირებული და მისი ძალა დასუსტდებოდა. მან ამიხსნა რომ მისი მოკავშირეებიც კი ერთ დღეს ზურგს შეაქცევდნენ, წინააღმდეგობას გაუწევდნენ და გაჰყვებიან თავიანთ უპირატესობებს.

თავიდან ამერიკის შეერთებულ შტატებს ჰქონდა რწმენა ღმერთის პატივისცემისა და ღმერთმა ისინი აკურთხა რომ გამხდარიყვნენ ყველაზე ძლიერი ერი მსოფლიოში. მაგრამ დღეს ამერიკის შეერთებულ შტატებში უამრავი ხალხი სცდილობს თავი აარიდოს ღმერთს.

ღმერთმა ამიხსნა რომ ჩინეთი გახდებოდა რუსეთის

ვიზიტი დუბაიში

მოკავშირე. მათ ერთად ექნებოდათ სამხედრო ვარჯიშები და გახდებოდნენ უფრო ძლიერნი. ქვეყნები რომლებიც ამერიკის შეერთებულ შტატებს მიჰყვებოდნენ მობრუნდებოდნენ ჩინეთისაკენ.

სინამდვილეში დღეს ჩვენ ვხედავთ რომ ბევრი ქვეყანა ლათინურ ამერიკასა და აფრიკაში დებენ იკეთეს პირობებს ჩინეთთან და არა ამერიკის შეერთებულ შტატებთან. ამას ვქადაგებდი იქამდე სანამ ჩინეთი დაიწყებდა კვლევებს საერთაშორისო საზოგადოებაში. ასე რომ, ეკლესიის წევრები თითქოსა დამუნჯდნენ და არ პასუხობდნენ „ამინით."

მათთვის რთული იყო ამის დაჯერება დღევანდელი რეალობის გამო. ასევე ღმერთმა გამაგებინა რომ მსოფლიოს ეკონომიკა გაუარესდებოდა; ნავთობის ფასები გაიზრდებოდა და შუა აღმოსავლეთის ქვეყნები გაერთიანდებოდნენ ნავთობის როგორც იარაღის გამოყენებისათვის სხვა ქვეყნების წინააღმდეგ.

2001 წლის ივნისს უფალმა ამიხსნა რომ მსოფლიო ახლა უსაზღვრო შეჯიბრების ხანაში იყო. ეს ნიშნავდა რომ მიუხედავად მათი პოლიტიკურ-ეკონომიკური სისტემისა, ერები ან გაერთიანდებოდნენ ან ზურგს შეაქცევდნენ თავიანთი უპირატესობების თანახმად.

ადრე ერთა შორის კავშირის დამყარებას ძალიან დიდი დრო სჭირდებოდა ხოლმე, მაგრამ ეხლა ეს უკვე ესე აღარ არის. ეს ასე იმიტომ არის რომ მსოფლიო დასასრულს უახლოვდება.

9/11-ის ტერორით დაწყება

ქრისტიანები უმრავლესობა დაინტერესებული იქნებოდა უფლის მეორედ მოსვლის დროში. როდესაც მოწაფეებმა იესოს კითხეს მათს 24 თავში დასასრულის ნიშნების შესახებ, იესომ უპასუხა მათ.

„გაიგებთ აგრეთვე ომებსა და ომების ამბებს. თქვენ იცით, ნუ შეძრწუნდებით, ვინაიდან ყოველი ეს უნდა მოხდეს, მაგრამ ეს ჯერ კიდევ არ არის დასასრული. რადგან აღდგება ხალხი ხალხის წინააღმდეგ, და სამეფო სამეფოს წინააღმდეგ: და იქნება შიმშილობა და ჟამიანობა და მიწისძვრანი აქა–იქ. ხოლო ყოველივე ეს სალმობათა დასაბამია“ (მათე 24:6-8).

2001 წლის 21 ოქტომბერს ვიქადაგე მოწოდება სახელწოდებით „რა იქნება მსოფლიოს დასასრულის ნიშანი?" შემდეგი ამონაწერი არის ქადაგებიდან:

„როგორ თქვენ იცით 11 სექტემბერს დიდი ტრაგედია მოხდა რამაც მსოფლიო შოკში ჩააგდო. ეს იყო ტერორისტული თავდასხმა ამერიკის შეერთებული შტატების შუაგულში. შეერთებულმა შტატებმა დაიფიცეს რეპრესიები განხორციელება და ომიც დაიწყო. ახლა მთელი მსოფლიო დაძაბულ მდგომარეობაშია.

ეს არის განგაში რომელიც გვაფრთხილებს მსოფლიოს დასასრულის დასაწყისს. ეს ასევე შეიძლება იყოს მესამე მსოფლიო ომის დაწყების მიზეზი, რომელიც უფლისგან ნება დართულია. რა თქმა უნდა ეს იმას არ ნიშნავს რომ უფალი გამოიწვევს ომს.

ეს იმას ნიშნავს რომ ღმერთი არ შეაჩერებს ამის მოხდენას, რადგან ეს მოხდა ხალხის ბოროტების გამო. 9/11 ტერორის დაწყებით ღმერთი გვეუბნება რომ დასასრულის დროს იქნება უბედურებები.

რადგან ამერიკის შეერთებული შტატები დაიტანჯა ამ ტერორიზმით, მათ მოიპოვეს მსოფლიოს სიმპათია და მისმა მოკავშირეებმა აღსთქვეს თანამშრომლობა, მაგრამ როგორ ომი გრძელდება შუა აღმოსავლეთის ქვეყნები გაერთიანდებიან და ევროპული ქვეყნები გაერთიანდებიან ამერიკის შეერთებული შტატების წინააღმდეგ წასასვლელად. საბოლოოდ ეს იქნება ბრძოლა ქრისტიანებსა და ისლამს შორის."

„ეს ტერორისტული თავდასხმა შეიძლება მივიჩნიოთ

მესამე მსოფლიო ომის დაწყების მიზეზად. შიმშილი და მიწისძვრები ხდება ყოველ წელს.

როდესაც ათასობით ადამიანი კვდება სხვადასხვა ინციდენტისას, ჩვენ არ ვამბობთ რომ ეს არის დასასრულის უბედურების დასაწყისი. მაგრამ უპრეცენდენტო ტერორიზმმა ამერიკის შეერთებული შტატების წინააღმდეგ შოკში ჩააგდო მთელი მსოფლიო. ასეთ ინციდენტს შეგვიძლია ვუწოდოთ უბედურების დასაწყისი.

არ მაქვს განსაკუთრებული პირადი გრძნობები ამერიკის შეერთებული შტატების წინააღმდეგ და არ მინდა არავის წყენინება. ყველაზე დიდი დარდი ჩემთვის ის არის რომ ასეთი რამ მოხდა. მე უბრალოდ მინდა ავხსნა სიტუაცია ღმერთის გადმოსახედიდან და შეიძლება როგორც ერმა რაიმე სარგებელი მიიღონ ამით. შემდეგ არის ის რაც ღმერთმა ამიხსნა:

თუ ღმერთი დაიცავს მათ ასეთი რაღაცეები არ მოხდა. ამერიკის შეერთებული შტატები შეიცვალა თავის რწმენაში. ზოგი ეკლესია ჰომოსექსუალებსაც კი აძლევს სასულიერო წოდების კურთხევას.

როდესაც ასეთი კატასტროფა ხდება, თუ მათ მართალი გულები აქვთ, მაშინ ისინი ჯერ თავიანთ წარსულს ჩახედავენ, თუ რატომ არ დაიცვა უფალმა ისინი ამ განსაცდელისგან და მოინანიებენ თავიანთ შეცდომებს.

როდესაც ნინევიას ხალხს ღმერთის სასჯელი შეხვდათ, მეფემ და ხალხმა მოინანიეს მარხვით. ასევე პრეზიდენტით დაწყებული ამერიკის შეერთებული შტატების ხალხმა თავმდაბლურად უნდა მოინანიონ ღმერთის წინაშე. მათ უნდა ეძიონ ყოველი გზა, რომელიც მათ მშვიდობას დაუმყარებს ყველასთან პატიებისა და შერიგების ხარჯზე.

მაგრამ, ვინაიდან მათ გააჩნიათ სიამაყე უძლიერესი ერისა დედამიწაზე, მათ სამაგიეროს გადახდა ჩაიფიქრეს. მათ „თვალი თვალის წილს, კბილი კბილის წილ“ მეთოდის გამოყენება სცადეს. ამან სირთულეები გამოიწვია მათთვის.

რადგან შეერთებული შტატები თავისი რეპრესიული მეთოდებით მტკიცედ განაგრძობს მოქმედებას, ისინი სულ უფრო ღრმად ეფლობიან პოლიტიკურ და ეკონომიკურ სირთულეებში. როგორც ამერიკის შეერთებული შტატების ეკონომიკა ბორძიკობს, ასევე ექნება სირთულეები მსოფლიოს ეკონომიკას.

შუა აღმოსავლეთის ქვეყნები გაერთიანდებიან და წავლენ ამერიკის შეერთებული შტატების წინააღმდეგ. ისინი ნავთობს გამოიყენებენ იარაღად მსოფლიო ეკონომიკის გასაკონტროლებლად. ბევრი ქვეყანა იქნება ტერორიზმის შიშის ქვეშ და გადაწყვეტენ რომ ამერიკის შეერთებულ შტატებთან ურთიერთობა აღარ აწყობთ. ისინი დაიწყებენ დაშორებას.“

„მსოფლიოში ომის უამრავი მიზეზია. მხოლოდ შუა აღმოსავლეთში უამრავი ქვეყანას ირანის, ერაყისა და სირიის ჩათვლით აქვს მტრული განწყობა ამერიკის შეერთებული შტატების მიმართ. უამრავი ტერორისტული თავდასხმა ხორციელდება მსოფლიოს გარშემო.

არის მიზეზი თუ რატომ მოხდა ავღანეთის ომი, რომელიც მსოფლიოს დასასრულის ერთერთი მიზეზი გახდება. თუ საომარი მოქმედებები განხორციელდება იქ სადაც იბადება მთავარი კონფლიქტური სიტუაციები, შუა აზიაში, მაშინ მესამე მსოფლიო ომის დაწყებაც მალეა მოსალოდნელი, რომელიც თავისთავად მთელ მსოფლიოს

მოიცავს.

მაგრამ როგორც იესომ სთქვა ასეთი რაღაცეები მოვა, მაგრამ ეს არ არის დასასრული. ეს არ არის დასასრული მაგრამ ეს არის უბედურებების დასაწყისი. ასევე ეს არის მესამე მსოფლიო ომის მიზეზის წარმოება და ამიტომაც იქნა ავღანეთი არჩეული.

ეს დასასრული მაშინ მოვა, როდესაც ჩვენ ყველა უკვე ზეცაში ვიქნებით. და ეს არის შემთხვევა რომელიც იწვევს დასასრულს. ამ ინციდენტმა გააღვივა ომის მარცვლები, რომელიც მოიცავს ყველა შუა აზიურ სახელმწიფოს."

„რა მოუვა კორეას? როდესაც მოვა დრო და კორეა უკვე

ველარ მიიღებს ვერავითარ სარგებელს შეერთებული შტატებისგან, ჩვენ შევცვლით ჩვენს ნდობას სხვა მიმართულებით. რადგან მსოფლიოში ეკონომიკური ქაოსი იქნება, ბუნებრივად ჩვენს ეკონომიკასაც ექნება სირთულეები.

მაგრამ რადგან ღმერთს აქვს დაგეგმილი რაღაცის შესრულება ამ ქვეყნის მეშვეობით ბოლო, იგი დაგვიცავს საბოლოო მწუხარებისგან.

განსაკუთრებით გზა იქნება გახსნილი ჩვენი ეკლესიის სახით. ღმერთმა მოგცა უფლება გვქონოდა საზღვარგარეთული ლაშქრობები უგანდაში, პაკისტანში, კენიაში და სხვა შუა აღმოსავლეთის ქვეყნებში.

უფალმა ბევრჯერ გვითხრა რომ გავიგებდით თუ რატომ მოგვცა საშუალება გვქონოდა ლაშქრობები ამ ქალაქებში. ღმერთმა გვითხრა რომ ახალი ამბები ჩემსა და ჩვენი ეკლესიის შესახებ უკვე ღრმად გავრცელებული იყო ისლამური ქვეყნების გავლენიან პირებში.“

თავი 6

მხოლოდ იესო
ქრისტეს სახელით

1. დაგლეჯილი ხელებითაც კი

პარასკევის მთელი ღამის წირვა-ლოცვამდე ჩვენი ეკლესიის წევრები მოდიოდნენ ხოლმე ჩემს სახლში შუადღის სამ საათზე. მათთან შეხვედრას ვიწყებდი 4 საათზე. მიუხედავად ხანმოკლე დროისა, ისინი კონსულტაციას გადიოდნენ ჩემთან, რჩევებს ვაძლევდი, ვლოცულობდი მათთვის და ბოლოს ხელს ვართმევდი. ჩვეულებისამებრ საღამოს 6 საათზე ვამთავრებთ.

ამის შემდეგ მივდივარ ეკლესიაში და ვიწყებ მომდევნო შეკრების სესიას ეკლესიის წევრებთან ერთად. როდესაც წირვა-ლოცვა საღამოს 11 საათზე იწყება ვგრძნობ ჩემი ენერგიის უკუქცევას, მაგრამ უფალი მეხმარება რათა ძლიერად ვიქადაგო.

კვირა დღესაც კი ეკლესიის წევრები ჩემს სახლი დილით ადრე მოდიან. იმ თანაგრძნობით, რომ ისინი უკვე იქ დგანან და მელიან, მე დილით ადრე გამოვედი მათ მისასალმებლად. შეხვედრები იწყება დილის 5 საათიდან. ვისმენ მათ

პრობლემებს და ვლოცულობ მათთვის. ეს დაახლოებით სამი საათი გრძელდება და ამის შემდეგ ეკლესიაში მივდივარ.

პარასკევის მთელი ღამის წირვა-ლოცვიდან კვირის წირვა-ლოცვამდე ათასობით წევრს ვართმევ ხელს და ხელი მეჩხაპნება, შუაზე იგლიჯება და სისხლიც კი მომდის ხოლმე. ყოველ კვირას ხელი გაკაწრული და გაჭრილი მაქვს, მაგრამ მაქვს მიზეზი რომ ისევ გავაგრძელო ასეთი შეხვედრები.

ღმერთის წყალობაა რომ ეკლესიის წევრებს ბავშვებიდან დაწყებული მოხუცებით დამთავრებული, ყველას უყვარს თავიანთი მწყემსი და უნდათ ჩემთან შეხვედრა და მოსალმება. მე მათთვის ვლოცულობ და ხელს ვართმევ, რათა ღმერთის ძალა გადავიდეს მათში და მიიღო პასუხები თავიანთ ლოცვებზე.

როდესაც ვხედავ, თუ როგორ უხარია ხალხს, როდესაც იკურნებიან ან კიდევ იღებენ პასუხებს უფლისგან მხოლოდ იმით რომ მე ხელს მართმევენ, მეც ვიზიარებ მათ ბედნიერებას და ეს მე დიდ ძალასა და სიმხნევეს მმატებს.

რას იზამდა იესო? მთელი ჩემი ძალით ვლოცულობ ყველასთვის, ყოველ ჩვილს და ბავშვს ხელს ვადებ განურჩევლად.

2. მიზნის წინაშე

2002 წლის დასაწყისში უფალმა ახალი მიზანი მომცა. ეს მიზანი იყო „შემოქმედების ყველაზე დიდი ძალის" სრულყოფილება. შემოქმედების ყველაზე დიდი ძალა არის ღმერთის ჭეშმარიტი ძალა, რომლითაც მან შექმნა ზეცა და დედამიწა მხოლოდ თავისი სიტყვით. მაგალითად მისი ბრძანებით უსინათლოს თვალები აეხილება, ყრუს გაიგონებს და კოჭლი გაივლის.

როგორც ბიბლიაში წერია რამის შექმნა შეიძლება არაფრიდან მხოლოდ ერთი სიტყვით. შემოქმედების ყველაზე დიდ ძალას შეუძლია აღადგინოს არმია მშრალი ძვლებიდან. მას ვირის ალაპარაკებაც კი შეუძლია. როდესაც ასეთი შემოქმედების ძალის ცხადად ჩვენება შეიძლება ყოველგვარი დაბრკოლების გარეშე, შეგვიძლია ვთქვათ რომ ეს სრულყოფილია. შემოქმედების ყველაზე დიდ ძალას შეუძლია არა მხოლოდ ფიზიკური, არამედ უხილავი

სულიერი სამყაროს გაკონტროლებაც შეუძლია.

რათა ცხადად ვაჩვენო შემოქმედების ყველაზე დიდი ძალა, ღმერთმა ამიხსნა რომ სამი გამოცდა უნდა ჩამებარებინა როგორც იესომ. იესო ღმერთის ვაჟია, მაგრამ იგი დაიბადა როგორც ადამიანი რათა მხსნელი გამხდარიყო. ამიტომ მიიღო მან გამოცდები როგორც ნორმალურმა ადამიანმა. ესეც ერთერთი გზაა მისი სიტყვისა და სიძლიერის გამოვლენისა ფიზიკურ და სულიერ სამყაროში.

იესოს ყოველთვის გააჩნდა შექმნის უნარი, მაგრამ მან ამის გამოვლენა მხოლოდ 3 გამოცდის გავლის შემდგომ შეძლო. მან წყალი ღვინოდ გადააქცია ქორწილში. მან გამოკვება ათასი ადამიანი ხუთი პურითა და 2 თევზით. მან დაამშვიდა ქარი და ზღვა თავისი სიტყვით. ეს ყველაფერი იყო შემოქმედების სასწაულები. როდესაც იგი ბრძანებდა თავისი სიტყვით, დამბლადაცემული სიარულს იწყებდა და კეთროვანი იკურნებოდა.

მან ასევე სთქვა რომ შეეძლო თორმეტზე მეტი ანგელოზების ლეგიონის ჩამოყვანა (მათე 26:53). მაგრამ, რომ მიჰყვე ბუნებრივ წესრიგს, მიჰყვე სამართლიანობას და განახორციელო მამის სურვილი, ის ამას არ გააკეთებს, მიუხედავად იმისა რომ მას ჰქონდა იმის ძალაუფლება რომ ემართა ფიზიკური და სულიერი სამყაროები.

2002 წლის თებერვალში წავედი მეორე მთის ლოცვის სესიაზე. ლოცვისას უფალმა გამაგებინა რომ გამოცდები რომლებიც მე გამოვიარე მას შემდეგ რაც უფლის მსახური მეწოდა, იყო იმისათვის რათა მიმეღო შექმნის ყველაზე დიდი ძალა.

ამაში მე ვმოგზაურობ გემით რომელსაც ჰქვია „მანმინ" და ღმერთმა გამოგვიგზავნა ძლიერი ტაიფუნი. აღსანიშნავია, რომ 1998 და 1999 წლებში მან შეარხია ეკლესია სამი გამოცდით. ზოგი ადამიანი გადახტა გემიდან და ზღვაში ჩავარდა. ზოგი გაუბედავი იყო და ფიქრობდნენ გადამხტარიყვნენ თუ არა. ზოგი კი ჩამოკიდებული იყო ზღუდესა და თოკებზე, ცდილობდნენ არ ჩავარდნილიყვნენ.

ასევე იყო ხალხი, რომლებიც კაბინებში შევიდნენ და კომფორტულად ეძინათ, მაშინაც კი როდესაც გემი ირყეოდა. ღმერთმა აქო ეს ხალხი.

სულიერად მე ვიყავი „მანმინ" გემის კაპიტანი. ისინი ვინც ყოყმანობენ და ერთვებიან ორგულობის ბრძოლაში, მათი გულები ცდუნებულია სატანის მიერ. რა თქმა უნდა ღმერთს ისინი ებრალებოდა და გადაარჩინა კიდევაც ისინი.

მათ ვისაც კაბინებში ეძინათ ეს იმიტომ შეეძლოთ რადგან მათ კაპიტანის სრულიად სჯეროდათ. ვხედავ რომ ეს ის ხალხია რომლებიც გაიზარდნენ და სულიერი მეომრები გახდნენ. ისინი არიან რომლებმაც მიიღეს უსაზღვრო ლოცვა-კურთხევა.

სამი გამოცდის მეშვეობით ეკლესიის წევრებს შეეძლოთ შეემოწმებინათ თავიანთი რწმენა. მიზეზი იმისა, რომ უფალმა ამდენი გამოცდის წინაშე დაგვაყენა იყო ის, რომ მან ისურვა ჩვენი მეშვეობით მსოფლიო მისიის შესრულება და მას ასევე სურს წაგვიძღვეს ახალი იერუსალიმისკენ და აგვაშენებინოს გრანდიოზული ტაძარი.

ბედისწერაა ისიც, რომ უფალმა მისცა ბოროტებას უფლება რომ შეგვბრძოლებოდა, მაგრამ მას ჩვენ რწმენით

ვძლიეთ. ღმერთმა შემახვედრა ბევრ გამოცდას რომლებიც დაუმარცხებლები იყო. მაგრამ რადგან დავძლიე ესენი უფალმა მომცა უფრო ძლიერი ძალა. და საბოლოოდ მან მომცა შექმნის ყველაზე დიდი ძალა. ისეთი არაფერი იყო რაშიც ეშმაკს ჩემი დადანაშაულება შეეძლო. ღმერთმა შემახვედრა სამ გამოცდას რადგან ეს გამოცდების დასასრული იყო.

3. ცხვირის კიბოსგან განკურნება ხელების ქნევით

2002 წლის იანვარს დიაკონი ჰოიმ ჩოსგან მივიღე წერილი. წერილში ეწერა:

„2001 წლის დეკემბერს ჩემი დედამთილი ცხოვრობდა მოკპოში და მოულოდნელად ცხვირიდან სისხლი წამოუვიდა. იგი უახლოეს საავადმყოფოში წავიდა და იქ უთხრეს რომ უფრო დიდ საავადმყოფოში უნდა წასულიყო სეულში. იგი ჩამოვიდა სეულში და ორ საავადმყოფოში დიაგნოზი დაუსვეს. ეს იყო ცხვირის კიბო.

კიბო უკვე საკმაოდ დიდ მანძილზე იყო გავრცელებული. ექიმებმა ურჩიეს, რომ ცხვირის ძვალი ქირურგიულად მოეცილებინათ და ხელოვნური ძვლით შეეცვალათ. 15 დღის განმავლობაში ჩემს დედამთილს ცხვირიდან სისხლი მოსდიოდა.

დიაგნოზის დასმის 2 დღის შემდეგ დავესწარი

პარასკევის მთელი ღამის წირვა-ლოცვაზე. წირვა-ლოცვის დასრულების შემდეგ ხელისგულზე დავიწერე ჩემი დედამთილის დაავადების სახელი. შემდეგ როდესაც ჩამიარეთ ხელი ჩამოგართვით მთავარო პასტორო. ძალიან მინდოდა ღმერთს ეჩვენებინა თავისი ძალა თქვენი მეშვეობით. კვირას დილით ადრე როდესაც სახლში დავბრუნდი მთელი ღამის წირვა-ლოცვის შემდეგ ერთერთი ჩემი ნათესავი ჩამოსულიყო სოფლიდან.

მე ვუთხარი მას „ხელის გულზე დავიწერე დედამთილის დაავადების სახელი და მთავარ პასტორს ხელი ჩამოვართვი და ამიტომ უფალი მას განკურნავს."
მე რწმენით ვთქვი რომ ღმერთი მას განკურნავდა. შაბათს დაახლოებით დილის 7:30-ზე ჩემს დედამთილს დავურეკე. ვიცოდი რომ სასწაული უკვე მომხდარიყო.
ჩემმა დედამთილმა სთქვა „დილით გავიღვიძე და ცხვირიდან სისხლი აღარ მომდიოდა."

იმ დროს უბრალოდ ვიფიქრე რომ სისხლდენა შეჩერებულიყო. არ ვიცოდი რომ მისი კიბო მთლიანად იყო განკურნებული. 2002 წლის 2 იანვარს წავიყვანე საავადმყოფოში ოპერაციისათვის.
ოპერაციამდე საბოლოო გასინჯვა ჩაუტარეს. ექიმმა სთქვა „უცნაურია, შენ არ გაქვს კიბო." კიბო გამქრალიყო! იგი დაუყოვნებლივ გამოწერეს საავადმყოფოდან.
მე ხელი ჩამოვართვი რწმენით ჩემი დედამთილისათვის, რომელსაც არ ჰქონდა დიდი რწმენა და ღმერთმა იგი განკურნა. ასევე როდესაც ჩემმა ქმარმა მიიღო ლოცვა დაავადებულთათვის ახალი წლის წირვა-ლოცვაზე,

იგი განიკურნა დიარეისგან, რომელიც მას 2 თვის განმავლობაში ჰქონდა. იგი ძალიან ბედნიერი იყო და ახლა იგი ამას ყველას უყვება თავის გარშემო."

დიაკონი ჰოინ ჩოს დედამთილი ახალა ჩვენს ეკლესიაში დადის და ჯანმრთელია. შექმნის ყველაზე დიდ ზალას არა მარტო დაავადებები განკურნება შეუძლია შეხებით ან ლოცვით პაციენტის სურათზე, არამედ ასევე შეუძლია ამინდის შეცვლა.

4. კიბოსგან განკურნვა თავსაფრის ლოცვით

სუნჩანგ შიმი ცხოვრობს ჰამპიეონგში, ჩეონამის პროვინცია. 2002 წლის აპრილს თავბრუ ეხვეოდა და სიარული უჭირდა. მოშარდვის დროს ძლიერი ტკივილები ჰქონდა და შარდი შერეული იყო სისხლის კოლტებში.

მისი დიაგნოზი იყო შარდის ბუშტის კიბო და ძლიერად იყო გავრცელებული. ექიმმა სთქვა რომ დიდი შანსი იყო კიბო ფილტვებში გავრცელებული იყო და ურჩია ოპერაცია გაეკეთებინა სეულის მთავარ საავადმყოფოში. იგი წაიყვანეს ევას ქალების უნივერსიტეტის საავადმყოფოში. დიაკონი სულაი შიმის თხოვნით, რომელიც ჩვენს ეკლესიაში დადიოდა, ჩვენი ეკლესიიდან ერთერთმა პასტორმა ინახულა იგი საავადმყოფოში.

პასტორმა აუხსნა პაციენტს რომ რწმენით შეიძლებოდა მისი განკურნება თუკი მოინანიებდა იმას რომ უფლის სიტყვით არ ცხოვრობდა და შეინახავდა მის სიტყვას.

პასტორმა მისთვის თავსაფარითაც ილოცა.

თავსაფარი რომელიც პასტორმა გამოიყენა არის მათგანი, რომელმაც მიიღო ჩემი ლოცვა. ღმერთმა აჩვენა სული წმიდის ცეცხლოვანი სამუშაოები როდესაც ხალხი რწმენით ლოცულობდა ამ თავსაფრებით.

ჩემი ლოცვის მიღების შემდეგ დიდი ტკივილის გამო ვერ იძინებდა. მან დილის 4 საათზე მოშარდა და რაღაც რომელიც ძლიერად აწვებოდა მუცელზე, მისი სხეულიდან გამოვიდა.

კიბო გამოვიდა მისგან. ამის შემდეგ მას აღარ ჰქონია ტკივილები მოშარდვისას და შარდიც სუფთა იყო. მეორე დღეს მან საბოლოო დიაგნოზი მიიღო ოპერაციამდე და ნახეს რომ იგი შესანიშნავად იყო. იგი დაუყოვნებლივ გამოწერეს.

ოპერაციითაც კი ძნელი იქნებოდა მისთვის სრულიად გამოჯანმრთელებულიყო რადგან კიბო უკვე მოდებული იყო. მაგრამ თავსაფრის ლოცვით მან გამოსცადა ღმერთის სასწაული და გამოჯანმრთელდა.

არა მხოლოდ კორეიდან, არამედ მთელი მსოფლიოდან ყოველკვირეულად მოდიოდა უამრავი მტკიცებულება იმისა, რომ ხალხი ჯანსაღდებოდა იმ ლოცვების მეშვეობით, რომლებიც მე აღვავლინე თავსაფრით. მხოლოდ მადლობას თუ გადავუხდი უფალს.

5. ცრემლების საწინდარი

ყოველწლიური ორკვირიანი განსაკუთრებული აღორძინების შეკრება იყო ციური ბანკეტი, სადაც ხალხმა გამოსცადა უფლის ძლიერი სამუშაოები. შეკრება ჩატარდა 6 მაისიდან 16 მაისამდე 2002 წელს სახელწოდებით „ძალა."

როდესაც აღორძინებისთვის ვლოცულობდი, უფალმა მამცნო რომ ორშაბათს იგი ჩემი ლოცვის მეშვეობით მათზე განახორციელებდა სამკურნალო კონცენტრაციას ვისაც მხედველობითი პრობლემები ჰქონდათ, სამშაბათს მათთვის ვისაც სიარული არ შეეძლოთ, ოთხშაბათს კი მათთვის ვისაც სმენითი და საუბრის პრობლემები გააჩნდათ. მან ასევე გამაგებინა რომ უამრავი ადამიანი განიკურნებოდა.

5 მაისს, კვირით დილას წრიული ცისარტყელა კაშკაშებდა ეკლესიის თავზე. ცისარტყელის შემხედვარე მე ვგრძნობდი, რომ უფლის ძალა უფრო მძლავრად გამოვლინდებოდა.

უფალმა იმაზე დიდი შემოქმედებითი ძალა გვიჩვენა, ვიდრე მე მოველოდი. ბრმებმა მხედველობა მიიღეს, მუნჯები ალაპარაკდნენ და უამრავი ავადმყოფობა განიკურნა. როგორც ბიბლიაში ისე იყო.

როგორი სასიხარულოა ჩემთვის როდესაც ხალხი ჩემი ლოცვით იკურნება! ყოველთვის როდესაც ხმამაღლა ტირილისას ვიძახდი „უფალო!“ მთელი ჩემი ენერგიით ვტიროდი და ვიძახდი ამას.

მძლავრი და მყისიერი მოქმედებით სული წმიდისა, ასეულობით ხალხი განიკურნა. ხალხი ამოვიდა დაბალ საკურთხეველზე რათა ენახებინათ სასწაულები რომლებიც მათ სხეულებში მოხდა.

როგორც უფალი დაგვპირდა, მკურნალი შუქის სხივით უამრავი ადამიანი გამოჯანმრთელდა და სათვალის მოშორება შეძლო, სხვებმა თავიანთი ყავარჯნები მოიცილეს და ზოგიც ინვალიდის სკამიდან ადგა.

ზოგ ადამიანს რომელსაც სულიერი თვალები ჰქონდა ახილული, დაინახეს ცეცხლის ბურთი რომელიც ჩემი გულიდან სწრაფად ბრუნავდა. ცეცხლი ჩემი მკლავებიდან გამოვიდა სული წმიდის ძალით. ზოგმა მათგანმა კიდევ დაინახა როგორ ეხებოდნენ ანგელოზები ავადმყოფ ადამიანებს და არბილებდნენ მათ გახევებულ ძვლებს.

ამ აღორძინებისას მხედველობა მოკლებულ ხალხს დაუბრუნდა თვალის ჩინი. ბრმამაც კი დაიბრუნა მხედველობა. ისინიც ვინც შავი წყლისა და დიაბეტის გამო დაბრმავებულები იყვნენ მხედველობა დაიბრუნეს. ასევე იყო ბევრი ადამიანი რომელიც ინვალიდის სავარძლიდან ადგა. ისინიც განიკურნენ ვისაც დაბადებიდან დამბლა ჰქონდა.

მორწმუნეები რომლებიც ამას უყურებდნენ, გაიხარეს და ერთად აქეს და ადიდეს უფალი.

6. სწრაფი და ძლიერი ქარიშხალი სული წმიდისა

უფლის მიერ მონიჭებული სახარების მეშვეობით და ქმნილების ძალით ყალიბდება ძლიერი სულიერი იარაღი, რომელიც გვეხმარება მსოფლიო მისიის შესრულებაში იმ სამყაროში რომელიც ასეთი სავსეა ცოდვებითა და სიბნელით. სადაც არ უნდა წავიდეთ სული წმიდის ძლიერი სამუშაოები აბრუნებს ხალხს უფლისაკენ.

პრეზიდენტობის პოსტზე განაცხადის უარყოფა

ჰონდურასი არის განსაკუთრებული რომაული კათოლიკური ქვეყანა. ეს ქვეყანა იტანჯება სიღარიბისა და სხვადასხვა დაავადებებისაგან.

სანამ ჰონდურასში წავიდოდი ჩვენი პერსონალი, რომელიც იქ იმყოფებოდა და ლაშქრობისთვის ემზადებოდა,

ინფორმაცია მომაწოდეს რომ საზოგადოებრივი უსაფრთხოება ცუდი იყო. მითხრეს რომ სამოქალაქო პირებიც კი დადიოდნენ იარაღებით და რომ საშიში იყო იქ ყოფნა.

მათ ასევე თქვეს რომ ცხელი ამინდის გამო ზოგი ადამიანი გარდაიცვალა კოღოს ნაკბენისაგან. როდესაც ამის შესახებ ვილოცე უფალმა მიპასუხა რომ ქალაქი და ლაშქრობის ადგილი უკვე გარშემორტყმული იყო მისი ძალის სინათლით და ზეციური არმია და ანგელოზები იცავდნენ იმ ადგილს. ამიტომ სანერვიულო არაფერი მქონდა.

2002 წლის 23 ივლისს სან პედროსულას საერთაშორისო აეროპორტში ჩავედი. დაახლოებით 1700 ადგილობრივი ხალხი მოგვესალმა. მათ შორის იყო კონგრესმენი ბატონი ესტებან ჰანდალი. კონგრესმენმა ჰანდალმა მთავარი წვლილი შეიტანა თავის ქვეყანაში ლაშქრობის მოწყობისათვის.

ბატონი ჰანდალი იყო საპრეზიდენტო კანდიდატი. იგი ცნობილი იყო როგორც კონგრესმენი, ბიზნესმენი და ასევე ქრისტიანი დიქტორი.

მას შემდეგ რაც იგი 2001 წელს ფილიპინებში ჩვენს ლაშქრობას დაესწრო და ღმერთის ძალის სასწაულის მომსწრე გახდა, მისი ცხოვრება შეიცვალა.

მან მკითხა „პასტორო, მივიღო მონაწილეობა საპრეზიდენტო არჩევნებში თუ უკეთესი იქნება კონცენტრაცია მხოლოდ ღმერთის სამუშაოზე მოვახდინო?“

„მე რომ შემეძლოს არჩევა გირჩევდი რომ მხოლოდ ღმერთის სამუშაო შეგესრულებინა.“

ჩემი რჩევით მან შეწყვიტა პოლიტიკური მოღვაწეობა და გადაწყვიტა სახარება გაევრცელებინა მსოფლიოს გარშემო.

ჩვენ ვერასოდეს ვერ წავალთ კომპრომისზე სხვა რელიგიებთან

როდესაც სასტუმროში მივედი იქ იყვნენ რეპორტიორები და პრესის წარმომადგენლები შვიდი სატელევიზიო სადგურიდან და ხუთი რადიომაუწყებლობის კომპანიიდან. პირველი კითხვა იყო თუ რატომ ავირჩიე ჰონდურასი.

„მიზეზი თუ რატომ მითხრა ღმერთმა ჰონდურასში ჩამოვსულიყავი არის ამ ქვეყნის კურთხევა. თქვენ ნახავთ ლაშქრობაზე რომ ათასობით ადამიანი განიკურნება."

მე ამაზე შევჩერდი.

„მე ვამბობ ათასობით ხალხს, რადგან არა მარტო ისინი ვინც ლაშქრობას ესწრებიან, არამედ ყველა ის ხალხი ვინც ამას ტელევიზორის მეშვეობით უყურებს ან რადიოში ისმენს, ყველანი განიკურნებიან."

ამას გაბედულად იმიტომ ვაცხადებდი რომ ღმერთი ყოველთვის გვიჩვენებდა საოცარ ნიშნებს და სასწაულებს ყოველ ლაშქრობაზე. რადგან საზოგადოებრივ ადგილას ასეთი დაუჯერებელი რამ გამოვაცხადე, დიდი მატყუარა გავხდებოდი თუ ეს ნიშნები არ მოხდებოდა.

მაგრამ ჩემი სიტყვები რეალობაში ახდა. ჩვენ გვესმოდა სამაუწყებლო კომპანიებიდან, რომლებიც ლაშქრობას პირდაპირ ეთერში აჩვენებდნენ, რომ ისინი იღებდნენ უამრავ ზარებს მაყურებლებისგან. გავიგე რომ ათასზე მეტი ზარი შემოვიდა, ხალხი იძახდა რომ ისინი განიკურნენ ლაშქრობის ტელევიზორში ყურებისას.

240 • ჩემი ცხოვრება, ჩემი რწმენა II

რეპორტიორებისგან მეორე შეკითხვა იყო „რომაული კათოლიკური ეკლესია და ზოგი პროტესტანტები ცდილობენ გაერთიანებას და სხვადასხვა რელიგიების შერიგებას და რას ფიქრობთ ამის შესახებ?" ჩემი პასუხი მკაცრი იყო.

„ერთადერთი ღმერთი არის ღმერთი შემოქმედი. ქრისტიანობა ვერასოდეს ვერ წავა კომპრომისზე სხვა რელიგიებთან. უფალი გარკვევით გვეუბნება ათ მცნებაში რომ იგი არის ერთადერთი ღმერთი და არ შეიძლება სხვა ღმერთი დაყენება მის მაღლა. ამგვარად, არ შეიძლება იყოს სხვა რელიგია."

რეპორტიორები გაკვირვებულები იყვნენ რადგან ძალიან მკაცრად ვლაპარაკობდი ისეთ ქვეყანაში როგორიცაა ჰონდურასი, სადაც მოსახლეობის 90%-ზე მეტი რომაელი კათოლიკეა.

მეორე დღეს დავინახე გაზეთი „ლა ტიემპო." ერთ მხარეს იყო პაპის სურათი. ხალხი ეხმარებოდა მას რადგან იგი იტანჯებოდა პარკინსონის დაავადებისაგან.

მაგრამ მეორე მხარეს რეკლამა ჩვენი ლაშქრობის შესახებ ჩემს სურათთან ერთად და იქვე ეწერა „იესო ქრისტე განკურნავს დღეს. ბრმა დაინახავს, მუნჯი ალაპარაკდება და ყრუ გაიგონებს."

ცხელი ამინდი გახდა ცივი.

26 და 27 ივლისის დილას გვქონდა პასტორების კონფერენცია ებენეზერის ეკლესიაში ცხელ ამინდში.

გავიგე რომ ამინდი მოულოდნელად შეიცვალა მას შემდეგ რაც ჩვენი მისიის გუნდი ჩამოვიდა ჰონდურასში. 40

გრადუსზე მეტი იყო, მაგრამ მას შემდეგ რაც ჩვენ ჩამოვედით ცივმა ნიავმა დაიწყო ქროლა და დღის განმავლობაში ღრუბლები ფარავდნენ მზეს რათა კიდევ უფრო კომფორტული ამინდი გამხდარიყო.

სანამ ჰონდურასში ჩამოვიდოდით ღმერთმა რამოდენიმეჯერ მითხრა რომ იგი გააკონტროლებდა ამინდს და რომ არ უნდა მენერვიულა ამასთან დაკავშირებით. რადგან არასოდეს გვქონია სირთულეები ღია ღონისძიებებისას, მართლაც არ მინერვიულია. მაგრამ რადგან მან რამოდენიმეჯერ მითხრა რომ არ უნდა მენერვიულა, ვიგრძენი რომ რაღაც უნდა მომხდარიყო.

26 ივლისს საღამოს 7 საათზე დავიწყეთ ლაშქრობის პირველი დღე. მაგრამ წვიმა დაწყებული იყო დაახლოებით 6 საათიდან იმ საღამოს. რადგან წვიმა უფრო გაძლიერდა, პრესა ვეღარ იყენებდა ჩამწერ აპარატურას და მიკროფონებს.

სტადიონი რომელიც 60000 ადამიანს იტევდა უკვე სავსე იყო ხალხით. გავიგე რომ თუ იწვიმებდა ადგილობრივი მოსახლეობა უკან დაბრუნდებოდა სახლებში.

მაგრამ შემდეგ ჩვენი შემსრულებელი ჯგუფი წვიმაში ამოვიდა სცენაზე. მათ ჩაიცვეს ლამაზი ტრადიციული კორეული კაბები, „ჰანბოკები“ და შეასრულეს საუცხოო კორეული მოტრფიალე ცეკვები.

სცენა სრიალებდა წვიმის წყლის გამო, ამიტომ მათ გაიხადეს ფეხსაცმელები რათა შეესრულებინათ თავიანთი ძლიერი წირვა-ლოცვის ცეკვები. დამსწრეებს არ დაუტოვებიათ სტადიონი წვიმაშიც კი. ადგილობრივი შემსრულებლებიც ამოვიდნენ სცენაზე და ყველამ ერთად ადიდეს უფალი თავიანთი ცეკვებითა და ხელების მაღლა

აწევით.

მე მოსაცდელ ოთახში ვიყავი და როგორც ვთქვი სცენაზე ასვლა 6 საათზე მინდოდა, მაგრამ ორგანიზატორებმა მირჩიეს ეს არ გამეკეთებინა. დარწმუნებული ვიყავი რომ წვიმა შეწყდებოდა თუ სცენაზე ავიდოდი. მაგრამ ორგანიზატორებმა შემაჩერეს რადგან არ დავსველებულიყავი.

7 საათზე აღარ შემეძლო მეტი მოცდა და უბრალოდ ავედი სცენაზე ორგანიზატორების დაუკითხავად.

იმ დროს ძლიერი წვიმა გადაიქცა ჟინჟვლაში. მალე ჟინჟვლაც კი შეწყდა. ცა გაიწმინდა და გრილი ნიავიც იყო. ზუსტად ლაშქრობის წინ წვიმისა და ქარის შედეგად, მავნე კოღოები და შემაწუხებელი ჩრჩილებიც კი გაქრნენ.

ბევრი ადამიანი იყო გარეთ, რომლებმაც სტადიონზე შემოსვლა ვერ შესძლეს

მოწოდების შემდეგ ავადმყოფებისათვის ვილოცე. მათი მტკიცებები, ვინც განიკურნა ღამის 10 საათამდე გაგრძელდა. შიდსი, სიბრმავე, სიმუნჯე და სხვადასხვა დაავადებები განიკურნა.

სული წმიდის ცეცხლოვანი და ფეთქებადი სასწაულები ცხადად გამოჩნდა შექმნის ყველაზე დიდი ძალით. ვინაიდან ამდენი ხილვადი ნიშანი ჩნდებოდა, რამდენი ადამიანი განიკურნებოდა შინაგანი დაავადებებისგან რომელიც უხილავი იყო?

მეორე დღეს სანამ ლაშქრობა დაიწყებოდა ადგილი უკვე სავსე იყო ხალხით.

გრილი ნიავი ქროდა და არანაირი ჩრჩილები და

კოღოები არ იყვნენ სინათლის გარშემოც კი. კოღოებთან დაკავშირებული პრობლემა იმდენად სერიოზული იყო რომ სან პედროსულას ვიცე მერმა მთხოვა მელოცა ამისათვის. მაგრამ როდესაც უფალი ჩვენთან ერთად იყო, არანაირი მავნე მწერები არ დაფრინავდნენ.

„პასტორო, მათი ჩათვლით ვინც სტადიონზე ვერ შემოვიდა, დამსწრეთა რაოდენობა 100000-ზე მეტია. ათი ათასობით ადამიანი გარეთაცაა."

როგორც კი ადგილები შეივსო, უსაფრთხოების მიზეზის გამო მათ არ შემოუშვეს ის ხალხი ვინც სტადიონისკენ მიიჩქაროდა. მეცოდებოდა ის ხალხი ვინც გარეთ დარჩა.

ავადმყოფების მოკლე ლოცვით უამრავი ადამიანი ადგა ინვალიდის სავარძლიდან და გაიარეს და ბევრი განიკურნა თავიანთი დაავადებებისაგან.

სული წმიდის ცეცხლი არაფერია შეუძლებელი

სან პედროსულას საავადმყოფოს ბეთესდას ექიმის დოქტორი ხოსე სამარას ხელმძღვანელობით მედიცინის დოქტორებმა შეამოწმეს და დოკუმენტით დაადასტურეს განკურნების შემთხვევები. მათ შეამოწმეს ხალხი რენტგენითა და სისხლის ანალიზით.

სამედიცინო პერსონალიც კი მტკიცედ დარწმუნდა ღვთიური ძალებში ამ საქმიანობების შემხედვარე. ერთერთი მედიცინის დოქტორმა ქრუზ მარინმა წარმოადგინა თავისი გამოკვლევის შედეგი 12 წლის გოგონაზე სახელად მარია იესენია. მან მაღალი სიცხის გამო დაკარგა მხედველობა მარჯვენა თვალში როდესაც ორი წლის იყო.

მას რქოვანა გადაუნერგეს მაგრამ მაინც ვერ ხედავდა. მაგრამ როდესაც მან მიიღო ლოცვა ლაშქრობაზე სინათლე გამოჩნდა მის თვალებში და მას შეეძლო სხვადასხვა საგნების გარჩევა.

12 წლის ბიჭი ესტებან ზუნინგა აივ ინფექციით დაავადდა დაბადებიდან რვა თვეში. იგი დაესწრო ლაშქრობას მას შემდეგ რაც ტელევიზორში ნახა რეკლამა ლაშქრობასთან დაკავშირებით. ავადმყოფების ლოცვისას მან იგრძნო რომ რაღაც სიცხე ამოვიდა მისი სხეულიდან.

ცუდი საჭმლის მონელების გამო ნორმალურად ვერ იკვებებოდა. მაგრამ ტკივილი მთლიანად გამქრალიყო და კარგად იკვებებოდა. მოგვიანებით მან მედიცინური შემოწმება გაიარა და სრულიად გამოჯანმრთელებული იყო.

ოსმან გუერა მირანდას ჰქონდა შიდსი. იგი ვერ დადიოდა და მთელი დღე იწვა. როდესაც იგი დაესწრო ამ ლაშქრობას და მიიღო ლოცვა, იგრძნო თითქოს სხეულზე ცეცხლი აეკიდა და იმ მომენტში ტკივილი გაუქრა. მაშინათვე იგი ადგა და სიარული შეეძლო.

არნალდო ბატრესი ლაშქრობის უსაფრთხოებას უზრუნველყოფდა. ლაშქრობამდე ერთი თვით ადრე მან დაიზიანა ფეხი. ხანდახან ფეხის მოძრაობა უჭირდა და სირბილზე ლაპარაკიც ზედმეტია. მან მაინც ძლიერად იმუშავა ლაშქრობისათვის დაზიანებული ფეხით. ავადმყოფების ლოცვის დროს მან იგრძნო რომ მისი სხეული ცახცახებდა და გრილდებოდა და სრულიად განიკურნა.

იგი ისე განიკურნა რომ მეორე დღეს ფეხბურთის თამაშიც

კი შეეძლო. მის 8 წლის ქალიშვილს დაბადებიდან კარგად არ ესმოდა, მაგრამ მას ყურთასმენა გაუუმჯობესდა ლაშქრობაზე ლოცვის მიღების შემდეგ.

სუიაფა ლიერა იყო მორმონი. იგი უყურებდა ლაშქრობას ტელევიზორში და ავადმყოფების ლოცვისას მან ხელები დაიდო ფეხებზე. იგი ვერ დადიოდა მას შემდეგ რაც ავარიაში მოყვა 8 თვის წინ. როდესაც მან მიიღო ლოცვა სული წმიდის ცეცხლი აენთო მასზე და მაშინათვე შეეძლო სიარული და სირბილი. იგი გახდა პროტესტანტი.

ადგილობრივი პასტორები იძახდნენ „ვგრძნობ თითქოს ბიბლიაში ვარ. ახლა კი უდავოდ მჯერა რომ ღმერთი მართლაც ყოვლისშემძლეა." ასეთი რაღაცეები გაგონებისას თავს დაჯილდოვებულად ვგრძნობდი.

როგორც ისეო ქრისტეს დროს, როდესაც ავადმყოფი ადამიანები მოდიოდნენ რწმენით, მათ გამოცადეს სული წმიდის ცეცხლოვანი სასწაულები და განიკურნენ.

ლაშქრობის შემდეგ როდესაც კორეაში დავბრუნდი, მივიღე წერილი ჰონდურასის ვიცე პრეზიდენტისგან. იგი მადლობას მიხდიდა ჰონდურიანელების განკურნებისათვის, დახმარებისათვის და მათთვის სულიერი გზის ჩვენებისათვის.

7. სიმლიერის ახალი სივრცე

ღმერთის ძალის დიდი სასწაულები ხდებოდა ყოველ საზღვარგარეთულ ლაშქრობაზე, მაგრამ კმაყოფილი მაინც არ ვიყავი. ეს არ იყო საკმარისი მსოფლიოს მისიის განსახორციელებლად, რადგან ეს სამყარო ცოდვებით არის სავსე.

ჰონდურასის ლაშქრობის შემდეგ უფალმა მიხელმძღვანელა ძალის ახალი სივრცისაკენ. მან ამიხსნა „ჭეშმარიტი შექმნის ხმის" შესახებ, რომელიც არასოდეს მქონდა გაგონილი წინათ. მან მომცა ახალი მიზანი, რომ უნდა მეპოვნა ჭეშმარიტი ხმა, რათა მიმეღწია შექმნის ყველაზე დიდი ძალის სრულყოფილებამდე.

ჭეშმარიტი ხმა არის შემოქმედი ღმერთის ხმა. ეს იმდენად დიდი და ბრწყინვალეა, როგორც ზარი მთელს სამყაროში. ღმერთმა შექმნა სამყარო და ყველაფერი ამ ხმით.

უფლის ჭეშმარიტი ხმა ჩამაგრებულია ყველაფერში, რათა დაუყოვნებლივ ისინი დაემორჩილონ ამ ხმას.

„თქვა უფალმა ღმერთმა: არ დარჩება ჩემი სული ადამიანში საუკუნოდ, რადგან ხორცია იგი. იყოს მისი ხანი ასოცი წელი“ (დაბადება 6:3).

არსებობს ერთი საგანი რომელსაც ამ ხმის გაგონება არ შეუძლია. ეს არის ადამიანის ხორცი, რომელიც არ არის დაბადებული წყლითა და სულით. მათ გამოღვიძებისათვის ჩვენ გვჭირდება უფლის ძალა. ოთხ სახარებაში ჩვენ ვხედავთ ჩანაწერებს თუ როგორ ემორჩილება ყველაფერი იესოს.

„მივიდნენ, გააღვიძეს და უთხრეს: მოძღვარო, მოძღვარო, ვიღუპებით. ხოლო ის წამოდგა, შერისხა ქარები წყლის ღელვა; დაცხრნენ და სიმყუდროვემ დაისადგურა. და უთხრა მათ: სად არის თქვენი რწმენა? ხოლო ისინი, დამფრთხალნი და განცვიპრებულნი, ერთმანეთს ეუბნებოდნენ: ვინ არის იგი, ქარებს და ზღვას რომ უბრძანებს და ისინიც მორჩილებენ მას?“ (ლუკა 8:24-25)

როდესაც იესო ბრძანებდა, ქარი და ტალღები ემორჩილებოდა. რადგან იგი ბრძანებდა ჭეშმარიტი შექმნის ხმით უსულო საგნებსაც კი ესმოდათ და ემორჩილებოდნენ მას/ ეს იმიტომ იყო ასე რომ იესოს ხმა ჰგავდა ღმერთის ჭეშმარიტ ხმას.

არის სხვაობა ორიგინალური ხმის ძალით გამოვლენილსა და რწმენით ლოცვაში გამოხატულ ძალას შორის. ეს არის

გამოვლენის სიჩქარე და სიდიდე. ჭეშმარიტ ხმას შეუძლია აჩვენოს შექმნის სასწაულები. მაგრამ რწმენის ლოცვა ჯერ ამოძრავებს ზეციურ ხალხს და ანგელოზებს და ამიტომ სჭირდება მეტი დრო.

კორეაში გვყავდა ბრძენი ხალხი, რომლებიც წინასწარმეტყველებდნენ ათი და ასი წლის შემდეგ მოვლენებზე.

ამ ხალხმა განაგდეს ყოველი ბოროტი თავიანთი ბუნებიდან ხანგრძლივი სულიერი დისციპლინის დაცვის მეშვეობით. ისინი არავის განსჯას არ ლამობდნენ და ამიტომაც მათ ისმინეს უფლის ხმა. ყოველთვის არა, მაგრამ როცა ესმოდათ ისინი წინასწარმეტველებდნენ.

მაგალითად, ადმირალი სუნშინ ლის შემთხვევაში მან გასწირა თავისი სიცოცხლე მეფისა და იმ ხალხისათვის ვისაც კეთილი გული ჰქონდა. მის დღიურებში ჩვენ ვხედავთ რომ მან გააცნობიერა ღმერთის არსებობა და ილოცე მისთვის თავისი კეთილი გულით.

რადგან მან იცოდა თუ რა მოხდებოდა, მან იცოდა იაპონიის მომავალ შემოსევაზე. მან გააკეთა ეგრეთწოდებული „კუს გემი" მიუხედავად კრიტიკისა და გადაარჩინა ქვეყანა დაცემისაგან.

რწმენის მამები რომლებმაც გაიგონეს ჭეშმარიტი ხმა

როდესაც სულიერად ვიზრდებით ჩვენ შეგვიძლია გავიგონოთ ხმა და მივიღოთ სული წმიდის წინამძღოლობა. და როდესაც ჩვენ გადავაქცევთ ამ განვითარების შტატს არარაობად და წავალთ უფრო ღრმა სულის სივრცეში, გავიგონებთ უფლის ჭეშმარიტ ხმას. ღმერთმა სთქვა რომ იმ სულის დონე უნდა შემეცვალა არაფერში, რომელიც უკვე მიღწეულია მქონდა (1 თესალონიკელთა 5:23).

ბიბლიაში ჩვენ ვხედავთ სცენებს, სადაც ხალხს ესმის ჭეშმარიტი ხმა. წითელი ზღვის გასაყოფად მოსე დაემორჩილა ღმერთის ხმას და თავისი კვერთხით უბრძანა წითელ ზღვას გაყოფილიყო. შემდეგ ღმერთის სასწაული მოხდა.

როდესაც მართალმა ისუმ უბრძანა მზეს და მთვარეს გაჩერებულ იყვნენ მან გაიგონა ჭეშმარიტი ხმა და ბრძანა. ამიტომ შეჩერდნენ მზე და მთვარე. ეს იმიტომ არ იყო რომ მას დიდი რწმენა ჰქონდა. თუ მას ჰქონდა იმის ძალა რომ მზე და მთვარე შეეჩერებინა, ყველაფერი მოხდებოდა მისი

ბრძანებით.

მას არ სჭირდებოდა ებრძანა მზისა და მთვარისათვის შეჩერებულ იყვნენ. თუ იგი იტყოდა სიტყვებს „ყველა ამალეკიტეს ჯარისკაცო, განადგურდით." მაშინ ჯარისკაცები დაიღუპებოდნენ და ომიც დასრულდებოდა.

ეს იყო იგივე როდესაც ლაზარე მკვდარი იყო ოთხი დღის განმავლობაში და იესომ ბრძანა მისი გაცოცხლება. იესოს უკვე გაგონილი ჰქონდა ღმერთის ხმა. სინამდვილეში მას ყოველთვის ესმოდა მამის ხმა.

რადგან მას ესმოდა მამის ხმა რომელიც ეუბნებოდა რომ ლაზარე გაცოცხლდებოდა და ღმერთი მიიღებდა დიდებას, იესო საერთოდ არ ნერვიულობდა. როდესაც მან უბრძანა ლაზარეს ჭეშმარიტი ხმით, იგი საფლავიდან ცოცხალი გამოვიდა.

8. თომას მწვალებლობის სისხლის ნაყოფი

ინდოეთი, ჩენაი არის ის ადგილი სადაც თომა მოციქულმა იქადაგა სახარება და აწამეს. ახლა იქ არის მემორიალი, საკათედრო ტაძარი. თომა იყო ერთერთი იესოს მოწაფეთაგანი. იგი ყველაზე ცნობილია რადგან მას ჰქონდა უამრავი ეჭვები. მაგრამ, მას შემდეგ რაც იგი შეხვდა მკვდრეთით აღმდგარ უფალს, მას ჰქონდა ჭეშმარიტი რწმენა და მიიღო სული წმიდა. იგი აწამეს სახარების ქადაგების დროს.

2002 წლის ოქტომბერს ღმერთმა მიხელმძღვანელა ინდოეთის ჰინდუ ქვეყნისაკენ. მან მე გამაგებინა, რომ ეს ლაშქრობა მას შემდეგ იყო ჩაფიქრებული რაც დროის ათვლა დაიწყო და რომ პირველ ლაშქრობაში გამოვლინდებოდა ქმნილების ძალა; ასევე ძალიან მნიშვნელოვანი იყო შუა აღმოსავლეთსა და ისრაელში წასვლა.

ძლიერი გვალვა

ჩენაი მდებარეობს ინდოეთის სამხრეთ-აღმოსავლეთ მხარეს. ის არის ინდოეთის მეოთხე ყველაზე დიდი ქალაქი. ლაშქრობა ჩატარდა მარინას სანაპიროზე ჩენაის მთლიანი სახარების მღვდელთა გაერთიანების დახმარებით.

8 ოქტომბერს დავტოვე ინჩეონის აეროპორტი. სინგაპურისკენ ფრენისას ცისარტყელები განუწყვეტლივ ჩნდებოდნენ და ქრებოდნენ. ბევრჯერ მაქვს ნახსენები რომ ცისარტყელებს ვხედავდით ყოველთვის როდესაც მისიის მოგზაურობაში ვიყავით და ამჟამად ჩვენ ვხედავდით რომ ცისარტყელა თვითმფრინავს ერთი საათის განმავლობაში მიჰყვებოდა.

შესაძლოა ეს იყო ნიშანი რომ ღმერთი ჩვენს გვერდით იქნებოდა ოთხდღიანი ლაშქრობისას, როდესაც ნათლად ჩანდა ოთხ ზოლიანი ცისარტყელა. სხვადასხვა ცისარტყელებიც ჩნდებოდა. ჩვენი მისიის წევრები მუდმივად გამოხატავდნენ თავიანთ განცვიფრებას და სიხარულს, ვიდეო ჩანაწერებისა და ფოტო მასალების შეგროვებით.

8 ოქტომბერს დაახლოებით საღამოს 10 საათზე ჩავედით ჩენაის აეროპორტში. ცოტათი ცრიდა. როდესაც მანქანაში ჩავჯექი და დავაპირე აეროპორტიდან წასვლა ძლიერი წვიმა დაიწყო.

მაგრამ ისინი ვინც ჩვენს მოსასალმებლად იყვნენ მოსულები, ძალიან ბედნიერები იყვნენ მაშინაც კი როდესაც სველდებოდნენ. გავიგე რომ ისინი ბოლო სამი წლის განმავლობაში გვალვის პირობებში იმყოფებოდნენ და 9 თვის განმავლობაში წვიმა არ მოდიოდა. ეს იყო მთავარი სოციალური პრობლემა იქ.

ჩენაის მთელი ქალაქი გაიფიცა ცენტრალური მთავრობის წინააღმდეგ წყლის მომარაგების პრობლემების გამო. ასეთ მდგომარეობაში ჩამოვედი და თავსხმა წვიმები დაიწყო. და ზოგი ადამიანი მეძახდა „წვიმის ღმერთი" და იძახდნენ რომ წვიმა მოვიტანე ჩემთან ერთად.

კონვერტაციის საწინააღმდეგო კანონი

ღმერთს უნდოდა მიეღო დიდება ამ ლაშქრობით და იქ იყო უამრავი ეშმაკის დაბრკოლებებიც.

ვიღაცეებმა გაავრცელეს ცრუ ჭორები ჩინაიში ლაშქრობის შესაჩერებლად. მაგრამ მნიშვნელოვანი რაღაც ხდებოდა. იყო განკარგულება იძულებითი გარდაქმნის წინააღმდეგ.

მისი თქმით, „არც ერთი ადამიანი არ უნდა გარდაიქმნას ან ცადოს გარდაქმნა, პირდაპირად ან სხვა მხრივ, ნებისმიერი პიროვნება ერთი რელიგიიდან მეორეზე ძალის გამოყენებით, ცდუნებით ან ნებისმიერი ტყუილის მეშვეობით. ის ვინც ბრალდებული იქნება განკარგულების დარღვევაში, იგი დაპატიმრებულ იქნება 3 წლის ვადით და დაეკისრება გადასახადი 50,000 რუპიის ოდენობით. თუ ეს ფაქტი უმნიშვნელოა და დამნაშავე ქალია ან რომელიმე კასტას ან ტომს განეკუთვნება, ამ შემთხვევაში პატიმრობა 5 წლითა და 100,000 რუპიით განისაზღვრება."

ისინი ვინც თავიანთი ნებით გარდაიქმნებიან და რელიგიური ლიდერები რომლებიც ჩართულნი არიან ამდაგვარი სახის შემთხვევებში, მხილებულ უნდა იქნან ადგილობრივ უწყებებში.

ეს კანონი მოქმედებაში შემოვიდა ლაშქრობის პირველ დღეს, 10 ოქტომბერს. მე უნდა გამერისკა, რომ დავეპატიმრებინეთ სახარების ქადაგებისთვის.

სანამ ინდოეთში არ ჩამოვედი არ ვიცოდი ამის შესახებ. ეკლესიის პერსონალს რომელიც ლაშქრობისთვის ემზადებოდა არ შეუტყობინებია ჩემთვის ამის შესახებ. მათ ეგონათ რომ ვინერვიულებდი.

ასეთი სიტუაციის გამო ორგანიზატორებმა მთხოვეს მექადაგა მხოლოდ მშვიდობის შეტყობინება და კურთხევა.

მაგრამ თუ არ ვიქადაგებდი შემოქმედ ღმერთსა და იესო ქრისტეზე, არ მქონდა იქ წასვლის მიზეზი. არ დამიხევია უკან. მაშინაც თუკი ეს იმას ნიშნავდა რომ დამაპატიმრებდნენ ვაპირებდი მექადაგა შემოქმედ ღმერთსა და იესო ქრისტეზე.

ყოველ სესიაზე ხაზს ვუსმევდი რომ ისინი შენდობილნი იქნებოდნენ ცოდვებისაგან და გადარჩებოდნენ იესო ქრისტეს მიღებით. ასევე ვიქადაგე ლამაზ სამოთხეზე და საშინელ ჯოჯოხეთზე.

პასტორების კონფერენცია

10 ოქტომბერს იყო ლაშქრობის პირველი დღე. იმ დღეს ჩენაიში მრგვალი ცისარტყელა იყო მზის გარშემო. დილით პასტორების კონფერენცია გვქონდა კამარაი არანგამში.

დაახლოებით 3000 პასტორი და მოსალოდნელზე ორჯერ მეტი ორგანიზატორი დაესწრო კონფერენციას. მე ვისაუბრე იმ თემაზე, თუ რატომ ჩარგო უფალმა კეთილისა და ბოროტის ცოდნის ხე.

როდესაც ვუყურებდი მათ როგორი ყურადღებიანები

იყვნენ და დრო და დრო ტაშს უკრავდნენ, ვგრძნობდი რომ ისინი სულიერად მწყურვალნი იყვნენ როდესაც მოწოდებას უსმენდნენ.

კონფერენციისათვის თარჯიმანი დროზე არ მოვიდა და სხვამ შეცვალა იგი. მოგვიანებით გავიგე რომ თარჯიმანს ჰქონდა მოლაპარაკება ორგანიზების კომიტეტის წევრთან, რომ იგი არ გადათარგმნიდა თუ მე სულიერი სამეფოს შესახებ ვისაუბრებდი.

მე ვსაუბრობდი ცოდნის ხის შესახებ და ედემის ბაღი რომ არ მეხსენებინა, დედაარსი უდავოდ დაიკარგებოდა.

რადგან ახალმა თარჯიმანმა არ იცოდა ეს სიტუაცია, მან უბრალოდ ყველაფერი გადათარგმნა. სატრანსპორტო საცობი არ იყო და იმის შემხედვარე, რომ თარჯიმანი მაინც აგვიანებდა მივხვდი, რომ აქ აშკარად უფლის ნება ერია.

დაახლოებით საღამოს 6 საათზე მივედი მარინას სანაპიროზე დიდი იმედით და ცოტაოდენი ნერვიულობით. ეს არის მსოფლიოში მეორე ყველაზე გრძელი სანაპირო. სასტუმროდან დაახლოებით 15 წუთის სავალზე იყო. სცენას სასტუმროს ოთახიდანაც კი ვხედავდი.

სცენა სამ სართულიანი მაღალი შენობა იყო, სიგანით 45 მეტრი. 2000 ადამიანის დატევა შეიძლებოდა მასზე. საკმაოდ დიდი იყო იმისთვის, რომ დატეულიყო ყველა ვისაც ჩვენების მიცემა მოესურვებოდა. ადგილი იმდენად დიდი იყო რომ სხვა ადგილებში დიდი ვიდეო ეკრანები იყო დამაგრებული. დიაგონალურად 25 მეტრის იყო ეკრანები. ერთი საათი იყო დარჩენილი ლაშქრობის დაწყებამდე და ხალხი უკვე შეკრებილიყო.

ინდოეთის სასწაულებრივი განკურნების ლოცვის ფესტივალი (მარინას სანაპირო)

უზარმაზარი ლაშქრობის დასაწყისი

იმ დღეს ვიქადაგე შემოქმედ ღმერთზე. მე განვაცხადე, რომ მე მათ ყველაფრისდა მიუხედავად ვაჩვენებ რომ ღმერთი არის ნამდვილი ღმერთი და რომ იგი ყოვლისშემძლეა და რომ ის მართლა მოქმედებს. ქადაგების შემდეგ ვილოცე ავადმყოფებისათვის მთელი ჩემი ენერგიით. უამრავი დემონი

განიდევნა და ურიცხვი პაციენტი განიკურნა. ეს გადიოდა პირდაპირ ეთერში უამრავ სატელევიზიო არხზე.

ერთერთი მათგანი იყო 6 წლის ბიჭი სახელად განეში. იგი მოჰყვა ავარიაში და საავადმყოფოში წაიყვანეს. თეძოს ძვალზე ჰქონდა სიმსივნე. მათ ამოჭრეს სიმსივნე თეძოს ძვლის ნაწილთან ერთად და დაუმაგრეს ლითონის ძელაკი მისი ბარძაყისა და თეძოს შესაერთებლად. 6 თვე ლოგინში უნდა წოლილიყო.

ამის დროის შემდეგაც კი მას ჰქონდა სირთულეები დაჯდომისას და სიარულისას. მაგრამ იგი დაესწრო ლაშქრობას სხვა ხალხი დახმარებით. როდესაც მან მიიღო ჩემი ლოცვა ავადმყოფებისათვის, მან იგრძნო რაღაც ელექტრო შოკივით. მას შემდეგ ტკივილი გაუქრა და ყავარჯნები აღარ სჭირდებოდა.

ლაშქრობის მეორე დღეს ძლიერად იწვიმა დილით ადრე. უფრო მეტი ხალხი შეიკრიბა ვიდრე პირველ დღეს და უფრო მეტი ადამიანიც განიკურნა. ასი ათასობით ადამიანი იკრიბებოდა ყოველ დღე. მე ვიყავი მაღალ სცენაზე, მაგრამ მაინც მიჭირდა ხალხის გროვის დასასრულის დანახვა. სამკურნალო ლოცვების შემდეგ უამრავი ხალხი შეიკრიბა სცენასთან და ორგანიზატორები გაოცებულები იყვნენ.

უამრავ მქადაგებელს ჰქონდა ლაშქრობა მარინას სანაპიროზე, მაგრამ მათ არ უნახავთ ამდენი განკურნებები და მათ თქვეს რომ ასეთ რამეს არ ელოდებოდნენ.

უფლის ნება ყველაზე დიდი ლაშქრობისა

ლაშქრობის მესამე დღიდან ცაში მრგვალი და სწორი ცისარტყელები ჩნდებოდა. ისევ შეიკრიბა ასი ათასობით ადამიანი და ლაშქრობა დაიწყო.

მაგრამ მოულოდნელი რამ მოხდა. უეცრად ძლიერმა ქარმა დაიქროლა და წვიმა წამოვიდა ქადაგების დროს. ჭექა-ქუხილი და ელვაც იყო. თვალებსაც ვერ ვახელდი წვიმის გამო.

სცენაც კი ირყეოდა ძლიერი ქარის გამო. ზოგმა დამსწრემ შფოთვა დაიწყო. ჩანდა რომ წასვლას აპირებდნენ. მე მოვუწოდე მათ რომ არ შერყეულიყვნენ ამ წვიმის გამო და რომ გაეძლოთ რწმენით და დიდება მიეცათ უფლისათვის. მალე ისინი დამშვიდნენ და გააგრძელეს ქადაგების სმენა.

რიგი პრობლემების გამო ვერ ვეხმარებოდი.. ყველაზე დიდი პრობლემა ის იყო რომ გადამღები აპარატურა დასველდებოდა ან გაფუჭდებოდა. სატელევიზიო გადაცემა შეწყდებოდა. მაგრამ რწმენით იმაზე ვფიქრობდი რომ უფალი დაგვიცავდა.

გასაოცრად ძლიერი ქარი და წვიმა ერთ საათზე გაგრძელდა, მაგრამ ვიდეო ეკრანები, ელექტრო ხელსაწყოები და გადამღები აპარატურები არ იყო დაზიანებული. ასეთი წვიმით, ქარით და ჭექა-ქუხილით დიდი პრობლემები უნდა ყოფილიყო.

სცენაზე ელექტრო ხაზები იყო და წვიმის წყალმა რამდენიმე ელექტრო სადენამდე მიაღწია, მაგრამ ამის გამო პრობლემა არ შეგვქმნია. არანაირი უბედური შემთხვევა არ ყოფილა რადგან ღმერთმა დაგვიცვა.

ლოცვა ავადმყოფებისათვის ძლიერ წვიმაში

მოწოდების ქადაგებისას გულში ვილოცე წვიმის შესაჩერებლად. მაგრამ უფრო გაძლიერდა. ბოლო 20 წლის განმავლობაში უფალი ყოველთვის კარგ ამინდს გვაძლევდა ყველანაირ ღია ღონისძიებაზე. ძლიერი წვიმაც კი ჩერდებოდა ლოცვით. ეს ჩემთვის პირველი შემთხვევა იყო რომ წვიმით დავსველებულიყავი.

ძალიან ვნერვიულობდი და ფეხებში ძალა დავკარგე. უბრალოდ მინდოდა დავმჯდარიყავი და მეტირა. მაგრამ არ უნდა დამენახებინა ასეთი ცრემლები. ვაგრძელებდი ქადაგებას ძლიერი წვიმის ქვეშ. და ასევე ვილოცე ავადმყოფებისათვის. და ეს ყველაფერი ქოლგის გარეშე!

ვფიქრობ ხალხი აღელვებული იყო ამით და არც კი განძრეულან.

ღმერთმა გვაჩვენა დიდი განკურნების სასწაულები იმ დღეს და უამრავმა ხალხმა უყურა ამას ტელევიზორსა და ინტერნეტში.

ლოცვის შემდეგ მტკიცებები დაიწყო. მე ვუყურე მათ. ზოგი მათგანი რომლებიც ქვედა სცენაზე ამოდიოდა, მიყურებდნენ და ცრემლებით მადლობას მიხდიდნენ.

როდესაც სასტუმროში დავბრუნდი ღმერთს ვკითხე თუ რატომ იყო ასეთი ძლიერი წვიმა და რატომ არ შეჩერდა ლოცვითაც კი. მან გამაგებინა რომ ძლიერი წვიმა და ქარი ღმერთის განგება იყო.

რადგან ღმერთის განგებით წვიმდა, მისი შეჩერება ჩემი ლოცვითაც კი არ შეიძლებოდა.

„ამით ღმერთი და იესო არიან ღრმად განთავსებულები ინდოეთის ხალხის მეხსიერებაში და ასევე შენც მათ მეხსიერებაში.“

მან ამიხსნა რომ მიზეზი თუ რატომ მოგვივლინა ასეთი ძლიერი წვიმა იყო ის რომ ადგილობრივ პასტორებსა და ხალხს გაეგოთ რა იყო ჭეშმარიტი რწმენა და რომ აღებეჭდათ უფლის სიყვარული თავიანთ გულებში. ასევე რადგან ჩვენ ამას გავუძელით რწმენით, უკან დიდი კურთხევა დაგვიბრუნდებოდა.

2001 წლიდან ღმერთი ყოველთვის მეუბნებოდა რომ

ინდოეთის ლაშქრობა დაგეგმილი იყო დროის ათვლის დაწყებამდე და რომ ის იქნებოდა ყველაზე დიდი. რადგან უფალმა იცის ხალხის გულები, მან იცოდა რამდენი ხალხი შეიკრიბებოდა.

ეს ლაშქრობა გადიოდა ოთხ სატელევიზიო არხზე და ინტერნეტშიც. ქრისტიანული ღონისძიებისათვის ეს ძალიან იშვიათი რამ იყო, განსაკუთრებით ქვეყანაში როგორიცაა ინდოეთი.

ურიცხვი ინდოელი უყურებდა ლაშქრობას ტელევიზორში, რომელიც ძლიერი წვიმის დროსაც კი გადიოდა და ეს მათთვის მეტად ამაღელვებელი იყო. მათ დაინახეს ქრისტეს ჭეშმარიტი სიყვარული და უფლის სიყვარული ღრმად აღიბეჭდა მათ გულებში.

„ვინ არის ის ვისაც უყვარს ინდოეთის ხალხი ასეთი უზარმაზარი ერთგულებით?“

ყველაზე დიდი ბრბო

მეორე დღეს 12 ოქტომბერს მარინას სანაპიროზე შეიკრიბა 1,5 მილიონი ადამიანი. უამრავი ადმიანი რომელიც ლაშქრობას ტელევიზორში უყურებდა წინა დღეებში მარინას სანაპიროზე მოვიდნენ. ვერ ვხედავდი ხალხის დასასრულს.

ზოგი ამბობდა რომ მთელი სანაპიროს ქვიშა ხალხით იყო დაფარული. იმ დღეს როდესაც ავადმყოფებისათვის ვილოცე, დემონების ყვირილი მესმოდა.

დემონებმა იცოდნენ რომ ვუბრძანებდი წასვლას და ამიტომ ყვიროდნენ. უამრავი ინდოელი იყი ბოროტი სულებით შეპყრობილი, რადგან დიდი ხნის განმავლობაში ისინი კერპთაყვანისმცემლები იყვნენ.

უამრავი ადამიანი ადასტურებს თავიანთი განკურნების სასწაულებს

როდესაც დემონებს ვუბრძანე რომ წასულიყვნენ, ყვირილი ჩაიხშო და სიმშვიდე დამყარდა. ზოგმა დაინახა სულიერი თვალებით, რომ დემონები გარბოდნენ უკან მოუხედავად.

ჭეშმარიტი ხმის ძალა მართლაც რომ დიადი იყო. დემონებით შეპყრობილნი გამთლიანდნენ და ვისაც ხედვა და საუბარი არ შეეძლოთ, მათ თვალები აეხილათ და ალაპარაკდნენ.

ზოგი მათგანი ჯალამბრით მოიყვანეს, მაგრამ ისინი უკან თავისი ფეხით წავიდნენ. ასევე უამრავი განუკურნებელი სენი განიკურნა. განსაკუთრებით ლაშქრობის ბოლო დღე ჩატარდა

სული წმიდის ცეცხლოვანი სასწაულებით.

ეს ყველაფერი არ იყო. ზოგი ჰინდუ ჯადოსნობს. ისინი კიდებენ კვერცხებს და რაიმე ხილს სახლში და წყევლიან სხვებს. როდესაც კორეაში დავბრუნდი მივიღე უამრავი წერილი ამ შავ მაგიასთან დაკავშირებით.

ურწმუნო კაცმა დაკიდა კვერცხები მთელს სახლში, მაგრამ მისი ცოლი მორწმუნე იყო. იგი ლაშქრობას ტელევიზორში უყურებდა.

მაგრამ როდესაც მე ავადმყოფებისათვის ვლოცულობდი, ნემსები რომლებიც კვერცხებზე იყო დაჭერილი ჩამოიყარა კვერცხებთან ერთად და კვერცხები დაიმტვრა. გაოცებულმა ქმარმა სთქვა რომ ეკლესიაში დაიწყებდა სიარულს და აღარასოდეს შეუშლიდა ხელს ქრისტიანობას.

ადგილობრივმა პასტორებმა სთქვეს რომ ეს ლაშქრობა იყო ყველაზე დიდი ყველა ასპექტში. მათ ჰარმონიულად ახსენეს შემოქმედი ღმერთი და იესო ქრისტე და ადიდეს ისინი და სიტყვა დამტკიცებულ იქნა იმ ნიშნებით, რომელიც ამას მოჰყვა.

ორგანიზატორებმა სთქვეს რომ დამსწრეთა 60%-ზე მეტი ჰინდუები იყვნენ. უმრავლესობამ მიიღო იესო ქრისტე.

არა მხოლოდ მარინას სანაპიროზე არამედ 9 სხვადასხვა ქალაქში დააყენეს დიდი ვიდეო ეკრანები და ერთდროულად გაუშვას ლაშქრობა პირდაპირ ეთერში. ამ ეკრანებთანაც ათიათასობით ადამიანი შეიკრიბა. მათ მოუსმინეს ქადაგებას და განიკურნენ. ეს ინდოეთის ქრისტიანულ ისტორიაში დიდი რამ იყო. ეს იყო ლაშქრობა სადაც წამებული თომას სისხლი ნაყოფად გარდაიქმნა.

კონვერტაციის საწინააღმდეგო კანონი საბოლოოდ გაუქმდა

ლაშქრობის პირველი დღიდან უამრავი პოლიციის ოფიცერი მიყურებდა მკაცრი გამომეტყველებით. მაგრამ მათი სახის გამომეტყველება დრო რომ გავიდა მალევე შეიცვალა. როდესაც მათ ნახე უამრავი ადამიანის განკურნება, მოვიდნენ ჩემთან და დაიჩოქეს მუხლებზე ლოცვის მისაღებად.

პოლიციამ განუცხადა ტამილ ნადუს მთავრობას და ცენტრალურ მთავრობას, რომ სამ მილიონზე მეტი ადამიანი შეიკრიბა ოთხი დღის განმავლობაში და რომ მათ ჰქონდათ მშვიდობიანი ქრისტიანული ღონისძიება უბედური შემთხვევების გარეშე. ეს იყო შანსი ქრისტიანობისათვის რომ დაფასებულიყო კიდევ ერთხელ ინდურ საზოგადოებაში. უამრავი მორწმუნე რომელიც დაბეჩავებული ცხოვრობდა ახლა თავისი თავით ამაყოფდა.

უამრავი ადამიანი მოიქცა უფლისკენ და ქრისტიანობა გაძლიერდა. ქრისტიანი ლიდერები გაერთიანდნენ და გამოსცეს უწყება რომელიც მოითხოვდა ანტი-გარდაქმნის კანონის გაუქმებას. ქრისტიანული სკოლები და საავადმყოფოები დაიხურა და ინდივიდუალურმა ქრისტიანებმაც გამოთქვეს პროტესტი მარხვით სახელმწიფოს მთავრობის წინააღმდეგ. წინათ ასეთი რამ წარმოუდგენელი იყო.

საბოლოოდ 2004 წელს ჩატარებულ არჩევნებში მთელი-ინდია ანა დრავიდა მუნეტრა კზჰაგამის პარტიამ წააგო დიდ ველთან.

ეს პარტია იყო პარტია რომელიც ეკუთვნოდა ტამილ

ნადუს შტატის გუბერნატორს ქალბატონ ჯაიალალითას. სამაგიეროდ დემოკრატიული პროგრესული ალიანსი, რომელიც იყო მეგობრული ქრისტიანობასთან, გახდა უმრავლესობა.

სახელმწიფო გუბერნატორმა, ქალბატონმა ჯაილალითამ, გამოსცა უამრავი რეფორმა ხალხთა გულის მოსაგებად. ერთერთი მათგანი იყო კონვერტაციის საწინააღმდეგო კანონის გაუქმება 2004 წლის 18 მაისს.

უამრავმა პასტორმა და პრესის წარმომადგენელმა მიიღო მონაწილეობა ამ ლაშქრობაში. ისინი ჩამოვიდნენ ამერიკის შეერთებული შტატებიდან, შუა აღმოსავლეთიდან, რუსეთიდან, ავსტრალიიდან, ისრაელიდან და სხვა ქვეყნებიდან. ისინი გახდნენ უფლის ძალის მომსწრენი, რომელიც ისინი ფიქრობდნენ რომ მხოლოდ ბიბლიაში არსებობდა და მათ გვთხოვეს ლაშქრობა მათ ქვეყნებშიც ჩაგვეტარებინა.

იქ იყო 30 ქვეყანაზე მეტი ქვეყანა რომელმაც ლაშქრობის ჩატარება გვთხოვა. ეს იყო 2000 წლიდან მეშვიდე ლაშქრობა, მაგრამ ადგილი არასოდეს ამირჩევია ჩემით. მე მხოლოდ უფლის ბრძანებას ვემორჩილებოდი და არ ვიყენებდი ადამიანის ფიქრებს.

თავი 7

ხალხი მოვა შენს სინათლეზე და მეფეები შენი ამოსვლის სიკაშკაშეზე

1. რა მოხდა დუბაიში

უგანდას ლაშქრობის დასრულების შემდეგ ღმერთმა შემატყობინა რომ დუბაიში წავიდოდი. იქამდე სახელი დუბაი არც კი მქონდა გაგონილი.

ამის შემდეგ როდესაც კენიის ლაშქრობიდან ვბრუნდებოდი, ჩავფრინდით დუბაიში. პირველად დავდგი ამ მიწაზე ფეხი. როდესაც აეროპორტში ვიყავი, ვილოცე „მამაო, მიიღე დიდება ამ მიწიდან."

დუბაი არის მეორე ყველაზე დიდი ემირატი არაბთა გაერთიანებულ ემირატებში. ეს არის ადგილი საიდანაც კორეას შემოაქვს ნავთობი. უფალმა თქვა, რომ წინა შვიდი ლაშქრობა რაოდენობრივად იზომებოდა, მაგრამ ეს უფრო მეტად უნდა ყოფილიყო რაოდენობაზე აქცენტირებული.

უფალმა ბრძანა, რომ ჩვენ უნდა დაგვენგრია ჩვენი აზროვნების ჩარჩოები, ვინაიდან დუბაის ლაშქრობის მიზანი ეს არ იყო. ეს იმიტომ ხდებოდა, რომ მე გავცნობოდი უმაღლეს

წარმომადგენლებს და ეს შემდგომში დაგვეხმარებოდა გრანდიოზული ტაძრის მშენებლობაში.

ჩვენ მივიღეთ უფლება ხელისუფლებისგან შეხვედრის ჩასატარებლად და მოვემზადეთ „კორეული ქრისტიანული კულტურის ფესტივალის" ჩასატარებლად 2-დან 4 აპრილის ჩათვლით 2003 წელს ჰიატი სასტუმროს საერთაშორისო ყრილობის დარბაზში. ეს იყო კორეის ტრადიციული ცეკვების და მუსიკის წარდგენისათვის, რათა ყოფილიყო უკეთესი ურთიერთობა ორ ქვეყანას შორის და სახარება გვექადაგა უფრო მშვიდობიანად.

ჩვენ შეგვეძლო შეხვედრა ეკლესიაში გვქონოდა, მაგრამ მაშინ მუსლიმანები ვერ დაესწრებოდნენ. ამიტომ ავირჩიეთ სასტუმრო. თავიდანვე ვიცოდი რომ შეხვედრა არ ჩატარდებოდა, მაგრამ არ მითქვამს ჩვენი პერსონალისთვის. უბრალოდ მივეცი მათ საშუალება რწმენით მომზადებულიყვნენ შეხვედრისათვის.

იმის და მიუხედავად რომ დუბაი არის შედარებით უფრო ღია შუა აღმოსავლეთის ქვეყნებთან განსხვავებით, მაინც ისლამური ქვეყანაა და ადგილობრივი არაბებისათვის სახარების ქადაგება მკაცრად არის აკრძალული.

ლაშქრობამდე ერთი დღით ადრე ჩავედი დუბაიში. შემატყობინეს რომ შეხვედრა უნდა გაუქმებულიყო უსაფრთხოების მიზეზების გამო.

ეს იყო ზუსტად ერაყის ომის შემდეგ და მსოფლიო სიტუაცია არ იყო სტაბილური. მაგრამ ეს არ იყო სწორი მიზეზი. ჩვენი პერსონალის ერთერთი წევრი იმ დროს შეხვდა დუბაის პრინცს, რომელიც მოსული იყო სასტუმროს დასათვალიერებლად და თავისთვის გააგრძელა მოწვევა.

როდესაც მან გაიგო რომ ეს ქრისტიანული ღონისძიება იქნებოდა მაშინვე გასცა ბრძანება შეხვედრის გაუქმებისა.

პოლიციის უყურადღებობის თანხლებით

2 აპრილს 100-ზე მეტმა პოლიციის ოფიცერმა დაიწყო შემოწმებები სასტუმროს გარშემო. ისინი უკან უშვებდნენ ყველას ვინც შეკრებაზე დასასწრებად მოდიოდა. ისინი ჩვენც, მისიის ჯგუფსაც თვალყურს გვადევნებდნენ.

მტერი ეშმაკი ფიქრობდა, რომ თამაში ჩვენთვის დასრულდებოდა თუ შეხვედრა ჩაიშლებოდა უმაღლეს მმართველებთან, მაგრამ უფლის ნება მშვიდად აღსრულდა.

მეორე დღეს დუბაის გონებრივად ჩამორჩენილთა კლუბიდან სათხოვარი მოგვივიდა. ჩვენ ადგილზე სამ და ოთხ ჯგუფებად მივედით. რადგან ყველაფერი სწრაფად იყო მოწესრიგებული მხოლოდ დაახლოებით 100 ადამიანი იყო იქ.

მათ უმრავლესობა იყო ძირითადად გონება ჩამორჩენილი და ბევრს თავისი ძალით სიარულიც კი არ შეეძლო. უამრავ ქალბატონს ეცვა შავი აბაია. მე ვიქადაგე 15 წუთიანი ქადაგება და ვილოცე იესო ქრისტეს სახელით. ღმერთმა სასწაულები მოახდინა. ხალხი რომლებიც ვერ დადიოდნენ სიარული დაიწყეს და ზოგმა ყურთასმენა აღიდგინა. ისინი ვისაც დაჭიმული სხეული ჰქონდა ცერებრული დამბლის გამო ახლა მოხრა შეეძლოთ, გაჭიმვა და გამოძრავება.

ეს შეკრება და წინა ლაშქრობები დუბაიდან პირდაპირ ეთერში იქნა გაშვებული „ზ-ე-ე"-ს სამაუწყებლო კომპანიის მიერ, რომელიც ინდოეთზე დაფუძნებული სატელიტური სატელევიზიო არხია და იმ მხარეში 16 ქვეყანას მოიცავს.

სანამ სასტუმროში ვცხოვრობდი, მათ ვისაც წყუროდათ უფლის ძალის შეგრძნება ჩემთან მოდიოდნენ, რაღაცნაირად ახერხებდნენ პოლიციის გვერდის ავლას. ლაშქრობა რომ არ ჩაგვეტარებინა ვერ შევხვდებოდი ვერავის, მაგრამ შევხვდი უამრავ ადამიანს რომელსაც ღმერთი მიგზავნიდა.

ქალბატონი სახელად შეილა დივაკარი ავარიისას დაზიანების გამო დიდი ხნის განმავლობაში ინვალიდის სავარძელს იყო მიჯაჭვული. მისთვის უბრალოდ გამოძრავებაც კი ძალიან რთული იყო. მაგრამ მას შემდეგ რაც ჩემი ლოცვა მიიღო, იგი ადგა ფეხზე და დაიწყო ცოტ-ცოტა სიარული. იგი სიხარულს ვერ მალავდა.

ზოგი პრესის წარმომადგენელიც დაგვეხმარა. დოქტორი ომერ იასინი მოვიდა მის მეუღლესათან და ქალიშვილთან ერთად. მის ქალიშვილს ჰქონდა მეტყველების აშლილობა 30 წლის განმავლობაში თავის ტვინის ანთებისგან.

მაგრამ როდესაც მან ჩემგან ლოცვა მიიღო სთქვა „მადლობა!“ წყვილმა პირველად დაინახა თავიანთი ქალიშვილის საუბარი. მათთვის ეს მეტად ამაღელვებელი იყო.

დოქტორმა ომერმა სთქვა რომ თავისი ქალიშვილი განკურნებაზე დაწერდა. იმის და მიუხედავად რომ ცოტა დრო იყო, შევხვდი უამრავ ადამიანს რომლებიც დახმარებას გვიწევდნენ მისიაში შუა აღმოსავლეთში. ეს ხალხი გახდა დამაკავშირებელი ხაზი ღმერთის სურვილის შესასრულებლად.

2. რუსეთის ლაშქრობა, სანქტ-პეტერბურგის მესამასე წლისთავის ოფიციალური ღონისძიება

2003 წლის 27 მაისს რუსეთის პრეზიდენტმა პუტინმა მოიწვია 50 ქვეყნის ლიდერი, რათა ეზეიმა სანქტ-პეტერბურგის ქალაქის მესამასე წლისთავი. რადგან ამდენი ქვეყნის ლიდერი შეიკრიბა ერთ ადგილას, სანქტ-პეტერბურგმა მსოფლიოს ყურადღება მიიპყრო.

ჩვენი ლაშქრობა რუსეთში ამავე წელს ჩატარდა და აღნიშნული იყო აღსანიშნავი ღონისძიებების ერთერთ ოფიციალურ ღონისძიებად. ლაშქრობის პირველი დღიდან 2003 წლის 12 ნოემბერს სანქტ-პეტერბურგის ოლიმპიური სტადიონი ხალხი იყო სავსე.

იქ ნოემბერში ძალიან ცივა და თოვს კიდეც. მაგრამ ლაშქრობის განმავლობაში ჩვენ გვქონდა ატიპიურად თბილი ტემპერატურა. მე ვიქადაგე შემოქმედ ღმერთზე, რატომ არის იესო ქრისტე ჩვენი ერთადერთი მხსნელი და სული წმიდის ძალაზე.

რუსეთის სასწაულებრივი განკურნების ფესტივალი
(სანქტ–პეტერბურგის ოლიმპიური სტადიონი)

ავადმყოფების ყველა ლოცვაში სტადიონი ივსებოდა სული წმიდის სითბოთი.

იყო ხალხი რომელიც გაჰყვიროდა, რომ მათ ესმოდათ; ვისაც სიარული არ შეეძლო, მათ გაიარეს; მათ ვისაც ყავარჯნების გარეშე არ შეეძლოთ მოძრაობა, მათ თავისი ფეხებით გაიარეს; ზოგი სათვალეს იშორებდა მხედველობის აღდგენის შემდეგ; იყვნენ ისეთებიც რომლებსაც მეტყველება აღუდგათ. ეს სცენა პირდაპირ ეთერში გავიდა მთელი

მსოფლიოსათვის.

სანქტ-პეტერბურგის გარდა ერთდროულად ტარდებოდა ლაშქრობები ხუთ სხვა ადგილას პირდაპირი ეთერით პენზაში, იჟევსკში და უკრაინაში.

ეს მოხდა მაშინ, როდესაც მე წავედი გამოსამშვიდობებელ წვეულებაზე ლაშქრობის დასრულების შემდეგ და იქ ერთერთი პასტორი, რომელიც მუდმივად ესწრებოდა იჟევსკში გამართულ ლაშქრობებს, მომიახლოვდა. მინუს 20 გრადუსის მიუხედავად, ათასზე მეტი ადამიანი შემომეხვიე და უამრავი განიკურნა.

ერთერთი პასტორი, რომელიც ზრუნავდა უნარშეზღუდულთა კლუბზე, გამოხატა თავისი სიხარული და ამბობდა რომ უამრავი ადამიანი განიკურნა სმენის აშლილობისგან და მხედველობის დაკარგვისაგან.

ეს ლაშქრობა პირდაპირ ეთერში არა მხოლოდ რუსეთში, არამედ 150-ზე მეტ ქვეყანაში გავიდა 27 საჰაერო არხის, სხვადასხვა საკაბელო ქსელებითა და 12 სატელიტური ანტენის გამოყენების მეშვეობით. მეზობელ ქვეყნებში, როგორიცაა ესტონეთი ხალხმა გამოსცადა ღვთაებრივი განკურნების სასწაულები ტელევიზორში ლაშქრობის ყურებისას და გაუგზავნეს თავიანთი ამბები სამაუწყებლო კომპანიებს.

ადგილობრივი სამედიცინო ექიმები დაესწრნენ ლაშქრობას რათა დაერეგისტრირებინათ განკურნების შემთხვევები და მოეხდინათ მათი დოკუმენტირება. ერთმა ექიმმა გამოხატა განცვიფრება, იძახდა „შოკში ვიყავი როდესაც ვუყურებდი ამდენი ადამიანის ლოცვის მიღებით განკურნებას."

მოსკოვის პენტეკოსტელი ეკლესიის ასოციაციის

პრეზიდენტმა სთქვა რომ მან იგრძნო სული წმიდის ცეცხლოვანი სასწაულები და უფლის არსებობა და ეს იყო დიდი გარდატეხა რუსეთის ეკლესიების გაცოცხლებისათვის.

იგი აგრძელებდა იმის თქმას რომ პასტორები იქნენ გაღვიძებულნი სულიერი ძილისგან; მათ ახლა სჯეროდათ რომ უფლის ძალა არ არის მხოლოდ ბიბლიაში და რომ ის რეალობაშია და რომ დღესაც კი შეიძლება მოხდეს. ამ გზით მათ სურვილი გაუჩნდათ ღმერთის ძალისა და ეკლესიები გაერთიანდნენ.

3. სულიერი სწავლების დასაწყისი

ღმერთი არის სული და იმდენად, რამდენადაც ჩვენ შევიცვლებით სიმართლისა და სულიერებისკენ, ჩვენ ასევე შევძლებთ სულიერ სივრცეში მოძრაობას. იმდენად, რამდენადაც ჩვენ გავხდებით სულიერნი, მით უფრო გავმთლიანდებით უფალში როგორც ერთნი და მივიღებთ მის ძალას. ამ გზით ქადაგებაში ძალაუფლება განსხვავებული იქნება.

შეიძლება არ იყოს ძალიან რთული ქადაგებით შთაბეჭდილების დატოვება მსმენელზე. მაგრამ მსმენელზე სულიერი გავლენის მოსახდენად, პირველ რიგში ჩვენ ამის ძალაუფლება უფლისგან უნდა მივიღოთ.

სულიერი სამყაროს სიღრმე უსაზღვროა. ჩემი მისი ძალის უფრო მაღალ განზომილებაში გამღოლისათვის, ღმერთმა მომცა უფლება დამეწყო სულიერი სწავლებები 2003 წლის იანვარს.

ეს პროცესი საჭირო იყო იმისათვის რომ გამეგო უფლის ჭეშმარიტი ხმა რომელიც 100 პროცენტით მისი გულიდან მოდიოდა და სრულიად გამოხატავს შექმნის ყველაზე დიდ ძალას.

უფალმა დასაწყისშივე ამიხსნა სულიერი კანონების შესახებ. მან ასევე ამიხსნა სამართლიანობის წესები. მან დეტალურად მითხრა იმ უფლის წინასწარმეტყველების შესახებ, რომლებმაც მიაღწიეს სულის დონეს რომელიც ცნობილია „მთლიან სულად" როგორც აბრაამი, მოსე, ელია და პავლე მოციქული.

მან ასევე მასწავლა შემოქმედი ღმერთის და უფალი იესოს შესახებ, სხვა წინასწარმეტყველების და მოციქულების შესახებ, რომლებიც ცხადად აჩვენებდნენ უფლის ძალას. ასევე ვისწავლე სინათლის დონეების შესახებ.

ვასწავლი პასტორებს სულიერ სამღვდელოებას

იმის და მიხედვით თუ რა ვისწავლე უფლისგან ღრმა სულიერი სამეფოს შესახებ, ჩავატარე რამდენიმე პასტორების კონფერენცია ერთ წელში.

ჩვენ პასტორებს მთელი ჩემი ძალითა და მონდომებით გადავეცი ცოდნა, რათა ისინი ღირსეული წინამძღვრები გამოვიდნენ და პირნათლად შეასრულონ მისიონერული დავალებები სხვა ქვეყნებში. მე მათთვის წრფელი გულით ვლოცულობ და მათ სიძლიერეს ღმერთს ვეხვეწები.

როგორც პავლე მოციქულმა სთქვა, „*მაშ, იფხიზლეთ და გახსოვდეთ, რომ სამ წელიწადს, დღე და ღამ, განუწყვეტლივ ცრემლით ვასწავლიდი თვითეულ თქვენთაგანს*" (საქმე 20:31),

მე მათ ის ყველაფერი ვასწავლე, რაც უფლისგან მივიღე რათა ისინი რწმენის უმაღლეს საფეხურზე ამეყვანა. რა ბედნიერება იქნებოდა თუ ბევრი სხვა პასტორი მიიღებდა უფრო დიდ ძალას ვიდრე მე მივიღე და უფლის სამეფო გაიზრდება და კიდევ უფრო მეტი სული გადარჩება! 2003 წლის ივლისს ოცდამეერთე პასტორების კონფერენციაზე გამოვედი სიტყვით სახელად "სულის დინება."

იქ მე პასტორებს "სივრცეზე" ვესაუბრე რომელიც უფლისგან ვისწავლე. მე ვასწავლე მათ იმის შესახებ თუ როგორ უნდა გვქონდეს სულის გული და "სივრცის" დინება და ასევე ვასწავლე ახალი იერუსალიმში 24 მოხუცებულის შესახებ. ასევე მოვუწოდე მათ ჰქონოდათ დიდი ძალა სულიერ სამღვდელოებაში და ჰქონოდათ კიდევ უფრო დიდი იმედი სამოთხისა.

ბიბლიაში უამრავი ლექსი 1 მეფეთა 8:27 და იერემია 10:12 გვეუბნება რომ არა მხოლოდ ერთი სამოთხე, არამედ რამდენიმე სხვადასხვა სამოთხე არსებობს. ახალ აღთქმაშიც კი ეფესელთა 4:10 გამოყენებულია მრავლობითი რიცხვი "ყველა სამოთხის მაღლა."

სამოთხე ერთი არ არის, რამდენიმეა. ზოგადად შეიძლება კატეგორიებად განაწილება ფიზიკურ სივრცესა და სულიერი სივრცეში, რომელიც არის სულიერი სამეფო. ფიზიკური სივრცე ზომით ძალიან პატარაა სულიერ სივრცესთან შედარებით.

ფიზიკური სივრცე არის პირველი სამოთხე და მეორე სამოთხიდან სამოთხეები ეკუთვნის სულიერ სამეფოს.

ედემის ბაღი და ბოროტი სულები არსებობს მეორე სამეფოში. ზეციური სამეფო მდებარეობს მესამე სამოთხეში

და მეოთხე სამოთხის ჭეშმარიტი სამეფო ტახტის სახლებში. ის არის განსხვავებული სივრცე უფლის სამეფო ტახტისგან ახალ იერუსალიმში.

სივრცე

ღმერთის გულშია მოთავსებული სამყაროს ყველა სივრცე. სივრცის ქონა, იგივეა რაც მისი დატევა გულში. კერძოდ, უნდა იქონიო ღრმა სივრცული ცოდნა, განავითარო იგი სულიერ ცოდნაში და გააერთიანო იგი შენს გულში.

ეს არის სივრცის დაუფლებისა და კონტროლის დონე მეოთხე სამოთხეშიც კი. მხოლოდ ამ დონეზე შეუძლია ვინმეს ჰქონდეს ჭეშმარიტი ხმა. და ეს ხმა ნიშნავს „ძლიერ ხმას." მაგრამ ჩვენ არ შეგვიძლია მისი გაგონება.

როდესაც ეს შექმნის ჭეშმარიტი ხმა გაისმის, ყველაფერი სივრცეში ემორჩილება მას. მისი ძალაუფლება და კეთილშობილება ყველა სამოთხეს შეარხევს.

თუ ადამიანი ამ ხმას გაიგებს, ყურის ბარაბნები გაუსკდება. ჩვენ მხოლოდ მაშინ შეგვიძლია ამ ძლიერი ხმის გაგონება, როდესაც ღმერთი ჩვენს სულიერ ყურებს გააღებს.

უფალმა მომცა უფლება ჯერ მქონოდა სულიერი ცოდნა სივრცის შესახებ მეოთხე სამოთხეში. ეს შესაძლებელია, როდესაც ვინმე სულიერი საფეხურიდან გადადის უფლის სუფთა სულიერ სამყაროში და ჯილდოვდება ზეცის მეოთხე სივრცით, სრულიად. შემდეგ მას შეუძლია გააკონტროლოს მეორე სამოთხე და სულში მესამე სამოთხეც.

მათ ვინც მიაღწიეს მთლიანი სულის დონეს, როგორც ელია წინასწარმეტყველმა, მოსემ და პავლე მოციქულმა

მიაღწიეს ბოროტი სულების გაკონტროლების დონეს რომელიც ახლანდელია მეორე სამოთხეში. ბოროტი სულები ცახცახებენ იმ ხალხის წინაშე, ვინც მთლიან სულს მიაღწია და სინამდვილეში მათ ამ ხალხთან მიახლოებაც კი არ შეუძლიათ.

მაგრამ როდესაც მთლიანი სულის ადამიანები ამ ქვეყანაზე ცხოვრობენ, ბოროტი სული გულიანდება, ეძებს მათ და დაბრკოლებებს უქმნის. ეს ძალაუფლება ისაა, რომელიც მინიჭებულია ეშმაკეულ სულებზე უფლის მიერ მანამ, სანამ ადამიანთა მოდგმის განვითარება არ შეწყდება დედამიწაზე. ეშმაკი იყენებს ამ ძალაუფლებას და ცდილობს ხელი შეუშალოს უფლის სამეფოს სამუშაოების შესრულებას.

ის ამ მიზეზის გამოა, რომ როდესაც ჩვენ ვაღწევთ მთლიანი სულის დონეს, ჩვენ უნდა განვაგრძოთ ბრძოლა წყვდიადის ძალების წინააღმდეგ სანამ ჩვენი სამღვდელოება არ დასრულდება ამ ქვეყანაზე. მაგრამ თუ ვინმე ფლობს სივრცეს მეოთხე სამოთხეში, ყველაფერი სრულდება როდესაც ჭეშმარიტი ხმა გაისმის, ამიტომ ეშმაკს არ შეუძლია ამ სამუშაოების ხელის შეშლა.

ზოგმა შეიძლება იკითხოს „თუ ღმერთი უფალმა მისცა ძალაუფლება ბოროტ სულებს, არ შეუძლიათ მათ ძლიერი სასწაულების წარმოდგენა?“ ბოლოჯერ ვამბობ, ეშმაკს არ შეუძლია თავისი ძალაუფლებით წარმოადგინოს ძალის სასწაულები.

ეშმაკს მოაქვს განსაცდელი და გამოცდები იმ ადამიანებისათვის ვინც უფლის სიტყვა მიატოვა და ცოდვა ჩაიდინა და ეს ხდება სულიერი სამეფოს წესების მიხედვით. ღმერთმა უთხრა გველს მიწის მტვერი ეჭამა ყოველდღე მთელი ცხოვრების მანძილზე (დაბადება 3:14), მაგრამ ისინი

არ ჭამენ მტვერს. ისინი ჭამენ ცოცხალ რაღაცეებს როგორიცაა ბაყაყები ან თაგვები.

აქ მტვერს აქვს სულიერი მნიშვნელობა. ეს მიმართავს ადამიანს, რომელიც შეიქმნა მიწის მტვრისაგან. უფალი ნებას რთავს ეშმაკს შთანთქოს „ხორციელი ადამიანი", რომელიც არ დაემორჩილა უფლის სიტყვას და ცოდვები ჩაიდინა.

შექმნის ძალა მკვდრის გასაცოცხლებლად, კოჭლი კაცის ფეხზე დასაყენებლად და ბრმის მხედველობის დასაბრუნებლად ეკუთვნის მხოლოდ ღმერთს. ეშმაკს არ აქვს ასეთი ძალა და ამიტომ ბიბლიაში არ არის ადგილი რომელიც გვეუბნება რომ ბოროტი სულები ასრულებენ ამ სამუშაოებს.

ზეცის მეოთხე სივრცეში შესვლის სწავლების პროცესში, უფალმა გამომაცალა ფიზიკური ენერგია სხეულიდან და ამავსო სულიერი ენერგიით. პროცესის დროს არანორმალური რამ მქონდა სხეულში. ეს იმიტომ მოხდა, რომ ჩემი სხეული მესამე განზომილების ნაწილი, მე კიდევ მეოთხე განზომილებაში გარდაქმნის სწავლებას გავდიოდი..

სულიერი სივრცე მეოთხე განზომილებაში, არის განზომილება რომელშიც მხოლოდ უფალი არსებობს როგორც ჭეშმარიტი ხმა და სინათლე. ამ საფეხურზე, საქმიანობის განხორციელება გულით ხორციელდება.

4. კურთხევა წინასწარმეტყველებაში დაშვებული სამი გამოცდის მეშვეობით

ვთქვათ რომ იესოს ძალა იყო 100. მაშინ ძალა რომელიც მთლიანი სულის ადამიანს შეუძლია აჩვენოს არის მაქსიმუმ 50. პავლე მოციქული არის ის რომელმაც ცხადად აჩვენა ყველაზე ძლიერი სასწაულები ბიბლიის ფიგურებიდან. მას აქტიურად ჰქონდა კავშირი უფალთან და ბიბლიის 14 წიგნი დაწერა. ის ასეთი კარგი იყო, მაგრამ მას ჰქონდა მხოლოდ 50% იესოს ძალასთან შედარებით.

ამიტომ მას არ შეეძლო ბრმისთვის თვალების ახელა და მუნჯის ალაპარაკება. მას არ შეეძლო ეჩვენებინა სასწაულები დროისა და ადგილის საზღვრებს გარეშე.

ზოგმა შეიძლება იფიქროს რომ მოსემ შეასრულა იმ ძალის დონეზე რომელიც პავლეს ძალაზე დიდი იყო. მაგრამ მოსემ აჩვენა ნიშნები და სასწაულები, როგორიცაა წითელი ზღვის გაყოფა უფლის სიტყვაზე დამორჩილებით.

მაგრამ პავლე მოციქულის შემთხვევაში უფლის ბრძანების გარეშეც კი, მისი საკუთარი რწმენით მან წარმოადგინა ნიშნები და სასწაულები. მსოფლიოს მისიის შესასრულებლად ამ დროში რომელიც ცოდვებით სავსეა, უფალმა სთქვა რომ პავლე მოციქულს ძალის დონის 50 პროცენტიც კი არ არის საკმარისი.

თუ ძალა რომელიც მე მქონდა იქნებოდა 1 ეკლესიის გახსნის დროს, უფალმა აავსო დარჩენილი 99 და გვანახა დიდი ნიშნები და სასწაულები. რწმენის მრავალჯერადი გამოცდის დასაწყისიდან ჩემი ძალა ნელ-ნელა იზრდებოდა და მან 50-ე საფეხურს მიაღწია ზუსტად მაშინ, სანამ მე 3 გამოცდის წინაშე წარვდგებოდი 1998 წელს.

მაგრამ ეს საკმარისი არ იყო ღმერთის სურვილის შესასრულებლად. ამიტომ უფალმა მიხელმძღვანელა კიდევ უფრო ძლიერი ძალისაკენ სამი გამოცდის მეშვეობით. უამრავი ადამიანის ღალატს გავუძელი და განმდევნეს მიზეზის გარეშე. მაგრამ მე ამას გავუძელი სიხარულით, მადლიერებით, ლოცვებით, სიყვარულით და გულკეთილობით.

ეშმაკმა სცადა ჩემი განადგურება ამ სამი გამოცდის მეშვეობით და სხვადასხვა გეგმებით, მაგრამ დამარცხდა. სულიერი სამეფოს კანონი ბრძანებს რომ ცოდვის ჯილდო სიკვდილია. ამიტომ ეშმაკს არ შეუძლია მოკლას ან გაანადგუროს ის, ვინც ცოდვას არ ჩაიდენს. ეშმაკმა წააქეზა ბოროტი ხალხი და ჯვარზე გააკრა იესო, მაგრამ რადგან იესო უცოდველი იყო მან დაამსხვრია სიკვდილის ძალაუფლება და აღსდგა.

ამის შემდეგ ეშმაკს არ შეეძლო ჩემს წინ დამდგარიყო და

შეეფერხებინა მისია. როდესაც ეს სამი გამოცდა ჩავაბარე უფალმა მომცა ძალის ოთხი დონის სინათლე. მანამდე, როცა ვლოცულობდი, ზეციდან ძალა ჩამოვიდა და ჩემში გაიარა და მას შემდეგ ღვთიური ძალის სხივები უკვე ჩემგან გაედინება.

ერთად რომ შევკრიბოთ ხალხი ამ ცოდვებით სავსე სამყაროში, ჩვენ გვჭირდება შექმნის ძალა. ამიტომაც მიმიყვანა ღმერთმა ამ ყოფამდე მრავალჯერადი გამოცდების მეშვეობით, რომ ბოროტებას არ შეძლებოდა ჩემზე ბატონობა.

რადგან გამოცდებს გავუძელი, ეშმაკს აღარ შეეძლო შეკამათება როდესაც უფალმა თავისი ძალა გადმომცა. ამ პროცესის დაძლევის შემდეგ, სატანა შეეპასუხება ღმერთს, „შენ შენს მსახურს ისეთი ძალაუფლება მიეცი, რომ ის მრავალი ხალხის რწმენას იწვევს. ეს არის ადამიანთა განვითარება?“

უფალი მუშაობს სრულყოფილი სამართლიანობით ყოველგვარი ხარვეზის გარეშე. იგი ადამიანებზე ძალიან დიდი ხანია ზრუნავს, მაგრამ მას არასოდეს გაუკეთებია ისეთი რამ რაც უსამართლო იყო. ღმერთმა მომცა ოთხი დონის ძალა და გამწვრთნა უფრო სრულყოფილი დონეებისათვის.

ეს იმიტომ მოხდა, რადგან ჩვენ უნდა შევასრულოთ მსოფლიოს მისია და საჯაროდ გამოვაცხადოთ ცოცხალი ღმერთი მთელს მსოფლიოში. ასეთი პროცესით ღრმად გავაანალიზე ორივე, უფლის ადამიანურობა რომელიც გულკეთილობით იგებს და უნდა ბოროტი ადამიანების დაჯერებაც კი და მისი ღვთისმეტყველება რომელიც განასხვავებს ადამიანების ბოროტებას. ეს იყო უფლის სიყვარულის პროცესი და სამართლიანობა რომელიც ჩემს გულში დაილექა.

2000 წელს ძალის დონე დიდად გაიზარდა. უგანდას

ლაშქრობის დასაწყისში საზღვარგარეთული მისიის კარები ფართოდ გაიღო და შექმნის ძალა ცხადად გამოჩნდა. მაგრამ ეს არ იყო ადვილი ადამიანისათვის ადამიანის სხეულით წასულიყო მეოთხე განზომილების სივრცეში.

უბრალოდ დაფიქრდი როგორ ვარჯიშობენ ასტრონავტები რათა შეეგუონ განსხვავებულ გარემოს გარე სივრცეში. ისევე როგორც წინააღმდეგობაა ძლიერი როდესაც დედამიწის ატმოსფეროს გასცდები, ასეთივე მძიმე კონვულსიებს განვიცდიდი როდესაც ზეცის მეოთხე განზომილების დაუფლებას ვსწავლობდი.

2003 წლის ნოემბერს ვარჯიში ხმებოდა დაახლოებით რუსეთის ლაშქრობის დროს. კონვულსიებიც გახმობის პირას იყვნენ. ვეღარც ვიძინებდი რადგან დღე და ღამ უნდა მებრძოლა ამ კონვულსიების წინააღმდეგ. მაგრამ 2004 წელს კონვულსიები შემცირდა.

ახლაც კი მსოფლიოს მისიის სიმძიმე და ტაძრის მშენებლობა და ამ ყველაფრის ფინანსური საკითხები მკუმშავს. როდესაც ეს საქმეები გაქრება, დავისვენებ და კონვულსიებიც ბუნებრივად გაქრება.

2004 წლის 15 აპრილს დავასრულე ჩემი სულიერი სწავლებები. მას შემდეგ მელოდებოდა ვარჯიში იმისა რაც ვისწავლე. იმ დღეს ჩემი ჩემს ლოცვის სახლში ვიყავი და მზეს გარშემო ნათელი წრიული ცისარტყელა ერტყა.

ვგრძნობდი როგორ იზრდებოდა ძალა მას შემდეგ რაც სულიერი სწავლებები დავასრულე. განკურნების სასწაულები უფრო სწრაფად ხდებოდა ვიდრე ადრე. მე თვითონაც გაოცებული ვიყავი. ადამიანი მწვავე დამწვრობით განიკურნა და ერთ კვირაში გასუფთავდა შრამებისაგან.

ეკლესიის წევრებმა სწრაფად მიიღეს კურთხევა. ყველაფერი სწრაფად ხდებოდა. როცა ამ სულიერ წვრთნას ბოლომდე დავასრულებ, მე შევძლებ უფლის ნების ასრულებას ყოველგვარი ფიზიკური და სულიერი სივრცის დაბრკოლების გარეშე. 2004 წლის ოქტომბერს დავიწყე სულიერი ვარჯიში უფლის ხელებით, რომელიც წინ მიძღვებოდა მისი ძალის უფრო ღრმა დონეებამდე.

დეპრესია განიკურნა ინტერნეტით წირვა-ლოცვაზე დასწრებით

ვეი ირანს, რომელიც ტაივანში ცხოვრობდა, ჰქონდა დეპრესია და უძილობა 2004 წლის მაისიდან სამსახურში ზედმეტი სტრესისგან. ყოველდღე საღამოს 4-5 საათზე იმდენად უჭირდა სუნთქვა რომ საავადმყოფოში უნდა წაეყვანათ და ჟანგბადის ნიღაბი ეკეთა. მკურნალობამ არ იმოქმედა.

დეპრესიის ძირითადი მიზეზი არის სტრესი და რთულია მისი მარტო მკურნალობა. სერიოზულ შემთხვევებში პაციენტები თავს იკლავენ. ახლა ეს გახდა არაჩვეულებრივი მოვლენა მსოფლიოს მასშტაბით.

მისი მდგომარეობა უარესდებოდა და ივლისში შვებულება აიღო ავადმყოფობის გამო. იგი არა მხოლოდ დეპრესიისგან იტანჯებოდა, არამედ მას ასევე ჰქონდა მენიერეს დაავადება, რომელიც იმას ნიშნავს რომ მას ჰქონდა თავბრუსხვევა და წონასწორობას ვერ აკონტროლებდა. მისმა თვალის გუგებმა დაკარგეს ფოკუსი. სხეული ისეთი დაჭიმული ჰქონდა რომ მხოლოდ სხვისი დახმარებით შეეძლო მოძრაობა.

ამ სიტუაციაში მან მიიღო სახარება რომელიც მეგობრებმა

წაუკითხეს და ტაივანის მანმინის ეკლესიაში მივიდა. მან დაიწყო კვირის წირვა-ლოცვაზე ინტერნეტით დასწრება და მიიღო უფლის წყალობა. მან ასევე მოუსმინა წინა ქადაგებებს იქაური პასტორის რჩევით და ლოცვებისას ტიროდა. მოწოდებების მოსმენისას იგი მიხვდა თავის ცოდვებს და ცრემლებით მოინანია. მისი რწმენა ნელ-ნელა გაიზარდა.

ტაივანის მანმინის ეკლესიის პასტორმა გამოაგზავნა ამ ქალბატონი სურათი მისთვის ლოცვის თხოვნით. 17 სექტემბერს პარასკევის მთელი ღამის წირვა-ლოცვაზე დავადე ხელები მის სურათს და დარწმუნებით ვილოცე. უფალმა უპასუხა ამ ლოცვას და მისი დეპრესია და მენიერეს დაავადება განიკურნა.

იგი კომფორტულად იძინებდა და ნორმალურად სუნთქავდა მას შემდეგ. მალე იგი სამსახურს დაუბრუნდა და კორეაში მთავარ ეკლესიაში რამდენიმეჯერ მოვიდა. ახლა იგი ერთგული ქრისტიანია.

5. მლოცვარეობა

2004 წლის მარტს წავედი მლოცვარეობაზე. ბევრჯერ ვიყავი მლოცვარეობაზე ნამყოფი, მაგრამ ამჯერად სრულიად განსხვავებული იყო და განსაკუთრებული ემოციებით სავსე. გალილეი იყო იესოს საზოგადოებრივი სამღვდელოების ძირითადი ადგილი. ეს იყო ადგილი სადაც მან დაუძახა თავის მოსწავლეებს და აჩვენა უამრავი ნიშანი. ჩვენს გუნდს ჰქონდა მნიშვნელოვანი დრო ქება-დიდებით, ლოცვით და მედიტაციით გემის გასწვრივ გალილეის ზღვაში.

მედიტირება იესოზე

უამრავი სიტყვა რომელიც იესომ მასწავლა გახდა როგორც კაშკაშა ძვირფასეულობა და ბრწყინავდა ტბაში. გაიარა იესომ ამ გზაზე? იესო ქადაგებდა სახარებას და ცხადად აჩვენებდა ნიშნებს და მას არ ჰქონდა საკმარისი დრო რომ ეჭამა ან

კომფორტულად დაესვენა.

მე არ შემეძლო ისე ჩამევლო ერთი ხისთვის ან მცენარისთვის გალილეიში. ვიყურებოდი გარშემო გალილეის ქალაქში და ისე მომენატრა უფალი რომ გულიც კი გამიტეხა ამაზე ფიქრმა. განთიადისას დარწმუნებით ვილოცე გალილეის ზღვის შემყურემ და მედიტაცია მოვახდინე იესოს მოქმედებებზე.

ჩემი ძლიერი სურვილი უფლისადმი მალე შეიცვალა ცრემლებში. როდესაც გალილეიში ვლოცულობდი ღმერთმა მაჩვენა სცენა ბიბლიიდან.

იესო მიდიოდა უამრავ ადგილას, ასწავლიდა იქ ხალხს და ავადმყოფებს კურნავდა და მას არ ჰქონდა საკმარისი დრო დასასვენებლად. იესო და მისი მოწაფეები მიდიოდნენ და ცოტახნით დასხდნენ დასასვენებლად. შემდეგ პეტრე, რომელიც 12 მოწაფის ლიდერივით იყო, აღივსო იმის სურვილით რომ იესოს მომსახურებოდა. პეტრე ყოველთვის წინ მიდიოდა. მან გაიხადა თავისი მანტია და დააგო ქვაზე რომ იესო დამჯდარიყო.

იესოს ფეხები იყო ჭუჭყიანი ბინძურ ქუჩებში სიარულისგან. როდესაც იესო დაჯდა იოანემ ფეხები და სანდლები გაუწმინდა თავისი ტანსაცმლით. მოწაფეები წავიდნენ ახლომახლო სახლებში და საჭმელი იშოვეს. პურები ბრტყელი და წვრილი იყო.

პეტრემ აარჩია საუკეთესო და იესოს მისცა და მე დავინახე როგორ დასხდნენ მოწაფეები გზის პირას და გაიყვეს პურის ნატეხები. იესომ მიიღო თავისი მოწაფეების გულები როდესაც ისინი ემსახურებოდნენ მას მთელი გულით და შეჭამა მთელი პურის ნაჭერი.

სიტყვები რომლებიც იესომ სთქვა იყო ჩამოყალიბებული როგორც წყლის წვეთები გალილეის ზღვაში. ჩვენ არ შეგვიძლია გავიგოთ იესოს ხმა კიდევ ერთხელ თანამედროვე მეცნიერებითაც კი, მაგრამ თუ ღმერთი გაახელს ჩვენს სულიერ თვალებს და ყურებს, ჩვენ დავინახავთ და გავიგებთ ამ რაღაცეებსაც. როგორც სულიერი მხედველობით ჩანს, იქ იესოს მიერ განვლილ გზაზე ძლიერი შუქის ნაკვალევები ჩანდა.

გარდაქმნის მთა

გარდაქმნის მთა არის ადგილი სადაც იესო წავიდა პეტრესთან, იაკობთან და იოანესთან ერთად და ილოცა. აქ სამი მოწაფე უყურებდა იესოს როგორ გარდაიქმნა იგი სულიერ სხეულად, შეხვდა მოსეს და ელიას და ჰქონდა ღრმა სულიერი საუბარი მათთან ერთად. პეტრემ სთქვა რომ სამი სამლოცველოს გაკეთება უნდოდა.

როდესაც იქ ავედი საკმარისზე მეტი ადგილი იყო სამი სამლოცველოს ასაშენებლად. არ იყო ძნელი იესოსთვის და მოწაფეებისთვის ამ მთაზე ამოსვლა? მე ვგრძნობდი სულიერი სინათლეს, ხმებს და ენერგიას.

სულიერი თვალებით ადამიანს შეუძლია მალევე იცნოს ადგილი სადაც იესო შეხვდა მოსეს და ელიას, რადგან ეს ადგილი მოცული იყო ძლიერი სინათლით. ეკლესია რომელიც აშენდა გარდაქმნის აღსანიშნავად იყო დაახლოებით 50/60 მეტრის დაშორებით ამ ადგილიდან.

ასევე ვესტუმრე გეცემანეს და ყველა ერის (რომელიც კორეულად „მანმინ“ ითარგმნება) ეკლესიას, რომელიც აშენდა იმ ადგილას სადაც იესო ლოცულობდა ჯვარზე გააკრავდნენ,

გალილეის ზღვასთან

იქამდე სანამ მისი ოფლის წვეთები სისხლად არ გადაიქცა.

ვია დოლოროსა

იერუსალიმი არის პირქუში ქალაქი. ეს იმიტომ რომ იქ ხალხმა იესო არ სცნო თავიანთ მხსნელად და სამაგიეროდ მათ იგი ჯვარზე გააკრეს. მე ვგრძნობდი იესოს გლოვას და ცრემლებს იერუსალიმისათვის. გოდების კედლის მახლობლად არის ოქროს გუმბათი, რომელიც ისლამურ ტაძარშია.

იერუსალიმში ჩასვლიდან მეორე დღეს მოულოდნელი ახალი ამბები გავიგეთ „სი-ენ-ენ"-ზე. ისრაელის მთავრობამ

პოლიტიკური მოტივით მოკლა პალესტინელი ლიდერი შეიკ აჰმედ იასინი. იერუსალიმში დაძაბულობა შეიქმნა.

დემონსტრაციის მიზნით პალესტინელებმა თავიანთი მაღაზიები დაკეტეს. ჩვეულებრივ ვია დოლოროსა სავსეა ხალხით და ხმაურიანი ადგილია ბევრი მაღაზიით და არაბი ვაჭრებით, რომლებიც ეპატიჟებიან მყიდველებს თავიანთ მაღაზიებში. ჩვეულებრივ, ადვილი არ არის მლოცველთათვის მშვიდი ფიქრი ჯვრის ტარებისას, რომელსაც ისინი მთელი გზის განმავლობაში ზურგით ატარებენ ხალხის ბრბოს გავლით.

მაგრამ იმ დღეს, რადგან არაბმა ვაჭრებმა დახურეს თავიანთი მაღაზიები დემონსტრაციის ფორმით, ვია დოლოროსა იყო წყნარი ქუჩა. სხვა პილიგრიმებმაც გააუქმეს თავიანთი განრიგი უსაფრთხოების მიზეზებით და ამიტომ ბევრი ადგილობრივი მოსახლე ვერ ვნახეთ. ჩვენ სალოცავად წასვლა უკვე მშვიდ და ბრწყინვალე ადგილას შეგვეძლო. უფალმა მომცა თავისი წყალობა რათა მეგრძნო იესოს დროის სცენები ნათელ შთაგონებაში.

ვგრძნობდი, რომ იესო აგრძელებდა ღმერთთან სულით კავშირს როდესაც ჯვარს ეზიდებოდა. იესო უძლებდა ყოველ ტკივილს უფალთან კავშირით. როდესაც იესო ამ გზით მიდიოდა, მამამაც იგრძნო იგივე ტკივილი ზეცაში.

პეტრეც ბუნდოვნად მოჩანდა იმ ბრბოში, რომელიც იესოს უკან მოჰყვებოდა. მას ცრემლები მოსდიოდა სინანულისგან. მან ვერ გაბედა იესოსთან მიახლოვება და იფიქრა „როგორ ვუარყავი უფალი სამჯერ?“

მას შემდეგ რაც პეტრემ იესო სამჯერ უარჰყო, მან სასწრაფოდ მოინანია ტირილით. ჯვრის მატარებელ

იესოს უკან მიმდევარი პეტრე რაღაც ძალიან ბუნებრივად გამოიყურებოდა. მიზეზი, თუ რატომ არ არის ეს ბიბლიაში ჩაწერილი არის ის რომ პეტრე მიჰყვებოდა იესოს მოშორებით და მოწაფეები მას ვერ ხედავდნენ.

ქალები რომლებიც ბოლომდე იესოსთან ერთად იყვნენ

ქალწული მარიამი მიყვებოდა იესოს. იგი გულგატეხილი იყო და ფსიქიკურად და ფიზიკურად გაოცებული რომ არ ჰქონდა სრული კონტროლი თავის სხეულზე. მარიამ მაგდალინელი დაეხმარა მას და მისცა თანაგრძნობა და მწუხარება ერთდროულად. იმ მომენტში ქალბატონი რომელიც განიკურნა სისხლის დენისგან, წარსდგა იესოს წინ რათა მოეწმინდა მისი ოფლი კრიალოსნით.

რომაელმა ჯარისკაცმა სცადა მისი ხელის კვრა, მაგრამ მან ძალიან სწრაფად მანევრირება მოახდინა ხალხის მეშვეობით და მოწმინდა იესოს ოფლი. მათრახი არსაიდან გამოჩნდა და მას ხელზე მოხვდა. იგი მიწაზე დავარდა. ჯარისკაცები ხალხის გასაყრელად იყენებდნენ შუბებს და ფარებს.

ეს ქალები შეიძლებოდა დაღუპულიყვნენ რომაელი ჯარისკაცების მიერ. მაგრამ მათ არ ეშინოდათ და მიჰყვებოდნენ იესოს ჯვარცმის ადგილამდე.

ეს ქალებიც პირველები იყვნენ ვინც იესოს საფლავში შევიდა. გოლგოთა არის დაახლოებით ზღვის დონიდან 800 მეტრის სიმაღლეზე. იმ დროს მოკირწყლული გზების მაგივრად ხორკლიანი გზა იყო.

ზუსტად პირველი გამთენიისას შაბათი დღის შემდეგ, მარია მაგდალინელი და ქალწული მარიამი ავიდნენ

გოლგოთას მთაზე. მათ დაიზიანეს ფეხები და ტანისამოსი დაკბილულ ქვებზე, მაგრამ მათ ეს არ ანაღვლებდათ. მათმა სრულყოფილმა სიყვარულმა განდევნა შიში (1 იოანე 4:18).

6. სული წმიდის ცეცხლი გერმანიაში

უფლის წინამძღოლმა ხელებმა წაგვიყვანა გერმანიაში მსოფლიოს მისიის შესასრულებლად. ღმერთის სურვილი იყო, რომ გაღვიძებულიყო გერმანია და ევროპა, სადაც აღორძინება შეჩერებულიყო.

გერმანია არის რეფორმაციის სამშობლო, მაგრამ ბევრი ეკლესია ცარიელია და როგორც სხვა ევროპულ ქვეყნებში რთულია ახალგაზრდა ადამიანების პოვნა ეკლესიაში. ეს ნაწილობრივაა ფილოსოფიის განვითარების და ლიბერალური ღვთისმეტყველების გამო, ასწავლიან ხალხს რომ ნორმალურია მსოფლიოსთან კომპრომისზე წასვლა და რომ არ იცხოვრო ბიბლიაზე აქცენტირებული ცხოვრებით.

სულში, დღეს უამრავი ეკლესია ევროპაში არ არის განსხვავებული სარდის ეკლესიისაგან, რომელმაც მიიღო საყვედური უფლისაგან *„...სახელი ისეთი გაქვს, თითქოს ცოცხალი იყო, და მკვდარი კი ხარ“* (აპოკალიფსი 3:1).

მათ ვისაც ვისაც უფლის სიტყვა მხოლოდ ცოდნასავით აქვთ, არ აქვთ მოქმედებები რომელიც მათ რწმენას მიჰყვება. ეს იმას ნიშნავს რომ მათ აქვთ მკვდარი რწმენა და მათი გადარჩენა არ შეიძლება (იაკობი 2:26).

გერმანიაში დიდი ხნის წინ დატოვეს ეკლესია ახალგაზრდა ადამიანებმა. უამრავმა ადამიანმა დაკარგა წმინდა რწმენა. როდესაც ისინი იგებენ რომ ბიბლიის სასწაულები ახლაც ხდება, უჩვეულო სახეს და ეჭვით სავსე გამომეტყველებას იღებენ ხოლმე. გერმანიის გამოსაღვიძებლად ასეთი სულიერი ძილისაგან 2004 წლის პირველიდან სამი ოქტომბრის ჩათვლით გვქონდა ლაშქრობა ობერჰაუზენის მოედანზე, რომელიც მდებარეობს დიუსელდორფში.

მქადაგებელი ალექსანდერ იეპიმ და სხვა პასტორებმა, რომლებიც ემზადებოდნენ ლაშქრობისათვის, სთქვეს არ იყო ადვილი მხოლოდ ორი ან სამი ათასი ადამიანის შეკრება ყველაზე ცნობილი მქადაგებლებისთვისაც კი. მათ თქვეს რომ წარმატება იქნებოდა თუ მხოლოდ ათასი ადამიანი შეიკრიბებოდა. ამიტომ მათ უნდოდათ ექირავათ ადგილი, რომელიც დაიტევდა მხოლოდ 1500 ადამიანს.

ჩვენ დავარწმუნეთ ისინი რომ ჩვენ რწმენით ვმოძრაობთ და საბოლოოდ ვიქირავეთ ობერჰაუზენის მოედანი რომელსაც 12000 ადგილი ჰქონდა. ეკლესიის ათასობით წევრი ლოცულობდა ლოცვის შეკრებებზე, რომელიც ტარდებოდა ყოველდღე გერმანიის ლაშქრობისათვის.

ალბათ უფალს გული აუჩუყდა ლოცვებით, მარხვით და ჩვენი ეკლესიის წევრების მისიონერული შესაწირავებით ევროპის ეკლესიების გასაღვიძებლად და მან გვაჩვენა სული წმიდის სასწაულების აფეთქება.

გერმანიის სასწაულებრივი განკურნების ფესტივალი ობერჰაუზენის მოედანზე

ისინი ვინც ადასტურებენ თავიანთ განკურნებებს ლოცვის მეშვეობით

ადგილობრივი პასტორების შეფასებისგან განსხვავებით მოედანი სავსე იყო ხალხით პირველივე დღიდანვე და დამსწრეები მოწოდებას დიდი ყურადღებით უსმენდნენ. ქადაგების მოსმენით მათ შეიძინეს რწმენა და როდესაც ავადმყოფებისათვის ვილოცე, მათ გამოცადეს განკურნების სასწაულების აფეთქება მთელს მოედანზე.

პირველი დღიდან ხალხი რომელიც ინვალიდის სავარძლით მოდიოდა ფეხზე ადგა და გაიარა და ყრუმ სმენა აღუდგა. ბევრმა მიიღო კარგი მხედველობა და გადაყარეს თავიანთი სათვალეები. ბევრი სხვა განიკურნა განუკურნებელი დაავადებებისგან და სცენაზე დაამოწმეს თავიანთი განკურნებები. ექიმებმა დოკუმენტაცია გაუკეთეს და მედიცინის მეშვეობით შეამოწმეს ეს განკურნებები ადგილზევე.

დოქტორი ჯეფრი იყო სპეციალისტი სპორტის მედიცინაში. თავის ტვინის ანთების ტანჯვის შემდეგ მას ჰქონდა დიაბეტი. გულის შეტევასთან ერთად მისი წნევა 180-ზე ავიდა. დიაგნოზის თანახმად იგი დიდხანს ვერ იცოცხლებდა.

მაგრამ იგი დაესწრო ლაშქრობას პირველი დღიდან. და მესამე დღეს მან მიიღო სული წმიდის ცეცხლი ავადმყოფების ლოცვით. მისი გულის სისუსტე განიკურნა. წნევაც ნორმალური გაუხდა და სხვა დაავადებებიც გამოუკეთდა. ექიმმა ჯეფრიმ გამოგვიგზავნა სამადლობელო წერილი, სადა იგი იუწყებოდა, რომ მისი უკურნებელი სნეულებები განიკურნა და ამას სამედიცინო საბუთებით ამტკიცებდა.

ბევრი სხვაც დაესწრო ლაშქრობას მას შემდეგ, რაც მათ აფიშები შენიშნეს ქუჩებში. სხვები კი ტელევიზორში

ლაშქრობის შესახებ ახალი ამბების ყურების შემდეგ მოვიდნენ. მათ გამოსცადეს განკურნების სასწაულები. ეს ლაშქრობა პირდაპირ ეთერში გავიდა 75 ქვეყანაში 4 ხელოვნური თანამგზავრით და ასევე მივიღეთ უამრავი დადასტურება. ხალხი იძახდა რომ ტელევიზორში ლაშქრობის ყურებისას განიკურნენ.

ადგილობრივი პასტორები შოკში იყვნენ როდესაც ნახეს საკუთარი ეკლესიის და ოჯახის წევრების განკურნება. სული წმიდის სასწაულების ნახვის შემდეგ, მათ აღნიშნეს რომ მათ ნამდვილად სჯეროდათ უფლის ცოცხალი სასწაულები ისევ ხდება როგორც იესო ქრისტეს დროს ხდებოდა; და მათ ასევე მოიხვეჭეს უამრავი ნდობა თავიანთ სამღვდელოებაში.

7. პერუში, ერთხელ ინკების იმპერია

პერუს ისევ აქვს ინკების იმპერიის სუნთქვები, რომლებიც აყვავდნენ როგორც დიდებული ანტიკური ცივილიზაცია. მაჩუ-პიქჩუ არის ერთერთი ინკების ნარჩენი, მდებარეობს ურუბამბას ხეობაში, ზღვის დონიდან 2280 მეტრზე.

იგი გარშემორტყმულია ბასრი მთის მწვერვალებით და მთის ქვევით მის დანახვას ვერ შეძლებ. ამიტომ ჰქვია მას „ქალაქი ჰაერში."

მას აქვს ტაძრები, საცხოვრებელი კვარტლები და ინკების მიერ აშენებული სასახლე მეთხუთმეტე საუკუნეში. იქ არის უზარმაზარი ქვის ლოდები, რომლებიც გლუვად მოიყვანეს წესრიგში და ისინი არის 6 მეტრზე მაღალი და 1.5 მეტრის სისქის.

ლოდის მხოლოდ ერთი ნატეხი იწონის უამრავ ტონას. დღეისათვის ის მსოფლიოს საოცრებაა, თუ როგორ აიტანეს ამ სიმაღლეზე, ან კიდევ როგორ დაჭრეს და მიუსადაგეს

ერთმანეთს ისე, რომ მცირე ნაპრალიც კი არ დარჩენიათ. მაჩუ-პიქჩუ ნიშნავს „ძველ მწვერვალს“ და იგი ნაპოვნია და მსოფლიოსათვის ცნობილია მეოცე საუკუნიდან მას შემდეგ რაც ამერიკელმა ისტორიკოსმა ჰირამ ბინგემმა იპოვნა 1911 წელს.

2004 წლის დეკემბერს როდესაც პერუში ჩავედი, ვიგრძენი თუ რატომ აარჩია ღმერთმა პერუ ლაშქრობის ჩასატარებლად. პერუელებს ჰქონდა ინკების შთამომავლობის სიამაყე, მაგრამ ისინიც იტანჯებოდნენ უამრავი რაღაცისგან როგორ კოლონია დიდი ხნის განმავლობაში. ისინი გულით ღარიბები იყვნენ და ვხედავდი, რომ მათ ღმერთის ძალის უფრო დიდი სურვილი ჰქონდათ ვიდრე სხვა ქვეყნებს.

შეხვედრა პერუს პრეზიდენტ ტოლედოსთან პრეზიდენტის სასახლეში

შეხვედრა პრეზიდენტ ტოლედოსთან

2004 წლის 1 დეკემბერს ზუსტად პერუს გაერთიანებულ ლაშქრობამდე პრეზიდენტმა ტოლედომ მიმიპატიჟა პრეზიდენტის სასახლეში. ჩემი პირველი მისდამი შთაბეჭდილება იყო ის რომ იგი სავსე იყო უამრავი საქმეებით და აგონიით, ალბათ ქვეყნის ადმინისტრაციის მიერ გამოწვეული სტრესის გამო.

ჩვენ ბევრ რამეზე ვისაუბრეთ და მან სთქვა „ყოველდღიური ცხოვრებით არ არის ადვილი შეავსო სულიერი საჭიროებები. მე პატივს ვცემ მათ ვინც ცხოვრობს სულიერი ცხოვრებით და სულიერ წინამძღოლობას უწევს სხვებსაც."

მან ასევე მთხოვა მელოცა „გთხოვ ილოცე ჩემთვის რომ ზეციური სამეფო მივიღო და იმის ძალა რომ კარგად ვმართო და განვავითარო ეს ქვეყანა და ასევე ილოცე ყველა პერუელისთვის." ბევრი რამისთვის ვილოცე ეკონომიკის განვითარების და პერუში პოლიტიკური სტაბილურობის ჩათვლით.

იმის და მიუხედავად რომ მოკლე დრო იყო, მან გამოხატა ჩემდამი მადლიერება. ალბათ იმიტომ რომ მან სიმშვიდე მოიხვეჭა ლოცვით. ლაშქრობის შემდეგ როდესაც ქვეყანას ვტოვებდით მან გამოგზავნა უმრავლესობის პარტიის პრეზიდენტი რათა მისი მადლობა გადმოეცა.

დაუსრულებელი ბრბო

2 დეკემბრიდან 4 დეკემბრამდე გვქონდა ლაშქრობა „კამპო დე მარტეში" ლიმაში. ეს ლაშქრობა ჩატარდა პოლიტიკოსების,

ბიზნესმენი ხალხის და პრესის დახმარებით. სამი დღის განმავლობაში 500,000-ზე მეტი ადამიანი შეიკრიბა.

სული წმიდის ძლიერმა სასწაულებმა არა მხოლოდ დამსწრეები განკურნა. ისინი ვინც ლაშქრობას ტელევიზორში უყურებდნენ მათაც გამოსცადეს განკურნებები და მოვიდნენ ლაშქრობის ადგილას. ისინი ვინც წინათ ვერ დადიოდნენ გასწიეს თავიანთი ინვალიდის სავარძლები გვერდზე და გაიარეს.

ზოგი განიკურნა კიბოსგან და სხვებმა დაიბრუნეს მხედველობა. სცენა გადავსებულ იყო ხალხით რომლებიც ამტკიცებდნენ თავიანთ განკურნებებს. არა მხოლოდ ისინი ვინც გამოსცადეს სასწაულები თავიანთ თავებზე, არამედ მათი ოჯახის წევრებიც და მეზობლებიც ზეიმობდნენ და ერთად ღვრიდნენ ცრემლებს.

ეს ლაშქრობა პირდაპირ ეთერში გაუშვეს მთელს პერუში 3 სატელევიზიო არხზე და მთელს მსოფლიოში 20 საჰაერო სადგურით, სხვადასხვა საკაბელო ქსელებით და ინტერნეტით.

სცენაზე ისხდნენ უამრავი ქვეყნის პოლიტიკის, ბიზნესის, პრესის და რელიგიური ლიდერები. იქ იმყოფებოდა ყოფილი ვიცე პრეზიდენტი მაქსიმო სან რომანი და ქალბატონი გრაციელა იანარიკო, უმრავლესობის პარტიის პრეზიდენტი. უამრავი პარლამენტის წევრი, პასტორები და პრესის წარმომადგენლები მთელი მსოფლიოდან იყვნენ დამსწრეებში.

ლაშქრობის ადგილის ერთერთ კუთხეში იყო მაგიდა სადაც იღებდნენ „მტკიცების რეგისტრაციებს." 20-ზე მეტმა ადგილობრივმა ექიმმა და მედდამ დოკუმენტით დაადასტურა და ჩაიწერა განკურნების შემთხვევები და

დაარეგისტრირეს მტკიცებები. ვიქტორ კალო იერენმა (სან ჰერნანდოს მედიცინის კოლეჯის პროფესორი) სთქვა „არასოდეს მჯეროდა ღმერთის. მაგრამ ამ ლაშქრობის მეშვეობით ვაღიარებ უფლის სასწაულებს, იქ ვნახე განკურნების შემთხვევები."

ამბავი ბიზნესმენის, ბატონი არკეს შესახებ

ბიზნესმენი სახელად ბატონი ვიჩენტე დიაზ არკე იყო აქტიური მონაწილე ამ ლაშქრობაში. იგი არის გავლენიანი ბიზნესმენი და ცნობილი თავისი საქველმოქმედო საქმიანობებით. მან გაიგონა სული წმიდის ხმა რომელიც ეუბნებოდა მას რომ დახმარებოდა ჩვენს პერსონალს ამ ლაშქრობისათვის პერუში და იგი შეხვდა ჩვენს პერსონალს. მან გაგვაცნო უმრავლესობის პარტიის პრეზიდენტი და ასევე დაგვეხმარა წარმატებული ლაშქრობის ჩატარებაში.

მაგრამ იგი იყო ძებნილთა სიაში იურიდიული პრობლემების გამო. იგი არაკანონიერად აღიარა ბრალდებულად მისმა ყოფილმა ბიზნეს პარტნიორმა და მოსამართლემ სასჯელი მიუსაჯა. თუ მას დაიჭერდნენ სამი წლით ციხეში ჩასვამდნენ, ამიტომ იგი დარჩა სახლში პოლიციის თავიდან ასარიდებლად. იგი ჩვენს პერსონალს სახლის გარეთ შეხვდა, მაგრამ პოლიციას არ დაუნახავს.

30 ნოემბერს ჩემი პერუში ჩასვლის დღეს, იგი მოვიდა სასტუმროში ჩემთან შესახვედრად. მე ვილოცე მისი პრობლემისათვის. იმ მომენტში მან გადაწყვიტა დასწრებოდა ლაშქრობის სამივე დღეს. ეს იყო გადაწყვეტილება რომლითაც იგი მხოლოდ უფალს მიენდო.

პერუს განკურნების ლაშქრობა

მომდევნო დღეს უფალი დატვირთულად მუშაობდა. სხვა ქვეყნებისგან განსხვავებით, პერუში ჰქონდათ მოსამართლეების შეხვედრა და მათ შეეძლოთ საქმის ხელახლა გამოკვლევა. ასევე, სხვა მოსამართლეებს შეეძლოთ შესწორებების და ცვლილებების შეტანა. ამიტომ ეს ისე მოხდა, რომ სხვა მოსამართლემ თვალი გადაავლო დოკუმენტს ბატონი არკეს შესახებ. ამ მოსამართლემ დასკვნა გააკეთა რომ ბატონი არკე არ იყო დამნაშავე და მას ეს შეატყობინა.

2 დეკემბერს როდესაც მან მიიღო წერილი მოსამართლისგან, ბატონი არკე გაოცებული იყო ლოცვის ძალით. რადგან მისი პრობლემა მოგვარებული იყო, იგი

უთვალავი ადამიანი ადასტურებს თავიანთ განკურნებებს

თავისუფალი იყო რომ ლაშქრობას დასწრებოდა. იგი დაგვეხმარა წარმატებული ლაშქრობის ჩასატარებლად.

ლაშქრობის დასრულების შემდეგ უამრავმა ადამიანმა რომლებიც განიკურნენ, გამოგვიგზავნეს თავიანთი მტკიცებულებები. რადგან უამრავმა ხალხმა გამოცადა სასწაულები, გავიგე რომ ზევრმა ეკლესიამაც გამოცადა აღორძინება.

ლაშქრობას ჰყავდა 500,000-ზე მეტი დამსწრე სამი დღის განმავლობაში და დასრულდა წარმატებულად. მისმა ზეგავლენამ მიგვიყვანა არასამთავრობო დიპლომატიამდე; პოლიტიკოსები, ბიზნესმენები და პრესის წარმომადგენლები

დღემდე სტუმრობენ კორეას.

2005 წლის 15 მაისს ვიცე პრეზიდემტო დევიდ ვაისმანი და ყოფილი ვიცე პრეზიდენტი მაქსიმო სან რომანი დაესწრნენ კვირის წირვა-ლოცვას ჩვენს ეკლესიაში, სეულში. იმ დროს ვიცე პრეზიდენტი ვაისმანი მუშაობდა პერუს განვითარების აღდგენაში რითიც იგი პრეზიდენტ ტოლედოს ეხმარებოდა და ყოფილი ვიცე პრეზიდენტი მაქსიმო სან რომანი მძლავრად მუშაობდა საზოგადოებრივ სამუშაოებზე ხალხის კეთილდღეობისათვის,

მომდევნო წელს ვიცე პრეზიდენტი დევიდ ვაისმანი და მისი მეუღლე, ბატონ ვიცენტე არკესთან და პერუს უმრავლესობის პარტიის პრეზიდენტთან ერთად ესტუმრნენ ჩვენს ეკლესიას. მათთვის გულში ჩამწვდომი იყო მანმინის სამღვდელოება და გახდნენ კარგი დამხმარეები. ამ ლაშქრობის შემდეგ პასტორი ლაზარე ჯაეჰო ლის მიეცა დავალება მისიონერად წასულიყო ლათინურ ამერიკაში. ეკლესია დაარსდა ლიმაში და იგი ეწევა აქტიურ მისიონერულ სამუშაოებს რადიომაუწყებლობით და თავსაფრის ლაშქრობებით.

არჩეული მსოფლიოს ერთერთ ახალ შვიდ საოცრებად

დოქტორი ესთერ კოიუნგ ჩუნგი აფხიზლებს უამრავ პასტორს მსოფლიოს გარშემო როგორც მანმინის საერთაშორისო სემინარიის პრეზიდენტი. ამავე დროს იგი არის ჩვენი ეკლესიის თარგმნის ბიუროს დირექტორი. იგი არის სეულის ქალთა უნივერსიტეტის ყოფილი პრეზიდენტი,

სადაც იგი იყო კორეაში უნივერსიტეტის ყველაზე ახალგაზრდა პრეზიდენტი. 2007 წლის მაისს იგი წავიდა მისიის მოგზაურობაში ლათინურ ამერიკაში და ატარებდა პასტორების კონფერენციას ბევრ ქვეყანაში. კონფერენცია ასევე იტო დაგეგმილი კუსკოში, პერუში.

მაგრამ ადგილობრივმა პასტორებმა გაიგეს ცრუ ჭორები სხვა კორეელი მისიონერებისგან და კონფერენცია შეჩერების პირას იყო. ღვთის ძალა კიდევ უფრო ძლიერ იყო ნაჩვენები ამ თვალსაზრისით.

სან ანტონიოს ეროვნული უნივერსიტეტის პრეზიდენტმა გაიგო ეს ამბები და მიიწვია დოქტორი ჩუნგი თავის უნივერსიტეტში კონფერენციის ჩასატარებლად. იგი ასევე დაესწრო ლაშქრობას პერუში, იგი ინფორმირებული იყო მანმინის სამღვდელოების შესახებ.

დოქტორი ჩუნგი ჩავიდა კუსკოში მაიამიზე კონფერენციის ჩატარების შემდეგ. მან იქადაგა მოწოდება სახელწოდებით „სულიერი კანონები: შექმნა და მეცნიერება." კონფერენცია დაიწყო პრეს კონფერენციით და გაგრძელდა ორ დღეს. ეს პირდაპირ ეთერში გავიდა „სი-თი-სი"-ზე, რომელმაც მოიცვა მთელი კუსკოს შტატი. კონფერენცია ძალიან პოპულარული იყო და ბევრმა ადამიანმა მოითხოვა ვიდეო ჩანაწერი.

კონფერენციის დასრულების შემდეგ სან ანტონიოს ეროვნული უნივერსიტეტი კუსკოს პრეზიდენტმა გადასცა დოქტორ ჩუნგს საპატიო პროფესურა, რომელიც დადასტურებული იყო პერუს მთავრობისგან.

ამავე დროს კუსკოს ქალაქი ცდილობდა მაჩუ-პიქჩუს ადგილი არჩეული ყოფილიყო ერთერთ საოცრებად მსოფლიოს ახალ შვიდ საოცრებაში. ეს გადაწყვეტილება

კუზკოს სან ანტონიოს ეროვნული უნივერსიტეტის პრეზიდენტი წარმოადგენს საპატიო პროფესურას დოქტორი ესთერ კოიოუნგ ჩუნგისათვის

სხვადასხვა საზომით იქნა მიღებული, მათ შორის ინტერნეტისა და სატელეფონო ხმის მიცემით. პერუს უარყოფითი მხარე ის იყო, რომ მათ არ ჰყავდათ ინტერნეტის მომხმარებელი დიდი მოსახლეობა. კუსკოს მერმა ითხოვა, რომ ჩვენს ეკლესიას ელოცა ამ პრობლემისათვის როდესაც დოქტორი ჩუნგი იქ იყო.

მეორე დღეს კონფერენცია ჩატარდა კუსკოს ქალაქის ყრილობის დარბაზში და საბედნიეროდ პარასკევის მთელი ღამის წირვა ქება-დიდების წირვა-ლოცვა ტარდებოდა კორეის მთავარ ეკლესიაში. როდესაც მათ გვთხოვეს რომ გველოცა, მე ვილოცე წირვა-ლოცვის დროს მაჩუ-პიქჩუსათვის, რომ არჩეული ყოფილიყო ერთერთ საოცრებად მსოფლიოს ახალ შვიდ საოცრებაში. კუსკოს ქალაქის ხელისუფლებამ მიიღო

MIS–ის მსოფლიოს პასტორების გამოსაღვიძებელი კონფერენციები (ჰონდურასში)

ლოცვა ინტერნეტის მეშვეობით.

2007 წლის 7 ივლისს ხმის მიცემის შედეგი გამოცხადდა. მაჩუ-პიქჩუ მსიფლიოს ახალ შვიდ საოცრებათა შორის იქნა არჩეული და პერუს მიმართ მსოფლიო ინტერესი დიდად გაიზარდა.

„ლოცვებით და მანმინის ცენტრალური ეკლესიის წევრების დახმარებით მაჩუპიქჩუ არჩეულ იქნა ერთერთ ახალ საოცრებად ახალ შვიდ საოცრებაში. დიდი მადლობა."

კუსკოს მერი მარინა ზექუიეროსმა გამოაგზავნა ეს წერილი ჩვენს ეკლესიაში მისალმებებით და მადლიერებით.

8. გააფთრებული ბრძოლა სიღარიბესა და ავადმყოფობის წინააღმდეგ კონგოს დემოკრატიულ რესპუბლიკაში

კონგოს დემოკრატიული რესპუბლიკა არის მესამე ყველაზე დიდი სახელმწიფო აფრიკაში. მიუხედავად იმისა რომ აქვს უხვი ბუნებრივი რესურსები, გაღარიბებულია სამოქალაქო ომებისა და ენდემური დაავადებებისგან. მათ ძლიერ სჭირდებოდათ უფლის სიტყვა და ძალა. მრავალი წლის განმავლობაში ჩვენ მივიღეთ მოთხოვნა პასტორებისგან რომ ჩაგვეტარებინა ლაშქრობა ამ ქვეყანაში.

ახალი ამბები უფლის ძალის შესახებ გავრცელდა სატელევიზიო მაუწყებლობით, ინტერნეტით და პუბლიკაციებით. ჩვენ მივიღეთ უამრავი მოთხოვნები ლაშქრობების თაობაზე, მაგრამ მე არასოდეს გადამიწყვიტავს ჩემით ლაშქრობის ადგილი. მე მხოლოდ იმ ქვეყნებში წავედი სადაც ღმერთმა მითხრა. როდესაც ვილოცე კონგოს დემოკრატიული რესპუბლიკისათვის, ღმერთმა მიპასუხა რომ 2006 წელს უნდა ჩამეტარებინა იქ ლაშქრობა და ეს იქნებოდა

აფრიკაში ბოლო ლაშქრობა.

მიუხედავად იმისა რომ ეშმაკი შემაწუხებელი იყო

როცა ლაშქრობის დრო ახლოვდებოდა, ეს ფაქტი ეროვნული ტელევიზიის მეშვეობით სულ უფრო ხშირად ქვეყნდებოდა. ეშმაკს ეშინოდა იმის თუ რა მოხდებოდა კონგოს დემოკრატიულ რესპუბლიკაში ლაშქრობის მეშვეობით და სცადა ჩვენი შეწუხება. ეკლესიები კონგოში დაყოფილი იყო ორ ჯგუფად.

ევანგელისტური ეკლესიებმა ლაშქრობისათვის ჩვენთან ერთად იმუშავეს, მაგრამ სხვა ჯგუფებთან კარგი ურთიერთობა არ ჰქონდათ. ისევ, იყვნენ პასტორები ვისზეც ზეგავლენა მოახდინეს კორეელმა მისიონერებმა, რომლებიც ავრცელებდნენ ცრუ ჭორებს და არ თანამშრომლობდნენ.

ასევე იყვნენ ჯადოქრები მათ შორის, ვინც ეხმარებოდა კონგოს პრეზიდენტს და მათ არ უნდოდათ ქრისტიანული ლაშქრობის ჩატარების დანახვა. აბსურდული ინფორმაციები მიაწოდეს პრეზიდენტს ფალსიფიცირებულ დოკუმენტებთან ერთად, რომლებიც გამოგზავნილი იყო კორეიდან.

„მქადაგებელი ჯაეროკ ლი ჩამოდის რათა გააფართოვოს თავისი ზემოქმედება."

„ეს არ იქნება კარგი პრეზიდენტისათვის. ლაშქრობის ჩატარება უნდა შევაჩეროთ."

მათი გენერალური არჩევნები და საპრეზიდენტო არჩევნები იყო დაგეგმილი აპრილსა და ივნისში. იქ იყო ბევრი ადამიანი რომლებიც აკეთებდნენ ნეგატიურ განცხადებებს პრეზიდენტთან და ამიტომ პრეზიდენტსაც ბუნებრივად

ნეგატიური მოსაზრებები ჰქონდა ჩვენზე.

მივყვები სულგრძელობას

ერთი დღით ადრე სანამ კორეიდან წამოვედი, მივიღეთ მოთხოვნა სპორტის მინისტრისგან რომ შეგვეცვალა ლაშქრობის ადგილმდებარეობა ბოლო დღეს. რადგან იქ იყო ძალიან მნიშვნელოვანი ფეხბურთის მატჩი კვირას, მათ უნდა დაეწყოთ მომზადება შაბათს.

ჩვენთვის ძალიან რთული იქნებოდა სცენის გადატანა ბოლო დღეს. ჩვენ უნდა გადაგვეტანა დიდი სცენა, განათებები და ვიდეო ეკრანები, ხმის სისტემა და ყველაფერი და დაგვეყენებინა თავიდან მხოლოდ ერთი დღისათვის.

ჩვენ გვქონდა კონტრაქტი რომ შეგვეძლო გამოგვეყენებინა „სტად დეს მარტირსი“, რომელიც ნიშნავს „წამებულების სტადიონს“ სამივე დღეს, მაგრამ უფლის სიტყვა გვეუბნება, რომ ჩვენ უნდა გავცეთ როდესაც სხვები გვთხოვენ. რა თქმა უნდა, ყველაფრის გაცემა სხვების მოთხოვნისდა შესაბამისად ყოველთვის მართებული ვერ იქნება, მაგრამ როდესაც ჩვენ სიკეთეს გავცემთ, უფალი ყოველთვის ნასიამოვნებია. მე პერსონალს ვურჩიე მოთხოვნას დათანხმებოდნენ.

„მიეცით რასაც მოითხოვენ, თუ ჩვენ დაჟინებით მოვითხოვთ კონტრაქტის პირობების შესრულებას, მაშინ რამხელა განსაცდელში ჩავარდება ის ვისაც გადაავიწყდა ასეთი მნიშვნელოვანი მოვლენა და ხელი მოაწერა კონტრაქტს ჩვენთან ერთად? ნამდვილად უფლის ნება იყო, რომ ჩვენ უკანასკნელ დღეს ადგილმდებარეობა შევიცვალეთ.“

ჩვენ დავეთანხმეთ მათ მოთხოვნას და გადავწყვიტეთ ლაშქრობა სხვაგან ჩაგვეტარებინა მესამე დღეს. ჩვენ

კონგოს დემოკრატიული რესპუბლიკის სასწაულებრივი განკურნების ფესტივალი

გვინდოდა გამოგვეყენებინა გზები და სხვა ღია ადგილები „თრიომფალის ბულვარის" გარშემო, მაგრამ ადვილი არ იყო ნებართვის მოპოვება რომელიც გვჭირდებოდა.

მათ გზები მხოლოდ მაშინ გადაკეტეს როდესაც პრეზიდენტისათვის ეროვნული ღონისძიება ჰქონდათ. ლაშქრობის მესამე დღეს იყო ძალიან მნიშვნელოვანი ეროვნული პოლიტიკური ღონისძიება. თითქმის შეუძლებელი იყო გზების გადაკეტვა რომლებიც პარლამენტთან ახლოს იყო.

დატვირთული შეხვედრა პრეზიდენტთან

2006 წლის 15 თებერვალს როდესაც კონგოში ჩავედი გავიგე თუ რატომ აქცევდნენ ამხელა ყურადღებას პოლიტიკოსები ჩემს ვიზიტს.
ლაშქრობის ბოლო დღეს მთავრობას ჰქონდა კონსტიტუციის შეცვლის ცერემონია. მათ შეცვალეს მთავრობის ორგანიზაცია და ეროვნული დროშაც კი. ეს ასევე დელიკატური დრო იყო საპრეზიდენტო არჩევნებამდე. ამგვარად, მათ დახმარება არ შეეძლოთ, მაგრამ ძალიან მგრძნობიარედ ელოდნენ ლაშქრობის თავიანთ თავებზე ზემოქმედებას.

16 თებერვალს ლაშქრობის პირველ დღეს პრეზიდენტმა ჟოზეფ კაბილამ მიმიწვია საპრეზიდენტო სასახლეში. ზოგმა ცადა ჩვენი პრეზიდენტთან შეხვედრის შეჩერება, მაგრამ რადგან ღმერთმა უბიძგა პრეზიდენტის გულს, შეხვედრა შესანიშნავად იყო დაგეგმილი. ყველაზე სასიამოვნო საუბრისას პრეზიდენტმა კაბილამ გაიგო, რომ განცხადებების შინაარსი რომლებიც მას მოსდიოდა და რეალური ფაქტები განსხვავებული იყო.
მან გაიგო, რომ მე არ ჩავსულვარ არავითარი პოლიტიკური მიზეზით, არამედ მხოლოდ მშვიდობით და კონგოს განკურნებისათვის. მისი დამოკიდებულება გახდა მეგობრული.

„გთხოვ ილოცე მშვიდობიანი გენერალური არჩევნებისათვის. არის რამე პრობლემა ლაშქრობასთან დაკავშირებით? დაგეხმარები." სთქვა პრეზიდენტმა.

შეხვედრა კონგოს პრეზიდენტ ჟოსეფ კაბილასთან

„ლაშქრობის მესამე დღეს ადგილი უნდა შევიცვალოთ და შესაფერის ადგილს ვერ ვპოულობთ," უპასუხა ეპისკოპოსმა კიენზამ, ლაშქრობის ორგანიზაციის კომიტეტის თავმჯდომარე.

„რატომ არ ამოწმებთ სხვა დარბაზებს?"

„სხვა დარბაზი რემონტდება. გთხოვთ მოგვეცით უფლება გზები გადავკეტოთ პარლამენტის მიმდებარე ტერიტორიაზე."

პრეზიდენტმა მიიღო ჩვენი მოთხოვნა. პრეზიდენტის სასახლის დატოვების შემდეგ, მან ხელი მოაწერა დოკუმენტებს რომელიც გზების გადაკეტვის უფლებას გვაძლევდა. ეს შესაძლებელი იყო მხოლოდ პრეზიდენტის უფლებამოსილებით.

პირველ და მეორე დღეს დაახლოებით 100,000 ადამიანი შეიკრიბა სტადიონზე. რადგან პრეზიდენტი დაკავებული

იყო ვერ მოვიდა, მაგრამ მან გამოგზავნა თავისი ტყუპისცალი და დოქტორი ჟანეტ კაბილა, რომელიც პირველი ლედის მოვალეობას ასრულებდა. ვიცე პრეზიდენტი ბატონი ბემბა და მისი მეუღლეც მოვიდნენ. კიდევ იყვნენ სხვა ქვეყნიდან ჩამოსული ადამიანები.

ბატონი ვერასონი, დიდად პოპულარული მომღერალი აფრიკაში, დაესწრო ლაშქრობას და იმღერა უფლის დიდებისათვის. ლაშქრობის შემდეგ იგი მოვიდა თავის ოჯახთან ერთად ჩემი ლოცვის მისაღებად. მას ჰყავდა ორი ქალიშვილი, მაგრამ მის მეუღლეს არ უჩნდებოდა ბავშვი შვიდი წლის განმავლობაში. მისი თხოვნით ვილოცე რომ ვაჟი ჰყოლოდათ.

ეს ლაშქრობა პირდაპირ ეთერში გაიშვა კონგოს ეროვნული ტელევიზიით და სხვა არხებით და ასევე სხვა 150 ქვეყანაში ათზე მეტი სატელიტით. ღმერთმა განკურნა ის ხალხი ვინც იტანჯებოდა სიღარიბისა და დაავადებებისაგან. ბევრმა ადამიანმა გამოაცხადა რომ ისინი განიკურნენ უკურნებელი შიდსისგან. უამრავი ხალხი ამოდიოდა სცენაზე, რომ დაგვმოწმებოდნენ სცენის მორყევასთან დაკავშირებულ პრობლემებზე.

დაუსრულებელი ბრბო

მესამე დღეს იმდენი ხალხი შეიკრიბა რომ ხალხი ბოლოს ვერ ვხედავდი. ხალხი რაოდენობა იყო დაახლოებით 500,000. ადგილი რომ არ შეგვეცვალა ამდენ ხალხს ვერ დავტევდით მხოლოდ სტადიონზე.

იქნებოდა უბედური შემთხვევები სტადიონზე ამდენი

ხალხის გამო, მაგრამ რადგან ღმერთმა ეს ყველაფერი იცოდა გვიწინამძღოლა უფრო დიდი ადგილისაკენ.

ისინი ვინც ბრმები და მუნჯები იყვნენ და ისინი ვინც ყავარჯნებით და ინვალიდის სავარძლებით დადიოდნენ და ისინი ვინც სხვადასხვა დაავადებებისგან იტანჯებოდნენ, ძალიან სწრაფად განიკურნენ. უფალმა განკურნა ისინი სული წმიდის ცეცხლოვანი სასწაულებით იესო ქრისტეს სახელით.

იქ იყო მოხუცებული მამაკაცი სახელად მასუდი ლისონგი ბოსონგო, რომელიც იყო მეთევზე. იგი იყო 64 წლის და თავის დასასრულს თევზის ჭერით ხვდებოდა. მას ეკეთა სათვალეები რადგან კარგად ვერ ხედავდა კატარაქტის გამო. მისი ერთადერთი მხიარულება იყო რადიოს მოსმენა. მან რადიოში გაიგო ახალი ამბები ლაშქრობის შესახებ, მაგრამ გზის ფული არ ჰქონდა.

ზუსტად ისე როგორც ქვრივმა ქალმა გასცა ორი სპილენძის მონეტა, რომელიც მისთვის ყველაფერი იყო, მან გაყიდა თავისი რადიო, თავისი ერთადერთი ქონება, 9 დოლარად და დაესწრო ლაშქრობას. უფალმა სიამოვნებით მიიღო მისი რწმენის ღვაწლი და განკურნა იგი.

მან დაადასტურა რომ ცეცხლივით რაღაც იგრძნო თავიდან თვალებამდე. მან აღიდგინა კარგი მხედველობა და აღარ სჭირდებოდა სათვალეების ტარება.

მაუწყებლობა აფრიკასა და მთელს მსოფლიოში თანამგზავრის მეშვეობით

ჩვენ გავგზავნეთ პასტორი პიტერ კიმი კონგოში მისიონერად. გახსნის შემდეგ დაახლოებით ერთ წელში ათასზე მეტი ეკლესიის წევრი ესწრებოდა კვირის წირვა-

ლოცვას.

ასევე ეპისკოპოს პოლ მუსაფირზე შთაბეჭდილება მოახდინა ლაშქრობამ და ჩვენს ეკლესიას ეწვია. იგი ახლა გვეხმარება და აქტიურად მუშაობს კონგოში. ნება მომეცით წარმოგიდგინოთ მისი წერილი.

„მოგესალმებით კონგოს დემოკრატიული რესპუბლიკიდან. ჩვენ ერთად გვწამს ღმერთის რომელიც არის მქადაგებელ ჯაეროკ ლისთან და გაცნობებთ რომ უფლის გასაოცარი სასწაულები ხდება აქ რადგან თქვენ ილოცეთ ამ ქვეყნისათვის.

2008 წლის იანვარს მშვიდობის ხელშეკრულებას მოაწერეს ხელი აღმოსავლეთის მხარეში უამრავი ბრძოლების შემდეგ. მე გაგზავნილი ვიყავი გომაში, ქვეყნის აღმოსავლეთ მხარეში და დავრჩი იქ ერთი თვის განმავლობაში ამ მშვიდობის ხელშეკრულებისათვის. ასევე დავესწარი მქადაგებელი მიონგ-ჰო ჩეონგის, აფრიკის კონტინენტის არქიეპისკოპოსის კონფერენციას და მოწოდებამ ჩემზე ძალიან იმოქმედა.

მშვიდობის ხელშეკრულების ხელის მოწერის შემდეგაც კი ისინი ვინც ამას წინააღმდეგობას უწევდნენ სცადეს ქვეყნის არევ-დარევა ცუდი ჭორებით აღმოსავლეთიდან დასავლეთ კონგოში, მაგრამ მე მჯერა რომ თქვენი ლოცვა ისევ კონგოს გვერდით არის.

მე იმიტომ გწერთ რომ გთხოვოთ კიდევ უფრო მეტი ილოცოთ ჩვენთვის. მე გთხოვთ რომ სიყვარულით ილოცოთ პრეზიდენტ ჟოსეფ კაბილასთვის და პოლიტიკოსებისათვის. ჩემი თანამშრომელი პასტორი პიტერ კიმიც კარგად არის. ჩვენ უფრო უკეთესი ამხანაგობა

გვაქვს ვიდრე სისხლით ძმებს ან ოჯახს და ერთმანეთს ვუზიარებთ მანმინის ოცნებასა და ხილვას.

იგი იტანჯებოდა მრავალი სირთულეებით პოლიციის ოფიცრებისგან რადგან იგი არის უცხოელი მისიონერი, მაგრამ იგი ყოველთვის უძლებს უფლის სახელით. მან იშოვა კარგი ადგილი ეკლესიის ასაშენებლად. ჩემგან მოკითხვა მანმინის ეკლესიის ყველა წევრს."

ეპისკოპოსი პოლ მუსაფირი,
თქვენი ერთგული ვაჟი იესოს ქრისტეში.

9. ჯვარი გამოჩნდა პირველი საზოგადოებრივი საჰაერო მაუწყებლობის დროს

როდესაც ეკლესია დავაარსე, ღმერთმა მოგვცა ხედვა ესაია 60:1–სა, *„აღდექ, განათდი, რადგან მოაწია შენმა ნათელმა და უფლის დიდება გაბრწყინდა შენზე."* მას შემდეგ სული წმიდის ცეცხლოვანი სასწაულები მთელს მსოფლიოში დაიწყო.

უფალმა დაგვრთო ნება შეგვექმნა GCN (გლობალური ქრისტიანული ქსელი) ტელევიზია, რომლის მთავარი მიზანი იქნებოდა ყოველი სულის გადარჩენა მთელს დედამიწაზე. ხუთგზის სახარების ტრანსლირება ნიუ-იორშიც განხორციელდა. GCN-is დახმარებით უამრავ ტელე თუ რადიო მაუწყებლობას შეუძლია ღმერთის ნების ასრულება.

„ჯი-სი-ენის" მაუწყებლობა დაიწყო ნიუ-იორკში

2004 წლის მაისს ქრისტიანულმა სამაუწყებლო

კომპანიებმა 8 ქვეყნიდან ამერიკის შეერთებული შტატების, გაერთიანებული სამეფოს, რუსეთის და ავსტრალიის ჩათვლით შეიკრიბნენ და დაარსდა „ჯი-სი-ენი." ჩვენ არ გვყავდა მაუწყებლობის სპეციალისტები, ტექნიკოსები და ფინანსური სახსრები.

ჩვენ მხოლოდ რწმენის ინვესტიციის ჩადება შეგვეძლო ლოცვებით. მოსამზადებელი საქმიანობების სერიების შემდეგ საბოლოოდ დავიწყეთ პირველი გადაცემის შემოწმება 2005 წლის 1 სექტემბერს 17 არხზე ნიუ-იორკში.

„ჯი-სი-ენის" ჩამწერი სტუდია მდებარეობს „ემპაირ სტეიტ ბილდინგში", რომელიც არის ნიუ-იორკის ცენტრში. „ჯი-სი-ენის" პირველი გადაცემის აღნიშვნისას 20-ზე მეტი სამაუწყებლო კომპანია შეიკრიბა მთელი მსოფლიოდან.

ისინი ავიდნენ შენობის ობსერვატორიაში და უყურებდნენ ქალაქის ღამის ხედს. იმ დროს ვიღაცამ დაინახა რომ მოულოდნელად დიდი ჯვრის ფორმა გამოიხატა ცაში და კაშკაშებდა.

ისინი ვინც ესწრებოდნენ ამ სანახაობას დარწმუნდნენ რომ უფალი ნასიამოვნები იყო „ჯი-სი-ენის" სატელევიზიო არხით და აჩვენა მათ ნიშანი. ბატონი დან ვუდინგი, რომელიც ასევე მანდ იყო დაწერა სტატია ამის შესახებ დიდი სურათით და გამოაქვეყნა თავის ვებ-გვერდზე.

„ჯი-სი-ენი" არის ქრისტიანული სამაუწყებლო კომპანია რომელიც მანმინის ტელევიზიასთან თანამშრომლობს. ისინი სწრაფად ვითარდებიან საზოგადო მაუწყებლობად ძალიან მოკლე დროში. იგი ფოკუსირებულია სიცოცხლის გადარჩენაზე და ეს საქმიანობა ხორციელდება იმით, რომ მაყურებელს მიუძღვის უფალთან შესახვედრად, რის შედეგადაც ხალხი სხვადასხვა პროგრამების მეშვეობით

ჯვარი გამოჩნდა „ემპაირ სტეიტ ბილდინგის" თავზე

სძლევს პრობლემებს.

განკურნების შემთხვევები „ჯი-სი-ენის" მეშვეობით

ჩვენ ვიღებთ მაყურებლებისგან უამრავ წერილებს არა მხოლოდ კორეიდან, არამედ ბევრი სხვა ქვეყნიდან, ისინი ამბობენ რომ თავიანთი დაავადებებისგან განიკურნენ და რომ ახლა ცხოვრობენ ახალი ცხოვრებით „ჯი-სი-ენის" არხის მეშვეობით. უფლის საქმიანობა, რომელიც დროისა და სივრცის აღქმას არ ექვემდებარება, ნაჩვენებია მაუწყებლობის

GCN–ის სიმღერის ცერემონია

GCN–ის საცდელი გაშვების ღონისძიება

მეშვეობით. ეს საქმიანობა უამრავ ხალხს მიუძღვის გადარჩენის გზისკენ.

ელიზაბეტ გოდალი არის „ჯი-სი-ენის“ მაყურებელი ნიუ-იორკში. მას სწამს რომ ღმერთი მქადაგებელ ჯაეროკ ლის იყენებს ხალხის განსაკურნად, მათი ცოდვების მონანიებისათვის და უხელმძღვანელოს მათ ზეციური სამეფოსაკენ. იგი „ჯი-სი-ენის“ არხს ნიუ-იორკში უყურებს. მას ჩვენება ჰქონდა სათქმელი. ნაწილი მოცემულია აქ:

„მე ვარ ელიზაბეტ გოდალი. ჩემი მუცლის ღრუ და ფეხები მაქვს დასიებული 2005 წლიდან და ასევე მქონდა სიმსივნე ენის ქვეშ. თქვენი გამოგზავნილი თავსაფარი დავიდე სახესა და მუცელზე. მეორე დილას ვნახე რომ სიმსივნე ენის ქვეშ გამქრალიყო. ასევე შევამოწმე მუცლისა და ფეხების დასიება და ესეც გამქრალიყო. მე მადლობას ვუხდი ღმერთს ყველაფრისათვის. თქვენც მადლობას გიხდით.“

2007 წლის 9 ნოემბერი,
ელიზაბეტ გოდალი

მოწმობაა კანადიდან:

„ვუყურებდი დოქტორი ჯაეროკ ლის პროგრამას ტელევიზორში და მინდოდა გამეგო თუ აქვს მას დაგეგმილი კანადაში ჩამოსვლა. მე ვცხოვრობ ოტავას ახლოს და ჩემი მეუღლის მოსანახულებლად ჩავედი რომელიც ნიუ-იორკში ცხოვრობს. გუშინ ღამითაც

ვუყურებდი „გი-სი-ენს" და როდესაც დოქტორმა ლიმ ავადმყოფებისათვის ილოცე განვიკურნე. მე ვარ მედდა და წინა წელს პაციენტის დახმარებისას მხრები დავიზიანე. ტკივილი ყოველთვის მიბრუნდებოდა მაგრამ გუშინ ღამით ლოცვის მიღების შემდეგ ტკივილი გამიქრა! ახლა შემიძლია მკლავების აწევა და მხრების მოხრა. დიდება უფალს! დღეს დილის ოთხ საათზე კანადაში უნდა წავსულიყავი მაგრამ არ ვიცი რატომ ვარ აქ ისევ. შეიძლება უფალს განზრახული ჰქონდა რომ თქვენთან დამელაპარაკა დღეს."

2007 წლის 29 ნოემბერი,
მარიე ლენიე საინტ ლოტი

10. WCDN, მედიცინის დოქტორების მსოფლიო ქსელი

ორგანიზაცია ჩამოყალიბდა იმისათვის რომ მედიცინით განმარტონ ღვთაებრივი განკურნების შემთხვევები. 2004 წლის მაისს მსოფლიოს ქრისტიანული ქრისტიანი დოქტორების ქსელი დაარსდა. მათ პირველი კონფერენცია ჰქონდათ სეულში და მეორე ჩატარდა ჩენაიში, ინდოეთში 2005 წლის მაისს. იქ ესწრებოდნენ ხუთასზე მეტი მედიცინის სპეციალისტები ბევრ ღვთაებრივი განკურნების შემთხვევების წარმომადგენლებთან ერთად.

წარმატებული კონფერენციები ჩატარდა კებუში, ფილიპინებში 2006 წელს, 2007 წელს მაიამიში, ამერიკის შეერთებულ შტატებში და 2008 წელს ტრონდჰეიმში, ნორვეგიაში მედიცინის პროფესიონალებთან ერთად. მაიამის კონფერენციის შემდეგ იყო სტატია ამ კონფერენციის შესახებ რომელის გამოქვეყნდა ერთერთ კორეულ ყოველდღიურ გაზეთში.

მესამე ქრისტიანული საერთაშორისო მედიცინის კონფერენცია კებუში, ფილიპინები

მეოთხე ინტერნაციონალური ქრისტიანული მედიცინის კონფერენცია ჩატარდა ჰიატის სასტუმროში მაიამიში, ფლორიდა, ამერიკის შეერთებული შტატები, იგივე თემით „სულიერება და მედიცინა" 2007 წლის 13 და 14 ივლისს და ამან მოიტანა 150-ზე მეტი ექიმი 40 ქვეყნიდან. 13 ივლისს პირველ დღეს კონფერენცია დაიწყო დოქტორ ჯაეროკ ლისთან მისალმებებით. თავის შეტყობინებაში, ჯაეროკ ლიმ მოუწოდა აუდიტორიას, რომ იგი არა მარტო განკურნავს ხალხს, არამედ გაუძღვება კიდეც მათ როგორც უფლის მოციქული, რომელიც აძლევს მათ სულიერ ცხოვრებას.

მეოთხე ქრისტიანული საერთაშორისო მედიცინის კონფერენცია მაიამიში, ამერიკის შეერთებული შტატები

დოქტორი ალვინ ვანგი „ვი-სი-დი-ენის“ პრეზიდენტი და დოქტორი არმანდო პინედა, ამერიკის შეერთებული შტატების „ვი-სი-დი-ენის“ დირექტორი მიესალმნენ ექიმებს, პასტორებს და გამოჩენილ სტუმრებს თავიანთი მისამართებით. ამის შემდეგ ექიმებმა წარმოადგინეს ღვთაებრივი განკურნების სასწაულები მედიცინის მონაცემების დახმარებით რომელიც შეიცავდა - მალიგნანტ მელანომას (დოქტორი მარკ მილერისგან), სპინა ბიფიდა (დოქტორი ბრაიან სანგონ იეოსგან), სპონტანური პნეომოტორაქსი (დოქტორი გილბერტ იონსეოკ ჩაესგან), პნევმონია (დოქტორი ჯუნსეონგ კიმისგან) და ორი მკერდის კიბოს განკურნების შემთხვევა

(წარმოდგენილი დოქტორ პანჩეტა ვილსონის მიერ).

ჩრდილო აღმოსავლეთის ტეხასის გოგირდის წყაროების მოსამართლე რობერტ ე. ნიუსომის დაუსვეს მელანომას კიბოს დიაგნოზი კიბოს საავადმყოფოში ჰიუსტონ ტეხასში. ექიმები ამბობდნენ რომ სიკვდილიანობის კოეფიციენტი ასეთი ტიპის მელანომის კიბოთი არის ძალიან მაღალი, მაგრამ დასხივების თერაპიის მაგივრად მოსამართლე ნიუსომმა ღმერთს დაუტოვა თავისი პრობლემა და გადაწყვიტა არ მიეღო თერაპია. იგი დარწმუნებით ითხოვდა უფლის განკურნებას და სამხრეთის ბაპტისტური ეკლესიის წევრებმა ილოცეს მისთვის. როდესაც მან მიიღო გადაფასება ორი თვის შემდეგ, სასწაული მოხდა. მელანომას კიბო სრულიად განკურნებულიყო. დოქტორი ვილიამ მარტკ მიერი, რომელიც ნიუსომის პასუხისმგებელი იყო, დაელაპარაკა აუდიტორიას მისი განკურნების შესახებ მედიცინური მონაცემებით რომელმაც დაადასტურა შემთხვევა.

დოქტორი ჩაუნსეი ვ.კრანდალ მეოთხე, რომელიც მსახურობს პალმების სანაპიროს კარდიო ვასკულარულ კლინიკაში, ფლორიდაში, გააკეთა თავისი დრამატული პრეზენტაცია პარასკევს, ცამეტ ივლისს. მან სთქვა „ჩვენ გვყავდა 53 წლის მოხუცი მამაკაცი, რომელიც მოვიდა მაშველთა ოთახში მასიური გულის შეტევით და ორმოცი წუთის განმავლობაში ოპერაციას ვუკეთებდით მას მაგრამ დაგველუპა. იმ დროს სული წმინდამ მითხრა „შებრუნდი და ილოცე ამ კაცისთვის“ და დავჯექი იმ კაცი სხეულის გვერდით და ვილოცე „მამა ღმერთო, ვტირი ამ კაცი სულისათვის, თუ იგი არ გიცნობს როგორც მი უფალს და მხსნელს, გთხოვ

აღადგინე იგი სიკვდილისაგან იესოს სახელით. გასაოცარი იყო, რამდენიმე წუთის შემდეგ ეკრანს ვუყურებდით და მოულოდნელად გულის ცემა გამოჩნდა. და შემდეგ რამდენიმე წუთის შემდეგ მან მოძრაობა დაიწყო, შემდეგ თითებს ამოძრავებდა, ფეხის თითებს და ბოლოს სიტყვების ბოდვა დაიწყო.“ დოქტორ კრანდალმა წარმოადგინა ეს საქმე მედიცინური მონაცემებით.

დოქტორ ჯონ იოულ ჩუნმა, კიუნგის უნივერსიტეტის მედიცინის კოლეჯის ყოფილმა დეკანმა წარმოადგინა ტაივანელი პასტორის ჩენ ცენ მანის განკურნების ჩვენება, რომელიც განიკურნა პარასკევის მთელი ღამის წირვა-ლოცვაზე მანმინის ცენტრალურ ეკლესიაში. იგი 2 წლიდან იტანჯებოდა დამბლით და რადგან იგი ავარიაში მოყვა 14 წლის წინ, ხელის ჯოხი უნდა გამოეყენებინა თავისი თავის დასახმარებლად და ბოლო დროა იყენებს ინვალიდის სავარძელს ფეხებში გაუსაძლისი ტკივილის გამო. მაგრამ როდესაც იგი მანმინის ცენტრალურ ეკლესიაში მოვიდა, იგი განიკურნა მქადაგებელი ჯაეროკ ლის ლოცვით და დაიწყო სიარული ჯოხისა და ინვალიდის სავარძლის გარეშე.

ამ თანამედროვე სამყაროში, სადაც რთულია ღმერთის რწმენა მეცნიერების განვითარებისა და ცოდვების სიჭარბის გამო, „ვი-სი-გი-ენი“ აკეთებს სამღვდელოებას რათა განიხილოს ღვთაებრივი განკურნების შემთხვევები მედიცინის მეშვეობით, რომ დაამტკიცოს ბიბლიის ჭეშმარიტება და რომ ღმერთი ცოცხალია.

11. სული წმიდის ცეცხლი ამერიკის შეერთებული შტატების შუაგულში

მას შემდეგ რაც ღმერთმა დაგვაწყებინა „გი-სი-ენის" მაუწყებლობა, მან გვიხელმძღვანელა ლაშქრობისაკენ ნიუ-იორკში. მედისონის მოედნის ბაღი არის ადგილი სადაც შემსრულებლების უმრავლესობას მთელი მსოფლიოდან მოუნდებოდა იქ წარდგომა.

ამერიკის შეერთებული შტატების გამოსაფხიზლებლად და ისრაელში ჩვენი მისიის დასაწყებად, ჩამოვედით ლაშქრობის ჩასატარებლად ნიუ-იორკში მედისონის მოედნის ბაღში 2006 წლის ივლისში. მაგრამ განრიგი იქ ყოველთვის დაგეგმილია 1 ან ორი წლით ადრე, უკიდურესად რთულია ადგილის შოვნა წარმოდგენისათვის პატარა დროში.

ყველაზე მნიშვნელოვანი რამ ადგილი იყო ნიუ-იორკის ლაშქრობისათვის. ძნელია ლაშქრობისათვის ადგილის შოვნა მხოლოდ რამდენიმე თვით ადრე.

სანამ ვცდილობდით საუკეთესო ადგილის მოძებნას,

ერთერთმა ჯგუფმა გააუქმა თავიანთი განრიგი და ჩვენ მივიღეთ ადგილი. ეს იყო მხოლოდ უფლის წყალობა.

ამერიკის შეერთებული შტატები დაარსდა პურიტანელების რწმენაზე. მათ ასევე ყველაზე დიდი რაოდენობის მისიონერები გაგზავნეს მთელს მსოფლიოში. მაგრამ დღეს, დარვინიზმის სწავლებით და ჰომოსექსუალების ლეგალიზირებით, ისინი როგორც ჩანს უფლისგან გამიჯნულები არიან.

ისინი ვინც მედისონის მოედნის ბაღში შეიკრიბნენ ყურადღებით უსმენდნენ მოწოდებებს სამი დღის განმავლობაში და გამოსცადეს სული წმიდის ცეცხლოვანი სასწაულები. ისინი ვინც იტანჯებოდნენ ბოროტი სულებისგან, განთავისუფლდნენ. იქ ასევე იყო უამრავი ადამიანი რომლებიც განიკურნენ უკურნებელი დაავადებებისგან.

განკურნების სასწაულები მედისონის მოედნის ბაღში

მარია ანდრეა მორანგი განიკურნა შიდსისგან. იგი განუწყვეტლივ მიდიოდა საავადმყოფოში მაღალი სიცხის, თავის ტკივილების და გულისრევის გამო. მისი სხეული პარალიზებული იყო და ვერ დადიოდა. მას ძლივს შეეძლო ხელების გამოძრავება.

ლაშქრობის დასრულებიდან ერთი თვის შემდეგ ჩვენ მას კიდევ ერთხელ ვესტუმრეთ და თავისუფლად დადიოდა და ცხოვრობდა ნორმალური ცხოვრებით.

ნიუ იორკის ლაშქრობა (მედისონის მოედნის ბაღი)

ერთი ადამიანი განიკურნა ხერხემლის კიბოსგან. მას ჰქონდა მოტეხილობები ექვს ადგილას. მან სთქვა რომ იგრძნო თითქოს ძვლები უდნებოდა. რაღაც პერიოდის განმავლობაში იგი ვერ ჯდებოდა და სხეულს ვერ ამოძრავებდა. მაგრამ ლაშქრობაზე იგი სრულიად განიკურნა; ნერვული პრობლემები გაუქრა და თავისუფლად დაიწყო სიარული.

მისმა ექიმმა სთქვა რომ მისთვის სიარული წარმოუდგენელი იყო, მაგრამ უფლის ძალამ იგი სრულიად განკურნა.

მიჰაილი განიკურნა შიზოფრენიისაგან, რომლისგანაც

იგი 12 წლის განმავლობაში იტანჯებოდა. იგი შეპყრობილი იყო ბოროტი სულებისაგან და ყოველთვის დეპრესიაში იმყოფებოდა. მას ჰქონდა ანტროფოფობია, ადამიანების შიში და გარეთ ვერ გადიოდა. მას ასევე ჰქონდა თავის ტკივილები და ვერ ცხოვრობდა ნორმალური ცხოვრებით. მას ნორმალურად ლაპარაკი არ შეეძლო ძლიერი მკურნალობის გამო, მაგრამ მკურნალობის გარეშე მას შეტევები ჰქონდა.

ლაშქრობაზე იგი სრულიად განიკურნა და სიხარულით ამბობდა რომ ახლა სწავლის გაგრძელება და ნორმალური ცხოვრებით ცხოვრება შეეძლო.

ესენი ვინც განიკურნენ „ვი-სი-დი-ენის" ექიმებმა შეამოწმეს. დოქტორმა ვიტალი ფიშბერგმა სთქვა „ამ ლაშქრობამ მთელი ჩემი ცხოვრების მიმდინარეობა შეცვალა. მოწოდებები რომლებიც სამი დღის განმავლობაში იქადაგეს, იყო ყველა პრობლემის მოგვარების გასაღები. მე დავესწარი უამრავი ცნობილი მქადაგებლის ლაშქრობას, მაგრამ არასოდეს მინახავს ამდენი ადამიანი განკურნება მხოლოდ ერთი მქადაგებლის კათედრიდან წაკითხული ლოცვით."

სამი დღის ბოლოს მივიღე პროკლამაციები და მადლობები ნიუ-იორკის შტატის სენატისგან და ასამბლეისგან და ნიუ-იორკის ქალაქის კონს საბჭოსგან. მე მხოლოდ მადლობას თუ გადავუხდი უფალს, რომელმაც მომცა საშუალება მექადაგა სახარება იმ ქვეყანაში რომელმაც პირველად იქადაგა ქადაგება ჩვენთვის.

იქ იყო რამდენიმე პასტორი რომლებმაც სცადეს ლაშქრობის ჩაშლა ამ ქვეყანაშიც. მათ გაავრცელეს ყალბი დოკუმენტები ბევრ ეკლესიაში, ჩართეს პრესის რამდენიმე

წევრი და სცადეს ბოიკოტის გამოცხადება ლაშქრობაზე.

იქ იყო ნიუ-იორკის ერთერთი ეკლესიის პასტორი, რომელიც იყო ერთერთი იმათგანი, რომლებმაც ყველაზე დიდი წინააღმდეგობა გაუწიეს ამ ლაშქრობას. მან მოგვიანებით ეკლესია დატოვა უხერხული ინციდენტის გამო და მას აღარ შეეძლო მღვდელთმსახურება იმ მხარეში. ამ ამბავმა დამაღონა.

როდესაც ვიღაცა აკეთებს ისეთ რამეს რომ სული წმიდის საქმიანობებს ხელს უშლის, იგი იმას მოიმკის რაც დათესა ამ მიწაზე, მაგრამ განაჩენი, რომელიც მან მიიღო ცხოვრებაში უფრო შემაძრწუნებელია.

რამდენიმე კორეელი მისიონერი მუშაობდა ჩვენი ეკლესიის სამუშაოების ჩასაშლელად. როდესაც ჩვენ ვცადეთ ლაშქრობები გვქონოდა ბევრ ქვეყანაში, ისინი აქტიურად ავრცელებდნენ ცრუ ჭორებს და გაყალბებულ დოკუმენტებს.

მაგრამ რადგან სიმართლე თავად მეტყველებს, რაც უფრო მეტს ცდილობდნენ ჩვენი საქმიანობების ჩაშლას, მით უფრო ცნობილი გახდა ჩვენი ლაშქრობები. ბოლოს მათმა ძალისხმევამ უკეთესი შედეგები მოგვიტანა. ჩვენ ვნახეთ რომ ეს პასტორები, რომლებიც ჩვენთან მუშაობდნენ სხვადასხვა ლაშქრობებზე მსოფლიოს გარშემო, მიიღეს დიდი კურთხევა. მათმა ეკლესიებმა გამოსცადეს აღორძინება და ახლა უფრო მტკიცედ დგანან. მათი პირადი პოზიციები და მდგომარეობა გამოკეთდა.

12. მისიის დასაწყისი ისრაელში

2000 წლიდან ღმერთმა მოგვცა სახარების ქადაგების საშუალება 12 დიდ ლაშქრობაზე. ღმერთმა დროებითი დასასრული დაადო 2006 წლის ივლისის ნიუ–იორკის ლაშქრობაზე. დღესაც კი ზევრი მოთხოვნაა სხვადასხვა ქვეყნებიდან მსოფლიოს გარშემო ლაშქრობებზე. ძალიან ვწუხვარ, რომ არ შემიძლია ამ მოთხოვნებს ვუპასუხო. რადგან მისია მაქვს შესასრულებელი ისრაელში.

„და იქადაგება სასუფევლის ეს სახარება მთელს ქვეყანაზე, ყველა ხალხის სამოწმებლად; და მაშინ მოიწევა დასასრული. ხოლო როდესაც იხილავთ გაპარტახების სიბილწეს, დანიელ წინასწარმეტყველის მიერ ნათქვამს, რაც წმინდა ადგილას დევს (წამკითხველმა გაიგოს), მაშინ იუდეას მყოფნი მთებს შეეფარონ“ (მათე 24:14-16).

ზუსტად მაშინ როდესაც ეკლესია გავხსენი ღმერთმა შემატყობინა რომ მეორედ მოსვლის დრო ახლოვდებოდა, გრანდიოზული ტაძარი აშენდებოდა და მისიონერული საქმიანობები გაგრძელდებოდა ჩრდილოეთ კორეასა და ისრაელში. მან ასევე მითხრა რომ ჩრდილოეთ კორეა დროებით გაიღებოდა. დღეს ვგრძნობ რომ ეს დღე მოახლოებულია.

2007 წლის ივლისს ჩვენ დავიწყეთ მისია ისრაელში. ებრაელებისთვის სახარების ქადაგებისათვის უფლის ძალა გვჭირდება. სახარება ფაქტიურად ისრაელში წარმოიშვა, მაგრამ თვითონ მათ დაკარგეს ის. ღმერთი შეპირდა აბრაამს, დავითს და უფლის კაცებს, რომ იგი არ მიატოვებდა თავის ხალხს, ისრაელს.

უფლის დაპირება უნდა შესრულდეს და ვინ იქადაგებს სახარებას ისრაელში? იესომ წარმოადგინა ძლიერი სასწაულები სახარების ქადაგებით, რომლებიც ადამიანისათვის შეუძლებელია, მაგრამ მათ მაინც არ დაუჯერეს. ერთმა შეიძლება იქადაგოს სახარება, მაგრამ ღმერთის ძალის ჩვენების გარეშე ძნელია მათ მიიღონ სახარება.

ეს არის რაც უფალმა მითხრა: „გამოაღვიძე ისინი ძალით. იესო ქრისტეს სახელით იქადაგე სახარება და როდესაც ბრმა დაინახავს, ყრუ გაიგონებს და მუნჯი ალაპარაკდება, ისინი ვინც გულით კეთილები არიან დაიჯერებენ და შენს სიტყვას მიიღებენ. მაგრამ არა ყოველი მათგანი.“

იგი ამბობს რომ ის ებრაელები რომლებიც მესიის მოსვლას ელოდებიან, ისინი ვინც დარწმუნებით ეძებენ უფალს და

დოქტორი მიჰაილ მორგულისი (სულიერი დიპლომაციის ქველმოქმედების პრეზიდენტი) საუბრობს რაბისთან ერთად ტირილის კედელთან

ისინი ვინც უფლისგან მომზადებულნი არიან, არიან ის ადამიანები რომლებიც გააღებენ გულს და მოინანიებენ როდესაც დაინახავენ უფლის ძალის გამომჟღავნებას.

ბიბლია გვეუბნება უფლის ცაში მოსვლის შესახებ და ჩვენს ჰაერში ჩამოკიდებაზე (1 თესალონიკელთა 4:16–17). ჩვენ ვიქნები ჰაერში ღრუბლებზე ჩამოკიდებულები და მივიღებთ უფალს. აქ „ჰაერი" არ არის ცა რომელსაც ჩვენ ვხედავთ ჩვენი ფიზიკური თვალებით, ეს არის სულიერი სამყარო. ღმერთს დაყოფილი აქვს სულიერი სამეფო რამდენიმე სივრცედ.

მათ შორის მეორე ზეცა დაყოფილია სინათლის არედ, სადაც ედემის ბაღი მდებარეობს და წყვდიადის არე, სადაც

ბოროტი სულები ბინადრობენ. და ედემის ბაღის ერთ კუთხეში მომზადებულია ადგილი შვიდი წლის ქორწილის ბანკეტისათვის. როდესაც უფალი დაგვიძახებს ადამიანების განვითარების დასასრულს, ჩვენ ერთ წუთში ვიქნებით ჩამოკიდებულები.

ისინი ვინც არიან „ხორბალი" მორწმუნეები გარდაიქმნებიან სულიერ სხეულებად და მიიღებენ უფალს ჰაერში. სანამ ისინი სიამოვნებას განიცდიან შვიდ წლიანი ქორწინების ბანკეტით, შვიდ წლიანი მწუხარება გადაიშლება დედამიწაზე.

სინანული ჰაერში გამოკიდების შემდეგ

ისრაელის ხალხი არის უფლისგან არჩეული ხალხი და ეს დასასრულამდე ღმერთის ნება იქნება. ბიბლიაში როდესაც მსოფლიო ცოდვებით იყო სავსე, სასჯელები მოვიდა; ცეცხლი სოდომსა და გომორაში და წყალდიდობა ნოეს დროს.

მსგავსად როდესაც მსოფლიო ცოდვებით არის სავსე, ეს იმდენად ცუდია რომ პატიება აღარ იქნება, საბოლოო განაჩენი მოვა. კარგი მორწმუნეები ჰაერში ჩამოეკიდებიან და დედამიწა შვიდ წლიან მწუხარებაში მოიცვება ომების და ბუნებრივი უბედურებების თანხლებით. ეს არის მესამე მსოფლიო ომის დასაწყისი და „დასასრული" რომელზეც ბიბლია საუბრობს.

როდესაც მოწაფეებმა იესოს კითხეს უფლის მოსვლის და დასასრულის ნიშნების შესახებ, იესომ სთქვა *„გაიგებთ აგრეთვე ომებსა და ომების ამბებს. თქვენ იცით, ნუ შეძრწუნდებით. ვინაიდან ყოველი ეს უნდა მოხდეს, მაგრამ ეს ჯერ კიდევ არ არის დასასრული"* (მათე 24:6).

აქ „ომები" არ არის შემოსაზღვრული ერთი ადგილით. ეს

არის რაღაც რაც ეხება მთელს მსოფლიოს. „ომები" და „ომების ამბები" მიმართავს პირველ და მეორე მსოფლიო ომს. მაგრამ ეს არ არის დასასრული რადგან მესამე მსოფლიო ომი იქნება.

აპოკალიფსის მეექვსე თავში წერია შვიდ წლიანი მწუხარების შესახებ, რომელიც მოხდება მას შემდეგ როდესაც ჩვენ ჰაერში ჩამოვეკიდებით როდესაც უფალი დაბრუნდება. ეს დედამიწა დაიწყებს მესამე მსოფლიო ომს შვიდ წლიანი მწუხარების დროს.

„და, აჰა, თეთრი ცხენი, და ზედ მჯდომარე მხედარი მშვილდოსანი, რომელსაც მიეცა გვირგვინი, და გამოვიდა მძლეველი, რათა სძლიოს" (აპოკალიფსი 6:2).

აქ „თეთრი ცხენი" მიმართავს ებრაელს და „ზედ მჯდომარე მხედარი" ლიდერებს, რომლებსაც აქვთ კონტროლი თავიანთ ბედ–იღბალზე. აქ ტერმინი „ცხენი" უფლებამოსილების და კეთილშობილების სიმბოლოს გამოხატავს. ისრაელის ხალხს აქვს „ღმერთის არჩეული ხალხის" გრძნობა. გრძნობა ხდება მათი ამპარტავნობა და ჯიუტობა და მათ მუდმივად აქვთ ომები თავიანთ მეზობელ ქვეყნებთან. ამიტომ ყოველთვის დაძაბულობაა შუა აღმოსავლეთში. მას შემდეგ რაც ისრაელი აღდგა, ბევრმა არაბულმა ქვეყანამ იბრძოლა მათ წინააღმდეგ, მაგრამ მათ სთქვეს „იგი წავიდა დასაპყრობად", ისინი აგრძელებდნენ მოგებას.

მაგრამ მათ მთლიანად არ მოუგიათ. ეს იმას ნიშნავს რომ ბრძოლა ისევ მიმდინარეობს; იქნება მესამე მსოფლიო ომი. როგორც პირველ და მეორე მსოფლიო ომებში, მესამე მსოფლიო ომსაც ექნება ახლო ურთიერთობა ისრაელთან.

13. მესამე მსოფლიო ომი

„და როცა ახსნა მეორე ბეჭედი, მომესმა ხმა მეორე ცხოველისა, რომელმაც თქვა: მოდი! გამოვიდა მეორე ცხენი, წითელი, და მასზე მჯდომს მიეცა მიწიდან მშვიდობის აღხოცის ძალა, რათა მუსრს ავლებდნენ ერთმანეთს: და მიეცა მას მახვილი დიდი“ (აპოკალიფსი 6:3-4).

აქ „წითელი ცხენი“ მიმართავს რუსეთს და იძახის რომ დიდი სისხლის ღვრა იქნება. 1991 წელს საბჭოთა კავშირის დაშლის შემდეგ, ჩანდა რომ ძალა დაკარგა, მაგრამ მაინც რუსეთი მსოფლიოში ერთერთი უძლიერესი ქვეყანაა. მომავალში რუსეთი გაერთიანდება ჩინეთთან და გახდება ერთერთი მთავარი ძალა.

როდესაც რუსეთი გაძლიერდება, ის გამოავლენს უფრო მეტ ზემოქმედებას მეზობელ ქვეყნებზე და ეს გახდება კონფლიქტების წყარო. შვიდ წლიანი მწუხარების დროს ეს

კონფლიქტები დაიწყება ომებად რასებს შორის. ეს ომები მარტივად არ დასრულდება, ისინი გაიზრდებიან და ამიტომაც ამბობს „მიეცა მას მახვილი დიდი."

რუსეთს ექნება ომები თავის მეზობელ ქვეყნებთან და რასებს შორის და ასევე ჩაერევა შუა აღმოსავლეთის ომში ისრაელთან. შემდეგ როგორც ეზეკიელის 38 თავშია ნაწინასწარმეტყველები, ეს გარდაიქმნება მესამე მსოფლიო ომში.

„ზეთის და ღვინის" მნიშვნელობა

აპოკალიფსი 6:6 წერია, *„ხოლო ღვინოსა და ზეთს ნუ ავნებ."* „ზეთი" მიმართავს ისრაელიტეს და „ღვინო" მათ ვისაც უფლის წამს, მაგრამ არ იცხოვრა შესაბამისი ქრისტიანული ცხოვრებით და დარჩა ამ დედამიწაზე შვიდ წლიანი მწუხარების დროს.

„ზეთი" არიან ის ისრაელის ხალხი რომლებმაც მოგვიანებით მიიღეს ხსნა. ეს ნიშნავს რომ იქნებიან ებრაელები რომლებიც დაინახავენ როგორ განვითარდება მოვლენები უფლის მეორედ მოსვლის შემდეგ, შეიცნობენ რომ იესო არის ჭეშმარიტი მესია და მოინანიებენ.

„ღვინო" სიმბოლურად გამოხატავს იმ სულებს, რომლებიც დედამიწაზე ჩამოვარდნენ როგორც ყურძნის წვენი, რომელიც მოედინება ხელში აღების შემდეგ. ისინი ეკლესიაში დადიოდნენ და იყვნენ მორწმუნეები, მაგრამ მათ ჰქონდათ მკვდარი რწმენა მოქმედებების გარეშე. ისინი ვინც არ სცნობენ ჭეშმარიტი რწმენის ქონას ვერ ჩამოეკიდებიან მაღლა როდესაც უფალი დაბრუნდება.

როდესაც ისინი დარჩებიან დედამიწაზე, შოკირებულები

იქნებიან! ზოგი მათგანი შეეცდება მიიღოს „აკრეფილი ხსნა“ მოწამეობით, 666 მხეცის ნიშნის არ მიღებით.

ღმერთი მათ იქამდე დააკავებს სანამ მესამე ბეჭედი გატყდება (აპოკალიფსი 6:5) და როდესაც დრო მოვა, იგი მათ მისცემს შანსს მიიღონ ხსნა მოწამეობით. ამიტომ ამბობს „ხოლო ღვინოსა და ზეთს ნუ ავნებ.“ მაგრამ ეს იმას არ ნიშნავს რომ ყველა გადარჩება მწუხარებით. ეს ნიშნავს რომ ტკივილები და ტანჯვები შემცირდება სანამ სასტიკი დევნები და მოწამეობები არ იქნება.

„ჩალისფერი ცხენი“: ევროპის კავშირი

აპოკალიფსი 6:8 წერია ევროპის კავშირის შესახებ, რომელიც ითამაშებს მთავარ როლს მესამე მსოფლიო ომში.

„შევხედე და, აჰა, ჩალისფერი ცხენი, ხოლო სახელი მისი მხედრისა – სიკვდილი; ჯოჯოხეთი მოსდევდა მხედარს და მიეცა მას ხელმწიფება მეოთხედზე დედამიწისა, რათა მუსრი გაავლოს მახვილთა და შიმშილით, სიკვდილითა და მიწიერ მხეცთა პირით.“

აქ „ჩალისფერი ცხენი“ მიმართავს იმ რაღაცეებს რაც მოხდება ევროპის კავშირის მიერ. „ხოლო სახელი მისი მხედრისა – სიკვდილი; ჯოჯოხეთი მოსდევდა მხედარს...“ ეს მიმართავს ანტი–ქრისტეს, მას ვინც წყვდიადს აკონტროლებს. ახლო მომავალში მსოფლიოს ექნება სამი ძირითადი ძალა. ამერიკის შეერთებული შტატები როგორც ყველაზე ძლიერი ერი, ომებს ეძებს თავისი ქვეყნის სასარგებლოდ მსოფლიო საზოგადოებაში.

იმისათვის, რომ ამერიკის შეერთებული შტატების შემოწმება შენარჩუნდეს, სხვა ძალები განვითარდება: ესენი არიან ჩინეთი და ევროპის კავშირი. პირველი ძალა არის ამერიკის შეერთებული შტატები. ისინი ისიამოვნებენ დიდი ხნის განმავლობაში ყველაზე ძლიერი ერის პოზიციით, მაგრამ ნელ–ნელა თავიანთ ძალას დაკარგავენ.

მეორე ძალა არის ყოფილი კომუნისტური სახელმწიფოები ჩინეთსა და რუსეთის გარშემო და მესამე არის ევროპის კავშირი. შუა აღმოსავლეთის ქვეყნებიც ეცდებიან ნავთობის იარაღად გამოყენებას და გაკონტროლებას, მაგრამ ისინი ამ სამზე სუსტები არიან.

მორწმუნეების ჰაერში ჩამოკიდების შემდეგ მსოფლიო ჩავარდება უკიდურეს ქაოსში. იმის და მიუხედავად რომ ისინი არ არიან მორწმუნეები, მათ ეცოდინებათ რომ უფალი იესო კიდევ ერთხელ მოვიდა. ისინი შეშინებულები იქნებიან „ეს სიმართლე იყო, რა უნდა ვქნათ ახლა?“ ასევე იქნება ბუნებრივი უბედურებები, დაავადებები და უკიდურესი ინფლაცია როგორც კი მსოფლიოს ქაოსი მოიცავს.

ამასობაში თითოეული ძირითადი ძალა ეცდება კონტროლის შენარჩუნებას და განსაკუთრებით ევროპის კავშირი, რომელიც აიწევა როგორც ყველაზე ძლიერი ძალა, გაკონტროლდება ანტი–ქრისტეს მიერ.

როგორც კი არეულობა გაიზრდება, ხალხს მოუნდება უფრო ძლიერი ხელმძღვანელობა. ამ გზით ევროპის კავშირი ადვილად მოიპოვებს ძალას. შვიდ წლიანი მწუხარების დასაწყისში ისინი დაამატებენ თავიანთ სამხედრო ძალას. მათი ძალა დაფუძნებული იქნება გაყალბებულ სისტემაზე რომელიც მათ ექნებათ და თავიანთ სიმდიდრეზე.

ამ გზით ისინი არა მხოლოდ გააერთიანებენ ევროპულ

ქვეყნებს, არამედ მთელი მსოფლიოს ნაწილები გაერთიანდება მათი სისტემით.

გარეთ ისინი იტყვიან „თუ ჩვენს სისტემას დაიცავ, გექნება სტაბილურობა და ვისარგებლებთ ერთად." მაგრამ თუ რომელიმე ქვეყანა არ დაიცავს მათ ეშმაკურ სიტყვებს, ისინი შეტევაზე წავლენ და გაანადგურებენ მას. ისინი შეინახავენ საკვების მარაგს და აუცილებელ ნივთებს თავიანთ სრულყოფილ კონტროლში.

კომპიუტერი, დედამიწის მხეცი

და ახლა რას ნიშნავს „მათ მიეცათ დედამიწის მეოთხედის ძალაუფლება, რათა მოეკლათ მახვილით და შიმშილობით და ეპიდემიით და დედამიწის ველური მხეცებით"?

„მახვილი" ნიშნავს სამხედრო ძალას და „შიმშილი" ნიშნავს იმას რომ იქნება შიმშილები და მაღალი ინფლაცია, მაგრამ ევროპის კავშირი ექსპლოატაციას გაუწევს ამ შანსს და შეაგროვებს დიდი რაოდენობის სიმდიდრეს.

„ეპიდემიით და ველური მხეცით" ნიშნავს იმას რომ ისინი შეზღუდავენ მათ ვინც მათ სისტემაში არ შევა. „დედამიწის ველური მხეცი" მიმართავს „კომპიუტერებს." ევროპის კავშირი შექმნის თავიანთ სისტემას საუცხოო კომპიუტერებით რომლებიც შეიცავს მთელი მსოფლიოს მონაცემებს. ისინი გააკონტროლებენ მათ და მათი ყურადღების ქვეშ იქნებიან კომპიუტერის საშუალებით.

ყველას გასაკონტროლებლად ისინი ძალას დაატანენ ხალხს მიიღონ მხეცის ნიშნები მარჯვენა ხელზე ან შუბლზე, რომელის არის შტრიხკოდი. მხეცის ნიშანი ყველა ადამიანის გაკონტროლებას ნიშნავს როდესაც ანტი–ქრისტეს ძალა

დაიწყებს გაკონტროლებას. ისინი შეიყვანენ ყოველი ადამიანის პირადულ ინფორმაციას შტრიხკოდზე და ბეჭედს დაარტყამენ ყოველივეს ხელზე და შუბლზე რათა გააკონტროლონ თითოეული. მათ შეეძლებათ თვალყური ადევნონ სად წავლენ და რას გააკეთებენ.

თავიდან ისინი ამას შესთავაზებენ ხალხს, მაგრამ შვიდი წლის მწუხარების შუა დროს ისინი აიძულებენ ყველას მიიღონ ნიშნები. ისინი ვინც უარს იტყვიან დაისჯებიან როგორც „საზოგადოების სტაბილურიობის სახიფათო ელემენტები." ამ დროიდან ადამიანები რომლებიც ვერ მიიღებენ ნიშნებს, დაიწყებენ მოწამეობას.

მხეცის ნიშნის მიღებით მწუხარების დროს არის თანამშრომლობა ანტი–ქრისტეს ძალასთან და მათი კერპების ქება–დიდება. ეს იგივეა რაც ღმერთის უარხყოფა.

მათ ვისაც სურს რწმენის შენარჩუნება შეეცდებიან არ მიიღონ ნიშნები, მაგრამ ანტი–ქრისტე ამას არ დაუშვებს. ისინი გააკონტროლებენ ყოველივე მათგანს, აწამებენ სხვადასხვა გზით და დაემუქრებიან რათა მიიღონ ნიშანი. მხოლოდ მაშინ როდესაც ისინი გაუძლებენ ასეთ სასტიკ და უგულო წამებას და გახდებიან წამებულნი, მიიღებენ „აკრეფილ ხსნას."

მომკის შემდეგ, ფარმერი მოძებნის მარცვალს რომლებიც შესაძლოა მიწაზე დაფანტულიყო. იგივე გზით ღმერთი აძლევს ხალხს მეორე შანსს იმის და მიუხედავად რომ ადამიანის განვითარება დამთავრებულია. მაგრამ ამჯერად არ იქნება ადვილი იმის დამტკიცება, რომ მათ რწმენა გააჩნიათ.

მათ უნდა გაუძლონ საზარელ წამებას, შიმშილს და საფრთხეებს. რომ აღიარო მათი რწმენა, როცა ბიბლიის

წონასწარმეტყველებანი უკვე შესრულებულ იქნენ, მათ თავიანთი რწმენა რაღაც უფრო დიდით უნდა დაამტკიცონ.

ეშმაკი უბიძგებს ანტი–ქრისტეს რათა კიდევ ერთი ადამიანი წაიყვანოს ჯოჯოხეთში. ამიტომ ისინი ისე აწამებენ მორწმუნეებს რისი ატანაც ადამიანს არ შეუძლია და უარჰყოფენ უფალს. როდესაც მორწმუნე არ უარჰყოფს უფალს ისინი მოიყვანენ მის ოჯახის წევრებს ან უმცროს შვილებს და მის წინაშე აწამებენ.

თუ მორწმუნე დანებდება მან უნდა მიიღოს ნიშანი. მან იცის რომ სამუდამოდ ჯოჯოხეთის ცეცხლში დაიტანჯება თუ იესოს უარჰყოფს, მაგრამ ტკივილი დაუძლეველი იქნება.

ამ ეპოქაში, სული ქმიდა უკვე განისჯება. და არ იქნება ადვილი ყველა ტკივილის და წამების გამლება მხოლოდ თავიანთი ნებისყოფით. ჩვენ ვცხოვრობთ იმ დროში სადაც უფლის მეორედ მოსვლა ძალიან ახლოსაა და ჩვენ უნდა შეგვეძლოს განსხვავება რა ტიპის რწმენა უნდა გვქონდეს და მოვრთოთ ჩვენი თავები როგორც უფლის პატარძლები.

14. გრანდიოზული ტაძარი, სიმბოლო ადამიანის განვითარების გამარჯვებისა

ზუსტად ეკლესიის გახსნის შემდეგ უფალმა მანახა მსოფლიო მისიის და გრანდიოზული ტაძრის მშენებლობის ხედვა. 1984 წლის ივლისს ვლოცულობდი და ვმარხულობდი ეკლესიის წევრებთან ერთად ახალი ტაძრისათვის და უფალმა დეტალურად აგვიხსნა ჩვენი მოვალეობა დასასრულისას და გრანდიოზული ტაძრის მშენებლობის შესახებ.

„ჩემი ძვირფასო მსახურო, სანამ მე მოვალ აგაშენებინებთ გრანდიოზულ ტაძარს დედამიწაზე ყოველი ადამიანის ხელით. როდესაც იტყვი რომ გრანდიოზულ ტაძარს აშენებ, ისინი ვინც უფლის გულს ვერ გაიგებენ და ვისაც რწმენა არ აქვთ, იტყვიან „რატომ უნდა დავხარჯოთ ამხელა თანხა შენობის აშენებაში და არა მისიონერულ სამუშაოებში?“

მე ავშენდები ყველაზე ლამაზი და საუკეთესო რაღაცეებით რისი მოპოვებაც შეიძლება კაცობრიობაში. შენ არ ააშენებ

ამას შენი საკუთარი ძალით; შენი იქნები ცნობილი მთელს მსოფლიოში და ერების მეფეებსაც შეხვდები.

მათ ვისაც ხელობა აქვს, ხელობას მოგცემენ, მათ ვისაც სიბრძნე აქვს, სიბრძნეს მოგცემენ; და მათ ვისაც შესაწირავი აქვს, შესაწირავს მოგცემენ. არ იქნება არაფრის უკმარისობა, მხოლოდ სიუხვე. ხალხი აშენებს ძალიან ლამაზ შენობებს ადამიანებისათვის და ეშმაკისათვის, მაგრამ მათ ჯერ არ აუშენებიათ არაფერი ღმერთისათვის.“

როდესაც ეკლესია ცდილობს ააშენოს დიდი და საუცხოო ტაძარი, ზოგი ამბობს „უკეთესი არ იქნება რომ ფული მისიონერულ და საქველმოქმედო საქმიანობებში დავხარჯოთ? რატომ უნდა დავხარჯოთ ამხელა თანხა შენობაში?“

ამ სამყაროში ბევრი შენობაა რომელიც აშენდა ადამიანების გასართობად და სიამოვნებისათვის, ხარჯავენ დიდ თანხებს მშენებლობაში. მაგრამ მას შემდეგ რაც სოლომონმა ააშენა ტაძარი უფლისათვის, არ აშენებულა შენობა როგორც ნამდვილი ტაძარი ღმერთისათვის.

როდესაც სოლომონმა ააშენა ღმერთისთვის ტაძარი, ღმერთმა მას დეტალურად უთხრა ზომები, სტრუქტურა და საგნებიც კი რომლებიც ტაძრის მშენებლობისას გამოიყენა. სოლომონმა მოიტანა კარგი ხე, ოქრო, ვერცხლი და ძვირფასი მასალები მეზობელი ქვეყნებიდან. მათ შენობა დაფარეს ოქროთი რათა ყველაზე ჩინებული და ლამაზი ყოფილიყო.

გვირგვინის ფორმა

ღმერთმა მოსეს აჩვენა ხედვები და მისცა მას აპოკალიფსისი

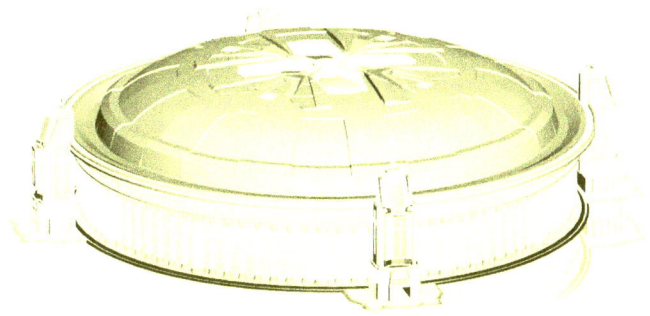

გრანდიოზული ტაძარი

როდესაც მან სამლოცველო გააკეთა. ღმერთმა ასევე შეგვატყობინა ჩვენც დეტალურად გრანდიოზული ტაძრის შესახებ. ძირითადად წრიული ფორმა აქვს, რაც ნიშნავს იმას რომ სამყარო უსასრულოა.

უფლისადმი დიდების და კეთილშობილების გამოსახატავად, გრანდიოზული ტაძარი იქნება საუკეთესო და ყველაზე დახვეწილი კაცობრიობის ისტორიაში. სიმაღლე იქნება 70 მეტრი სარდაფიდან ჯვრის კოშკამდე და დიამეტრი იქნება 600 მეტრი. მხოლოდ ერთი ორნამენტი აჩვენებს უფლის სილამაზესა და ძალას. ასევე იგი მოიცავს ახალი იერუსალიმის ქალაქის დიდებას და გამოხატავს ღმეთის შექმნის სასწაულებს.

ტაძრის ყველაზე მოშორებულ ადგილას იქნება დიდი მარმარილოს სვეტები, რომელიც იქნება ახალი იერუსალიმის 12 საძირკველი ქვის სიმბოლო. თითოეულ სვეტს გარშემო ექნება ყვავილის ჩუქურთმები. ყოველი ყვავილს შუაში ექნება 12 საძირკველი ქვის ერთერთი ძვირფასეულობა.

ყოველი სვეტის შუში განთავსებული იქნება დიდი ჭიშკარი როგორც ახალი იერუსალიმის მარგალიტის ჭიშკარი. თითოეულ ჭიშკარს ექნება ორი დიდი ანგელოზის ქანდაკება. ასევე 12 დიდ სვეტს შორის იქნება შვიდი პატარა სვეტი და ყოველივე სვეტს ექნება ჩუქურთმები რომლებიც გამოხატავენ შექმნის სამუშაოს ყოველ დღეს.

მაგალითად პირველი სვეტი ისე იქნება მორთული, რომ ცისარტყელი ფერებს გამოხატავს ნათელში რათა აჩვენოს სინათლის შექმნა. მეექვსე სვეტს ექნება ძროხების, ცხვრების და სხვა ცხოველების ჩუქურთმები და ასევე ადამის და ევას ფორმებიც.

ტაძრის მქადაგებლის კათედრა შემოტრიალდება. სახურავი გაიღება და დაიხურება ჯვრის ფორმით. ტაძარში სკამებს ექნება ინდივიდუალური ვიდეო ეკრანები; მათ ექნებათ შესაძლებლობები და მოწყობილობა თანამედროვე ტექნოლოგიებით.

ფრინველის თვალის ხედვით გრანდიოზული ტაძარი გვირგვინს გავს. როგორც გამარჯვებული იღებს დაფნის გვირგვინს, ესეც სიმბოლურად გამოხატავს რომ კაცობრიობა დასრულდება უფლის გამარჯვებით.

ღმერთს სურს ააშენოს გრანდიოზული ტაძარი მისი შვილების მეშვეობით, რომელთაც აქვთ ნატიფი გულის სიწმინდე, რომელიც არის წმინდა ტაძარი გულში. მან

ხუთჯერ მოგვცა წმინდა სახარება და გვიხელმძღვანელა ჩვენი ბოროტების განდევნისაკენ და ჩვენი გულების გასუფთავებისაკენ ამ ცოდვებით სავსე სამყაროში.

რადგან ჩვენი ეკლესია ცდილობს ცოდვების განდევნას და რომ იკურთხოს, ბევრი ეკლესიის წევრი იზრდება სულში და უფლის განსაკუთრებული წყალობის მთლიანი სულში. ღმერთმა ის დაგეგმა რომ ისინი ვინც მოამზადებენ თავიანთ თავებს უფლის პატარძლებად ამ გზით, მიიღებენ უფლის მოსვლას გრანდიოზულ ტაძარში.

ღმერთი გვაჩვენებდა წრიულ ცისარტყელებს როგორც ნიშნებს, რომ იგი ჩვენთანაა და რომ ჩვენ ავაშენებთ გრანდიოზულ ტაძარს. ჩვენ ხშირად ვხედავთ ცისარტყელებს ეკლესიის თავზე ან მანმინის მისიონერების მოედანზე მთელი სმოფლიოს გარშემო.

ღმერთმა უკვე მომცა უფლება დუბაიში ჩავსულიყავი და რამოდენიმეჯერ შუა აღმოსავლეთი სხვა ქვეყნებშიც გრანდიოზული ტაძრის ასაშენებლად. მან მომცა უფლება იქ მქონოდა მეგობრული ურთიერთობა ვიღაც მთავარ ბიზნესმენებთან. ასევე 8,000–ზე მეტი ეკლესია მთელი მსოფლიოს გარშემო იღებს მონაწილეობას მანმინის სამღვდელოებაში, როგორც მსოფლიო მისიის ნაყოფს, რომელსაც ჩვენ დიდი ხანია ვაკეთებთ.

სანამ სახარებას ვიქადაგებთ სამყაროს დასასრულისას, ავაშენებთ გრანდიოზულ ტაძარს და სანამ უფალი იესოს მოსვლას მივიღებთ, ჩემი ლოცვები და სამღვდელოება შეუჩერებლად გაგრძელდება.

ბოლოსიტყვაობა

როგორც ხე, რომელიც მაღლა ცაში იყურება
ფესვებს კი ღრმად ფლობს მიწაში,
არა მხოლოდ კაშკაშა მზის სინათლე
ასევე შტორმშიც, ქარიშხალშიც და ცივ წვიმაშიც.

გადის ბოლო ექვსი წელი,
როდესაც მუხლებზე დავიჩოქე რათა ცის ყურებით
მელოცა,
უფლის სიყვარულმა მიხელმძღვანელა
ღრმა სულის სამყაროში;
მან გააღო ახალი სივრცის
სულიერი სამეფოს კარიბჭე.
დასასრულის ბედისწერა გრძელდება.

მე შემეძლო გამელაშქრა
უფლის ერთგული სიყვარულის გამო,
ვინ არის ყოველთვის იქ და
ვის არ აქვს ჩრდილის მოძრაობის შეცვლა.
მიუხედავად იმისა რომ იქ ხალხი იყო
რომლებმაც არასწორად გაიგეს უფლის საქმიანობა
ან მათი შურდათ,
და ვინ გაავრცელა სიცრუე,
მე მარტო ვლოცულობ ღმერთთან,
რომ სიმართლე ყოველთვის გამოაშკარავდეს
ისტორიაში.

მე ჩემს თავს გავუცრუე მცირედი იმედები
რომლის შესახებაც ადრე არასოდეს მილაპარაკია.

მე ვაცხადებ რომ ამ წიგნის შინაარსი
არის სიმართლე
რომლისაც მე საერთოდ არ მრცხვენია.

პირადი და
ეკლესიის
ისტორია

1943. 04. დაიბადა როგორც ბოლო ბავშვი სამ ვაჟსა და ერთ დას შორის მისი მამის ჩაბეომ ლისა და დედის გამჯანგ ჩაოსგან (შინკილ რი, ჰეიე მიეონი, მუან გონი, ჩეონამის პროვინცია)
1956. 02 დაამთავრა ბონიანგის დაწყებითი სკოლა, ჩეონამის პროვინცია
1959. 02. დაამთავრა სონგჯუნგის საშუალო სკოლა, ჩეონამის პროვინცია
1962. 02. დაამთავრა დან–გუკის სამრეწველო სკოლა, სეული
1964. 09. გამოვიდა ინჟინერიის სკოლიდან, ჰანიანგის უნივერსიტეტი
1967. 04. დაასრულა სამხედრო სამსახური
1968. 01. იქორწინა თავის მეუღლე ბოკნიმ ლიზე, გახდა ავად ძლიერი სმისგან ახალმოსახლეობის აღნიშვნის წვეულებაზე
1970. 11. დაიბადა პირველი ქალიშვილი მიოუნგ ლი. თმის ცვენის გამო დატოვა საგაზეთო კომპანია
1972. 10. დაიბადა მეორე ქალიშვილი მიკოუნგ ლი.
1974. 04. გამოცადა ცოცხალი ღმერთი ჰიუნ შინ აეს საკურთხეველთან და მიიღო უფალი.
1974. 11. დაესწრო აღორძინების შეკრებას სუნგდონგის ეკლესიაში ოკსუ დონგში და დაიწყო მართალი ქრისტიანული ცხოვრება
1975. 08. დაიბადა მესამე და ბოლო ქალიშვილი სუჯინ ლი.
1979. 03. მიღებულ იქნა უწმინდეს სასულიერო სემინარიაში
1982. 07. მანმინის ეკლესიის გახსნა
1983. 02. უწმინდესი სასულიერო სემინარიის დამთავრება
1986. 05. იკურთხა პასტორად
1987. 06. მისი ჩვენება თეატრალიზირებულ იქნა და ეთერში გადიოდა ერთი თვის განმავლობაში ქრისტიანული მაუწყებლის სისტემის მიერ.
1990. მისი ქადაგებები რეგულარულად გადიოდა FEBC–ის, აზიის მაუწყებლობის და ვაშინგტონის ქრისტიანული რადიოს სისტემის ეთერში.
1990. 05. სული წმინდის ლაშქრობის მქადაგებელი, რომელიც ჩატარდა იეონგნამის არეს მისიის

მიერ

1991. 03. სმქადაგებელი დაეგუს მისიონერობის დალოცვის ლაშქრობაზე

1991. 07. კორეის იესოს გაერთიანებული უწმინდესი ეკლესიის დაარსება

1992. 03. ნისი ორკესტრის დაარსება მქადაგებელ ჰიეონკიონ შინთან ერთად
კონფერენცია „სივრცეებზე" ყველა ეკლესიის წევრისათვის სათაურით: გაიგონე, დაინახე და გაიგე გულით
სვეტები ჩნდება ჰონკოკ ილბოს ყოველდღიურ გაზეთში (კორეაში და ამერიკის შეერთებულ შტატებში)

1992. 05. დაესწრო ეროვნულ ლოცვის საუზმეს

1992. 08. 92 მსოფლიოს წმინდა სულის ევანგელიზაციის ლაშქრობის პრეზიდენტი

1993. 02. მანმინის ცენტრალური ეკლესია შედის მსოფლიოს 50 ეკლესიაში ამერიკის შეერთებული შტატების „ქრისტიანული სამყაროსგან"

1993. 05. პირველი ორკვირიანი განსაკუთრებული აღორძინების შეკრება მქადაგებელ ჯაეროკ ლისთან ერთად

1993. 08. მქადაგებელი ვაშინგტონის ევანგელიზაციის ლაშქრობაზე

1993. 09. მქადაგებელი ლოს ანჯელესის ევანგელიზაციის ლაშქრობაზე
მეოცე კორეული დღის დღესასწაულის საპატიო თავმჯდომარე ლოს ანჯელესის კორეის ქალაქში
ლოცვა–კურთხევა ლოს ანჯელესის ქალაქის საბჭოზე
მიიღო საპატიო მოქალაქეობა ლოს ანჯელესის ოლქისგან

1993. 10. ქადაგებელი ლოს ანჯელესის

1994. 02. დარწმუნების ადრესანტი კორეის არმიის მე-6 დივიზიონი, სილოამ ეკლესიის ინაუგურაციის სამსახური

1994. 05. მქადაგებელი ვაშინგტონის და ბალტიმორის გაერთიანებული ლაშქრობისათვის
ვაშინგტონის ქრისტიანული რადიო სისტემის

	თავმჯდომარედ ინაუგურაცია
1994. 06.	ისაუბრა ტანზანიის ეკლესიის ლიდერების კონფერენციაზე და პენტეცოსტალის ეკლესიის წირვა-ლოცვაზე
1994. 07.	94 სეულის წმიდა სულის ევანგელიზაციის ლაშქრობის ლოცვა-კურთხევა დაინიშნა საერთაშორისო ბიბლიის მოწოდების მისიის ასოციაციის ვიცე პრეზიდენტად
1994. 09.	ავადმყოფების ლოცვის დასაწყისი ტელეფონის ავტომატური მოპასუხის სისტემაში
1994. 11.	მქადაგებელი იდას გაერთიანებული ლაშქრობისათვის იაპონიაში
1994. 12.	განსაკუთრებული ლექცია მქადაგებლების სწავლების ცენტრში, ეროვნული ევანგელიზაციის მოძრაობის შემოერთების სინამდვილე
1994. 12.	CBS–ის მეორმოცე საწლისთავო განსაკუთრებული პროგრამა „განგვანახლე" ჩაწერილი მანმინის ცენტრალურ ეკლესიაში
1995. 02.	უმასპინძლა 149–ე მთელი კორეის პასტორების კონფერენციას, რომელიც ჩატარდა კორეის პასტორების ლოცვის ჯგუფის მიერ
1995. 03.	უმასპინძლა სეულის რაიონის გაერთიანებულ ლაშქრობას, რომელიც ჩატარდა ეროვნული ევანგელიზაციის მოძრაობის მიერ ქადაგებები გადი ყოველ კვირას CBS–ის ეთერში
1995. 04.	მქადაგებელი 95 ლოს ანჯელესის მსოფლიო მისიის ყრილობის, რომელიც ჩატარდა ეროვნული ევანგელიზაციის ასოციაციის მიერ
1995. 05.	მისი ქადაგებები გადის CBS–ის ჩუნჩეონის ეთერში
1995. 07.	როგორც მუდმივმა პრეზიდენტმა განსაკუთრებულად ილოცა „განსაკუთრებული ლოცვის ლაშქრობისათვის", რომელიც ჩატარდა ერის გაერთიანების ევანგელიზაციის მოძრაობის მიერ
1995. 08.	ვიზიტი ჩუნგვადაეში, პრეზიდენტის სახლი, მშვიდობიანი გაერთიანების იუბილის ყრილობაზე აღმასრულებელ წევრად კორეის დამოუკიდებლობის 50–ე წლისთავის

აღნიშვნაზე მშვიდობიანი გაერთიანების იუბილეზე კორეის დამოუკიდებლობის 50–ე წლისთავის აღნიშვნაზე მან, როგორც ადმინისტრაციულმა პრეზიდენტმა გააკეთა პროგრესის მოხსენება მისი ქადაგებები გადის ნიუ იორკის კორეის რადიოს ეთერში

1995. 09. დაესწრო 22–ე ლოს ანჯელესის კორეის ქალაქის კორეის დღის აღნიშვნას როგორც საპატიო პრეზიდენტი

1995. 10. მისი ქადაგებები გადის დაეჯეონის FEBC–ის ეთერში აფრიკის მანმინის მისიის ცენტრი დაარსდა
მანმინის ცენტრალურმა ეკლესიამ მიიღო მონაწილეობა სისხლის გაღების მოძრაობაში რომელიც ჩატარდა „სიყვარულის მოძრაობის განხორციელების“ მიერ.

1995. 11. მიზპას გამოღვიძების ლაშქრობა მონანიებისა და სიყვარულის განხორციელებისათვის რეგულარული სვეტები ჩნდება „ქრისტიანულ მაცნეში“, ამერიკის შეერთებული შტატების ყოველკვირეული ქრისტიანული გაზეთი

1995. 12. FEBC–ის, „ჩვენი კეთილი ეკლესია“ პროგრამა ჩაიწერა მანმინის ცენტრალურ ეკლესიაში

1996. 02. მქადაგებელი 96 ჰავაის კორეული ეკლესიების გაერთიანების ლაშქრობისათვის და პასტორების კონფერენციისათვის

1996. 03. დაინიშნა ბრალმდებლების ევანგელიზაციის ასოციაციის ვიცე პრეზიდენტად

1996. 04. მისი ქადაგებები გადის CBS–ის დაეგუს ეთერში დაინიშნა 2002 წლის მსოფლიო თასის მისიის ჯგუფის ვიცე პრეზიდენტად

1996. 06. მანმინის კეთილდღეობის ცენტრის გახსნა

1996. 07. არგენტინის კორეული კურთხევის ლაშქრობა და ადგილობრივი პასტორების პრეზენტაცია მეთოთხმეტე პასტორების კონფერენცია არჩეულ იქნა ერთერთ „ადამიანები, რომლებიც კორეას ამოძრავებენ“ ჯოონგ–ანგ ყოველდღიური გაზეთისგან

1996. 08. გურო დონგის ტაძრის ინაუგურაცია მისი ქადაგებები გადის ვანკუვერის ქრისტიანული მაუწყებლობის ეთერში,

კანადაში დაესწრო კორეა–იაპონიის გაერთიანებულ ლოცვის ლაშქრობას რომელიც ჩატარდა 2002 წლის მსოფლიო თასის მისიის ჯგუფის მიერ
1996. 09. გაერთიანებული ლაშქრობა შინშუში, იაპონია
1996. 11. მეორე ქება–დიდების კონცერტი ბავშვთა ხელმძღვანელობის სახლებისათვის, ჩატარდა ერის ევანგელიზაციის მოძრაობის ცენტრის მიერ
1996. 12. ერთდროული ქება–დიდების წირვა–ლოცვის დასაწყისი კორეის ყველა ფილიალი ეკლესიებისათვის
მისი ქადაგებები გადის ყოველ კვირა ფილადელფიის ქრისტიანული მაუწყებლობის ეთერში
1997. 03. მისი ქადაგებები გადის ნიუ იორკში, კორეული მაუწყებლობის ეთერში
მისი ქადაგებები გადის ყოველ კვირა ახალ ზელანდიაში, ოკლენდში კორეული ქრისტიანული მაუწყებლობის ეთერში
1997. 07. დაინიშნა 98 ერის ევანგელიზაციის გაერთიანებული ლაშქრობის მუდმივ პრეზიდენტად
1997. 08. მქადაგებელი დან მარინო, ამერიკის შეერთებული შტატების პარკვეის ქრისტიანული აკადემიის დირექტორი ექვია ეკლესიას აღორძინების შემთხვევის შესასწავლად
1997. 09. დიდი სახარების ქადაგების ლაშქრობა და პასტორების კონფერენცია, რომელიც ჩატარდა ვაშინგტონის ქრისტიანული რადიო სადგურის მიერ
მქადაგებელი კორეის–ამერიკის გაერთიანებული ლაშქრობისათვის, რომელიც ჩატარდა მერილენდის ეკლესიის ასოციაციის მიერ
1997. 10. მეორე არგენტინის პასტორების კონფერენცია, რომელიც ჩატარდა არგენტინის სიყვარული მისიის მიერ
1998. 01. CBS–ის ახალი წლის სპეციალური პროგრამა „განგვანახლეს" მოწმობის ლაშქრობა

1998. 02. განსაკუთრებული აღორძინების შეკრება ავადმყოფებისათვის
მქადაგებელი „ერის გადასარჩენი წმიდა სულის ლაშქრობისათვის“, რომელიც ჩატარდა ქრისტიანული აღორძინების მისიის ასოციაციის მიერ
დაინიშნა ერის ევანგელიზაციის გაერთიანებული ლაშქრობის ოპერაციის პრეზიდენტად
1998. 03. დაინიშნა ბრალმდებელების ევანგელიზაციის ასოციაციის ადმინისტრაციულ პრეზიდენტად
მქადაგებელი ტოკიოს საერთაშორისო მისიის ლაშქრობის კორეული მზადების ლაშქრობისათვის
1998. 05. გადაეცა მადლობები ჰოსანას მისიისგან მისიის ორგანიზაციის განვითარების დახმარებაში და ერის ევანგელიზაციისთვის
წარმომადგენელი ლოცვა „არა ძალადობა სკოლების კამპანიებისთვის“, რომელიც ჩატარდა ბრალმდებლების ევანგელიზაციის ასოციაციის მიერ
1998. 06. მეექვსე საქველმოქმედო კონცერტი ციხეებისათვის სახარების წაკითხვისათვის, რომელიც ჩატარდა ონესიმუს მისიის მიერ
„ლოცვის ლაშქრობა ქვეყნის გადასარჩენად“, ჩატარდა მსოფლიოს ევანგელიზაციის ასოციაციის მიერ
1998. 10. კორეის იურისტების მისიის ასოციაციის ინაუგურაციის სერვისი და ლოცვის შეკრება ერისათვის
1998. 12. საქველმოქმედო კონცერტი შრომის უნარს მოკლებულთათვის, ჩატარდა „ნამდვილი სიყვარული ერის ასოციაციისთვის“ მიერ
CBS–ის ხედვა CBS–ის 44–ე წლისთავის აღნიშვნა
1999. 04. ქება–დიდების კონცერტი ბავშვთა სატოფაცხოვრებო ხელმძღვანელობისათვის მასანის MBC–ის საკონცერტო დარბაზში „არა ძალადობა სკოლებში“, ჩატარდა სეულის რაიონის ბრალმდებლების ოფისის მიერ
1999. 07. დაინიშნა ქრისტიანული მსოფლიო

აღორძინების მისიის ასოციაციის მუდმივ პრეზიდენტად

2000. 02. მისი ქადაგებები გაიდს „საერთაშორისო სახარების რადიო სადგურის (AM 1503) ეთერში, ვლადივოსტოკში

2000. 06. მისი ინგლისური ქადაგებები გადის მაბუჰაის რადიო სადგურის (AM 1350) ეთერში მანილაში, ფილიპინებში

2000. 07. მქადაგებელი „2000 უგანდას პასტორების" კონფერენციაზე და გაერთიანებულ ლაშქრობაზე
მლიერი სასწაულები გამოჩნდა უგანდაში CNN–ის პირდაპირ ეთერში

2000. 09. მქადაგებელი „ნაგოიას გაერთიანებულ ლაშქრობაზე", იაპონია

2000. 10. მქადაგებელი „პაკისტანის პასტორების კონფერენციასა და გაერთიანებულ ლაშქრობაზე"

2001. 01. მანმინს ტელეკომპანია დაარსდა

2001. 06. ღმერთის ძალის სასწაულები გადის RPN–ის ეთერში, ფილიპინებში მქადაგებელი „კენიას პასტორების კონფერენციასა და გაერთიანებულ ლაშქრობაზე"

2001.09. მქადაგებელი „ფილიპინების პასტორების კონფერენციასა და გაერთიანებულ ლაშქრობაზე"

2002. 07. მქადაგებელი ჰონდურას „პასტორების კონფერენციასა და გაერთიანებულ ლაშქრობაზე"

2002.10. მქადაგებელი „ინდოეთის პასტორების კონფერენციასა და განკურნების სასწაულის ფესტივალზე"

2003. 02. გადაეცა მადლობები ლოს ანჯელესის ეკლესიის ასოციაციის და სამხრეთ კალიფორნიის ეკუმენური ასოციაციის მიერ კორეასა და ამერიკის ეკლესიებს შორის თანამშრომლობის განვითარებისათვის და ერთგული ევანგელისტური საქმიანობებისათვის

2003.11. მქადაგებელი „რუსეთის პასტორების კონფერენციასა და განკურნების სასწაულის

ფესტივალზე“
2004. 05. მქადაგებელი მეთორმეტე ორკვირიანი განსაკუთრებული აღორძინების შეკრებაზე
2004. 10. მქადაგებელი „გერმანიის განკურნების სასწაულის ფესტივალზე“
2004. 12. მქადაგებელი „პერუს განკურნების ლაშქრობაზე“ დაპატიჟებულ იქნა და შეხვდა პერუს პრეზიდენტს ტოლედოს პრეზიდენტის სასახლეში
2005. 05. დოქტორი დავიდ ვაისმანი, პერუს ვიცე პრეზიდენტი და დოქტორი მაქსიმო სან რომანი, პერუს ყოფილი ვიცე პრეზიდენტი ჩავიდნენ მანმინის ცენტრალურ ეკლესიაში
2005. 09. GCN–მა (მსოფლიო ქრისტიანული ქსელი) დაიწყო ჩაწერა
2005.10. ეკლესიის 23–ე წლისთავი და GCN–ის გაშვების ზეიმობა
2006. 02. მქადაგებელი „კონგოს განკურნების სასწაულის ფესტივალზე“
შეხვედრა პრეზიდენტ ჟოსეფ კაბილასთან
2006. 05. დოქტორი მიხაილ მორგულისი, ორგანიზების თავმჯდომარე ნიუ იორკის სლავურ ლაშქრობაში და ადმინისტრაციული ოფიცერი პასტორი მარკ ბაზალევი ჩავიდნენ მანმინის ცენტრალურ ეკლესიაში
2006. 06. მესამე WCDN–ის საერთაშორისო ქრისტიანული მედიცინური კონფერენცია, ჩატარდა ფილიპინებში
2006.07. მქადაგებელი „2006 წლის ნიუ იორკის ლაშქრობისათვის“
ლაშქრობა პირდაპირ ეთერში გავიდა 200 ქვეყანაში
მიიღო პროკლამაციები და მადლობები ნიუ იორკის შტატის სენატისა და ასამბლეისგან და ნიუ იორკის საბჭოსგან
2007. 02. მონაწილეობა მიიღო 64–ე NRB–ის ყრილობასა და აღწერაში
2007. 04. MIS–ის (მანმინის საერთაშორისო სემინარია) პასტორების კონფერენცია ლათინურ ამერიკაში
2007. 07. მეოთხე საერთაშორისო ქრისტიანული მედიცინური კონფერენცია მაიამიში, ამერიკი

შეერთებულ შტატებში
2007. 09. მუანის ტკბილი წყალი დადასტურდა თავისი უსაფრთხოებისაგან და უპირატესობა ამერიკის შეერთებული შტატების FDA–გან (პურისა და წამლების ადმინისტრაცია)
2007. 10. 25–ე ეკლესიის წლისთავი და GCN–ის მეორე წლისთავი
2007. 11. სამხრეთ აღმოსავლეთის აზიის ქრისტიანული მედიცინური ექიმების კონფერენცია, ჩატარდა ჯაკარტაში, ინდონეზიაში WCDN–ის მიერ
2008. 03. მონაწილეობა მიიღო 65–ე NRB–ის და მეცხრე FICAP–ის ყრილობასა და გამოფენაში
2008. 04. ურიმ ბუქსი დაესწრო 14–ე სეულის საერთაშორისო წიგნის ბაზრობას
2008. 05. მეხუთე WCDN–ის საერთაშორისო ქრისტიანული მედიცინური კონფერენცია, ჩატარდა ტრონდეიმში, ნორვეგიაში
2008. 10. 26–ე ეკლესიის წლისთავი და მესამე GCN–ის წლისთავი
2008. 11. პასტორების სემინარია და თავსაფარის განკურნების ლაშქრობა, ჩატარდა ჩენაიში, ინდიაში პასტორი მიკუნგ ლის მიერ
2009. 01. ჩრდილოეთ კორეის ლტოლვილთა მისიის მეოთხე წლისთავი
2009. 02. მონაწილეობა მიიღო 66–ე NRB–ის ყრილობასა და გამოფენაში
პასტორების სემინარია და თავსაფარის განკურნების ლაშქრობა, ჩატარდა ფილიპინებში პასტორი მიკუნგ ლის მიერ
2009. 03. მონაწილეობა მიიღო მეთე FICAP–ის ყრილობასა და გამოფენაში
2009. 04. პასტორების სემინარია და თავსაფრის განკურნების შეკრება პაკისტანში, ჩატარდა პასტორი თაესიკ გილის მიერ
2009. 06. პასტორების სემინარია და თავსაფრის განკურნების ლაშქრობა ვიეტნამში, ჩატარდა პასტორი რეინბოუ ლის მიერ
2009. 07. მუანის ტკბილი წყლის სანაპიროს და ბასეინის მიძღვნის ღონისძიება
2009. 09. მქადაგებელი 2009 წლის ისრაელის გაერთიანებული ლაშქრობისათვის თემით

„ღმერთი არის შესანიშნავი“

2009. 10. 27–ე ეკლესიის წლისთავი და მეოთხე „ჯი–სი–ენის“ წლისთავი

2009. 11. მეექვსე WCDN–ის გაერთიანებული ქრისტიანული მედიცინის კონფერენცია, ჩატარდა კიევში, უკრაინაში

2010. 02. მონაწილეობა მიიღო 67–ე NRB–ის ყრილობასა და გამოფენაში

2010. 03. მონაწილეობა მიიღო მეთერთმეტე FICAP–ის ყრილობასა და გამოფენაში

2010. 05. მეშვიდე WCDN–ის საერთაშორისო ქრისტიანული მედიცინის კონფერენცია, ჩატარდა რომში, იტალიაში

2010. 07. მეოთხე „ჯვრის მოწოდება“ ბანაი, ჩატარდა ფინეთში

2010. 09. „ეს არის შენი დღე სასწაულისათვის“ კონფერენცია ეპისკოპოს დოქტორ მიონგო ჩეონგთან 2009 წლის ისრაელის გაერთიანებული ლაშქრობის აღნიშვნაზე

2010. 10. მქადაგებელი ესტონეთის განკურნების სასწაულის ლაშქრობაზე 2010 წელს

2011. 02. მონაწილეობა მიიღო 68–ე NRB–ის ყრილობასა და გამოფენაში

2011. 02. ავრცელებს სახარების სიწმინდეს თავისი მრავალენოვანი წიგნების მეშვეობით 25–ე იერუსალიმის საერთაშორისო წიგნის ბაზარზე

2011. 06. მერვე WCDN-ის საერთაშორისო ქრისტიანული მედიცინის კონფერენცია, ჩატარდა ბრისბანეში, ავსტრალია

2011. 06. შემოიყვანა განსაკუთრებული სამ ტერმინიანი ღვთაებრივი განკურნება მანმინის ცენტრალურ ეკლესიაში და ათასზე მეტმა ადამიანმა დაამტკიცა თავიანთი გამოჯანმრთელებები

ავტორი:
დოქტორი ჯაეროკ ლი

დოქტორი ჯაეროკ ლი დაიბადა 1943 წელს მუანში, ჯეონამის პროვინცია, კორეის რესპუბლიკა. მის ოციან წლებში დოქტორი ლი იტანჯებოდა სხვადასხვა განუკურნებელი დაავადებებით შვიდი წლის განმავლობაში და ელოდებოდა სიკვდილს გამოჯანმრთელების იმედის გარეშე. ერთ დღს 1974 წლის გაზაფხულს როგორღაც მისმა დამ წაიყვანა ეკლესიაში და როდესაც იგი სალოცავად დაიჩოქა ცოცხალმა ღმერთმა მაშინვე განკურნა ყველა დაავადებისაგან.

ამის შემდეგ დოქტორი ლი შეხვდა ცოცხალ ღმერთს გასაოცარი გამოცდილებიდან, მას უფალი მთელი გულით უყვარს და 1978 წელს ღმერთმა მას თავისი მსახური უწოდა. იგი გულმოდგინებით ლოცულობდა, რათა გარკვევით გაეგო უფლის ნება, მთლიანად შეესრულებინა იგი და დამორჩილებოდა უფლის ყოველ სიტყვას. 1982 წელს მან დააარსა მანმინის ცენტრალური ეკლესია სეულში, კორეაში და უფლის ურიცხვი სასწაულები, ზებუნებრივი განკურნებების ჩათვლით, ხდება მის ეკლესიაში.

1986 წელს დოქტორი ლი იკურთხა პასტორად კორეაში იესოს სუნგკიულის ეკლესიაში ყოველწლიურ ასამბლეაზე და ოთხი წლის შემდეგ, 1990 წელს მისი მისი ქადაგებების გაშვება დაიწყო ავსტრალიაში, რუსეთში, ფილიპინებში და და სხვა შორეული აღმოსავლეთის სამაუწყებლო კომპანიების, აზიის სამაუწყებლო სადგურის და ვაშინგტონის ქრისტიანული რადიო სისტემის ეთერში.

სამი წლის შემდეგ, 1933 წელს მანმინის ცენტრალური ეკლესია არჩეულ იქნა ერთერთ "მსოფლიოს საუკეთესო 50 ეკლესიაში" *ქრისტიანული მსოფლიო ჟურნალის* (ამერიკის შეერთებული შტატები) მიერ და მიიღო საპატიო ღვთისმეტყველების დოქტორის ხარისხი ქრისტიანული რწმენის კოლეჯისაგან, ფლორიდა, ამერიკის შეერთებული შტატები და 1996 წელს კი Ph. D. სამღვდელოებაში კინგსვეის თეოლოგიური სემინარიიდან, აიოვა, ამერიკის შეერთებული შტატები.

1993 წლის შემდეგ დოქტორმა ლიმ დაიწყო მსოფლიოს მისიის

ხელმძღვანელობა ბევრი საზღვარგარეთული მისიებით ტანზანიაში, არგენტინაში, ლოს ანჯელესში, ბალტიმორის ქალაქში, ჰავაიზე, ნიუ–იორკში, უგანდაში, იაპონიაში, პაკისტანში, კენიაში, ფილიპინებში, ჰონდურასში, ინდოეთში, რუსეთში, გერმანიაში, პერუში, კონგოში და ისრაელში. 2002 წელს მას ეწოდა "მსოფლიო მასშტაბის პასტორი" მთავარი ქრისტიანული გაზეთის მიერ კორეაში თავისი საზღვარგარეთული გაერთიანებული ლაშქრობების საფუძველზე.

2017 წლის თებერვალი მანმინის ცენტრალურ ეკლესიას ჰყავს 100,000–ზე მეტი წევრი. არიან 11,000 მსახური და საზღვარგარეთის ფილიალი ეკლესიების წევრები და ჯერჯერობით 102 მისიონერს მიეცა დავალება 23 ქვეყნისათვის, ამერიკის შეერთებული შტატების, რუსეთის, კანადის, იაპონიის, ჩინეთის, საფრანგეთის, ინდოეთის, კენიის და სხვა ბევრის ჩათვლით.

როდესაც ეს წიგნი დაიწერა, დოქტორ ლის აქვს 106 წიგნი დაწერილი ბესტსელერების ჩათვლით: *საუკუნო სიცოცხლის დაგემოვნება სიკვდილამდე, ჩემი ცხოვრება ჩემი რწმენა I და II, ჯვრის მოწოდება, რწმენის საზომი, ზეცა I და II, ჯოჯოხეთი და უფლის ძალა.* მისი ნამუშევრები ითარგმნა 76–ზე მეტ ენაზე.

მისი ქრისტიანული სვეტები ჩნდება ჰანკოკ ლიბოში, ჯონგანგის ყოველდღიურ გაზეტში, დონგ–ა ლიბოში, მუნვა ლიბოში, სეულის შინმუნში, კიუნგიანგ შინმუნში, ჰანკიორე შინმინში, კორეის ეკონომიკურ ყოველდღიურ გაზეთში, კორეის ჰერალდში, შისას ახალ ამბებში და ქრისტიანულ პრესაში.

დოქტორი ლი ამჟამად უამრავი მისიონერული ორგანიზაციის და ასოციაციების ლიდერია, ასევე იგი თავმჯდომარეა გაერთიანებული იესო ქრისტეს წმინდა ეკლესიის; მსოფლიოს ქრისტიანობის აღორძინების მისიის ასოციაციის მუდმივი პრეზიდენტი; საზოგადო ქრისტიანული ქსელის დამფუძვნებელი და საბჭოს თავმჯდომარე, მსოფლიოს ქრისტიანული ექიმების ქსელის და მანმინის საერთაშორისო სემინარიის დამფუძვნებელი და საბჭოს თავმჯდომარე.

სხვა ძლიერი წიგნები იგივე ავტორისგან

ზეცა I და II

მტკიცებულებების მემუარები დოქტორ ჯაეროკ ლისგან, რომელიც ხელახლა დაიბადა და სიკვდილის ჩრდილს გადაურჩა და უძღვება სრულყოფილ სამაგალითო ქრისტიანულ ცხოვრებას.

ჯვრის მოწოდება

ძლიერი გამოსაფხიზლებელი მოწოდება მათთვის, ვინც არიან სულიერად დაძინებული! ამ წიგნში იპოვნი მიზეზს თუ რატომ არის იესო ჩვენი ერთადერთი მხსნელი და უფლის ჭეშმარიტ სიყვარულს.

ჩემი ცხოვრება, ჩემი რწმენა I

ყველაზე არომატული სულიერი სურნელება გაიყოფა სიცოცხლისაგან, რომელიც უზადლო ღმერთის სიყვარულით არის აყვავებული, ბნელი ტალღების შუაგულში, ცივი უღელი და ყველაზე ღრმა სასოწარკვეთილება.

რწმენის საზომი

რა ტიპის საცხოვრებელი ადგილი, გვირგვინი და კილდო არის მომზადებული შენთვის სამოთხეში? ეს წიგნი უზრუნველყოფს სიბრძნეს და წინამძღოლობას, რათა გაზომო შენი რწმენა და დახვეწო საუკეთესო და მოწიფული რწმენა.

ჯოჯოხეთი

სერიოზული მოწოდება უფლისგან კაცობრიობისათვის, რომლებსაც არ სურთ არცერთი სულის ჯოჯოხეთის ცეცხლში ჩაგდება! შენ აღმოაჩენ ადრე არასოდეს გამოვლენილ ქვედა ჰადესის და ჯოჯოხეთის რეალურ სისასტიკეს.

www.urimbooks.com

www.ingramcontent.com/pod-product-compliance
Lightning Source LLC
LaVergne TN
LVHW011942060526
838201LV00061B/4188
* 9 7 9 1 1 2 6 3 0 2 1 4 7 *